国家社科基金丛书
GUOJIA SHEKE JIJIN CONGSHU

跨越边界：

西南边境地区学生流入现象研究（2007-2017年）

Crossing Borders：
A Study on the Phenomenon of Student Influx in China's Southwestern Border Region (2007-2017)

王艳玲　著

人民出版社

目　　录

前　　言

　　本书所探讨的西南边境地区中小学生流入现象，具体指 2007—2017 年间缅甸、老挝、越南三国适龄学生自发流入我国西南边境地区中小学就读的现象（不包括境外学生通过官方渠道进入我国大中专院校留学现象）。西南边境地区学生流入主要发生在《中华人民共和国义务教育法》（2006 年修订）施行之后，2007—2017 年是流入学生人数增长最为迅速的十年。因此，本书聚焦这一时期西南边境地区学生流入现象，从文化人类学视角出发，呈现流入学生群体的特征，比较不同国籍学生流入的动因及在华教育境遇，旨在阐释西南边境地区学生流入背后深层的文化含义。

　　在西南边境地区，跨境民族的社会行为往往超越国家地理边界线，确立起特殊的文化心理边界。本书循着文化人类学对边界研究的指引，将西南边境地区学生流入理解为跨境民族边界认知影响下的实践活动。研究发现，西南边境地区学生流入的国别差异主要源于他们对边界认知的差异，也就是边界文化心理属性的差异。

　　在中缅边境地区，两侧边民（尤其是缅北边民）基于同源文化和共同的生活空间，形塑了一个无隔阂的文化心理边界。边界两侧跨境民族和华人华侨同根同源的民族习俗、毫无障碍的语言交流以及血浓于水的亲情关系，使得"国有界而心无界"，边民的边界意识模糊，跨界交往频繁。边境地区用"胞波情谊"来描绘两侧边民的深情厚谊，并用"根骨情结"来描绘缅北边民对中国同源民族乃至整体意义上的中华民族的强烈认同与迫切向往。对他们而言，中国是根基，是庇护所。中国学校办得好，教育政策实惠，是自己孩子接受教育的理想场所。可以说，缅籍学生流入我方学校，既是出于现实出路的考虑，也是对他们视为文化与生存根基的中国的"寻根"和"投奔"，是同源文化背景下惯常性跨界交往生活的自然延续。

然而，在边境地区，我国学校按照当地学龄人口数量进行布局和建设，有既定的服务范围，且受到国家教育政策的直接调控。缅籍学生在我方学校的入学机会，受限于边境学校的资源条件，也受制于我国的教育政策。模糊的文化心理边界与学校教育在服务对象上的清晰划分，使得缅籍学生跨境入学困难重重。边境地区教育基础薄弱、师资紧缺、硬件不足，学校空余学额有限，缅籍学生来华上学，面临着入学机会严重不足的困境。

中老、中越边境地区的情形却与此不同。虽然中老、中越边境地区跨境民族之间的边贸往来、拜亲访友、通婚互市一直延续，但在各自国家政治和经济生活框架影响下，跨境民族的文化心理与中国的同源民族差异日趋扩大。尤其是在中越边境地区，20 世纪末的战争阴影一直挥之不去，边界管控严格，阻碍着双方的文教交流。边界不仅将中老、中越作为民族国家区隔开来，也把边民的文化心理区隔开来，使其分属于完全不同的国家。自发到我国边境地区中职学校学习汉语的老挝籍学生，是从正式的国门通道来华、具有清晰国民身份的老挝人。虽然他们中有不少人是跨境民族，与中国边境地区同源民族具有文化上的亲缘性，但关系疏远。老挝籍学生来华上学，面对的是一个人地生疏、生活习惯差异极大的陌生国度，语言难学、饮食不习惯等几乎所有跨文化交往中（或留学生到异国留学）可能存在的问题，他们都会遇到。老挝籍学生来华上学，是中国经济高速发展背景下周边国家"汉语热"兴起的缩影，也是真疆实界下学生来华留学的常规样态。

　　同样是到中国的中职学校学习汉语，西南边境地区的越南籍学生则都是通过正式的官方渠道进入我国。在漫长的中越边境线上，未发现越南籍学生自发来华上学的现象。在这个区域，边界在区隔国家主权的同时，也在民族文化心理上筑起了壁垒。越南籍学生来华学习汉语，同样是源于国内对汉语人才需求的增加，而非边民情谊或文化认同的作用。

　　本书还呈现了西南边境地区脆弱而复杂的教育生态。尽管办学条件逐渐改善，但由于教育发展底子薄弱、投入不足，西南边境地区师资紧缺，办学资源不足以承载数量较大的流入学生群体。在中缅边境地区，我方学校（尤其是国门学校）不得不限制招收缅籍学生的人数。在中老、中越边境地区，中等职业学校对来华学生的招生和培养，同样处于"摸着石头过河"的探索阶段。可见，西南边境地区基础教育还未做好"敞开国门办教育"的准备。值得提及的是，尽管由于身份的区隔，云南边境地区无法为缅籍学生来华上学提供充分的入学机会，但一旦入学，地方财政仍然设法确保在校缅籍学生与我国学生享受同等待遇。这是我国边境地区政府层面对缅北边民"民族共同体想象"的体谅与回应。笔者认为，西南边境地区需要重建边境教育生态，打造开放包容的边境"教育共同体"，回应边民历代传承的珍贵情谊和境外民众的汉语学习需求。

　　在研究方法上，作为一项田野调查研究，本书综合运用了访谈、问卷、调查表、文本资料收集和参与式观察等方法，调查取样涵盖中缅、中老、中越边境。全书以翔实的量化数据展示西南边境地区周边国家学生来华上学的现实状况并通过"主位视角"呈现当地人的声音，分析这些学生来华上学背后各种相互缠绕的影响因素。本书还采用"整体＋国别"的呈现方式和比较研究的方法，既展示整体状况，又突出中缅、中老、中越边境文化教育事业发展的差异，从而避免了以往研究对"西南边疆"同质性建构的缺陷。

　　在篇章结构上，本书共六章：第一章绪论，介绍研究设计。第二章是背景研究，分析西南边境地区的政治、经济、地理和文化特征，以及学生跨境流动历程。第三、四、五章为研究发现，其中，第三章借助翔实的量化数据，呈现 2007—2017 年西南边境地区流入学生群体的特征；第四章分析学生流入背后深刻复杂又相互缠绕的影响因素；第五章呈现流入学生在华教育境遇及其面临的挑战。第六章是研究结论与思考。

第一章 绪 论

一、研究背景与目的

（一）研究背景

21 世纪以来，随着我国经济的高速发展和一系列兴边富民政策的推进，西南地区在"边境线上的教育竞争"中的优势日益凸显，周边国家学生持续流入我国边境地区中小学就读，且数量呈不断上升的趋势。以云南德宏傣族景颇族自治州（简称德宏州）为例，该州 2007 年有外籍（基本上是缅籍）中小学生 977 人，[①] 2011 年上升到 1979 人，2013 年增长到 3019 人，[②] 2016 年为 4417 人，[③] 这些学生绝大多数在我方义务教育阶段的学校就读。有研究显示，2013 年前后，云南所有边境县（市）的中小学均有外籍学生就读，这些学生要么常住中国，要么早出晚归，穿梭于边境线两侧。[④]

---

① 吕隽：《德宏傣族景颇族自治州跨境民族教育研究》，云南师范大学硕士学位论文，2008 年。
② 朱进彬：《跨境民族地区发展基础教育的一些思考——以云南省德宏州为例》，《保山学院学报》2014 年第 6 期。
③ 2015—2016 年的数据是笔者实地调研期间从德宏州教育体育局收集而来。
④ 何青颖、刘寒雁：《云南跨境民族外籍学生教育现状分析》，《云南农业大学学报》（社会科学版）2013 年第 1 期。

分析发现，西南边境地区学生流入现象与跨境民族、跨国人口流动与非法移民、我国与周边国家关系、我国的边疆政策和"一带一路"倡议等联系紧密，对该现象进行研究有利于维护西南边疆政治稳定、民族团结、社会和谐以及国家间睦邻友好。

（二）研究目的

准确描述西南边境地区学生流入现象的背景、流入学生群体的特征及在我方学校就读的情况；分析学生流入的影响因素；比较缅甸、老挝和越南籍学生流入影响因素的差异；分析学生流入对西南边境地区学校教育、边境管理的影响；增进对该地区学生流入现象的理解，并对该地区的教育发展提出相应的建议。

二、概念界定

（一）西南边境地区

在《现代汉语大词典》中，边境是指"靠近国家边界的地方"[①]。通常意义上的我国边境地区，是指我国境内沿边界线的狭长地带，或边界线内侧一定宽度的行政管理区域。在官方文件和统计分类上，边境一般是指沿边界线分布的县级行政区，多称为"边境县（市、旗、区）""边疆县（市、旗、区）"或"沿边县（市、旗、区）"[②]。

"边疆"的概念与"边境"十分相近，故而常常交替使用。中外文献中通常把"边疆"解释为国家领土和版图上靠近国界的区域或地带。我国率先

---

① 阮智富、郭忠新主编：《现代汉语大词典》，上海辞书出版社 2009 年版，第 1703—1704 页。
② 鲁刚、陈为智：《论边疆社会问题的基本含义和特征——基于云南边境地区突出社会问题的探索与思考》，《云南师范大学学报》（哲学社会科学版）2012 年第 1 期。

提出"中国边疆学"的马大正教授认为，边疆可以分为大边疆和小边疆（即广义边疆和狭义边疆），所谓大边疆是指有边界线的省区，所谓小边疆是指有边界线的边境县。[1]云南大学周平教授认为，从行政区划的角度来看，邻近边界的区域又可划分为县、市、省三个层次，与边界相邻的县（即边境县）是狭义的边疆，与边界相邻的市是中观意义上的边疆，与边界相邻的省是广义的边疆。[2]可见，广义的边疆指有国境线的省（区），狭义的边疆则指有国境线的边境县（市、旗、区）。例如，国务院办公厅2007年6月9日颁发的《兴边富民行动"十一五"规划》中，"边疆"就是指全国135个陆地边境县。周平还指出，新中国成立以来，边疆概念开始与民族概念结合起来。于是，在论及边疆或边疆问题的时候，"边疆民族地区"成为主导性的概念和话语。[3]

由于本书所探讨的学生群体集中在基础教育尤其是义务教育阶段，加之我国实行"以县为主"的义务教育管理体制，因此，本书将"边境地区"界定为"有国境线的边境县"。西南地区有国境线的省区包括广西壮族自治区、云南省、西藏自治区，但由于西藏边境地区气候严寒且有高山峡谷阻隔，笔者目前没有查找到该地区学生流入的资料或数据。因此，本书中的西南边境地区指云南和广西两省区"有国境线的边境县"。具体而言，本书以中国边境云南段和广西段的33个县（含县级市、区，下同）为研究区域。其中，云南段共涉及怒江、保山、德宏、临沧、普洱、西双版纳、红河、文山8个州（市）下辖的25个边境县（市）；广西段涉及百色、崇左、防城港3个地级市下辖的8个边境县（市、区）。

---

[1]　马大正：《关于当代中国边疆研究中的几个问题》，《当代中国史研究》2004年第4期。

[2]　周平：《论我国边疆治理的转型与重构》，《云南师范大学学报》（哲学社会科学版）2010年第2期。

[3]　周平：《我国边疆概念的历史演变》，《云南行政学院学报》2008年第4期。

（二）学生流入

本书中的"学生流入"是指与我国西南边境地区接壤的缅甸、老挝、越南三国适龄儿童（绝大部分是小学生）自发进入我国西南边境地区中小学就读的现象。学生流入实际上就是这些国家的学生自发来华上学。

需要特别说明的是，本书聚焦与我国西南毗邻的缅甸、老挝、越南的适龄儿童自发来华上学的现象，而非其他国家或地区的儿童随父母在我国西南边境地区居住并入学的现象，[①] 也不包括境外学生（包括邻国学生）通过官方渠道进入我国境内大专院校留学的现象。[②] 由于西南边境地区学生流入主要发生在《中华人民共和国义务教育法》（2006修订）施行、边境地区实现全免费教育[③]之后，而且，从实地调查的数据来看，2007—2017年是流入学生人数增长最为迅速的十年，因此，本书聚焦2007—2017年西南边境地区学生流入现象。

1.西南边境地区学生流入不属于"跨境教育"或"跨国留学教育"的研究范畴

跨境教育或跨国留学教育通常属于教育国际化的研究范畴。欧美发达国家对跨境教育的研究起步较早。进入21世纪以来，在政治、经济等因素

---

① 我们的调查发现，云南边境地区有极少数美国、加拿大的儿童就读，一般是随父母工作或经商来华就近入学。

② 截至2017年，通过正式的留学渠道在滇留学的缅甸留学生（仅指学历生）共计652名。其中，来滇攻读博士学位的缅甸留学生有3名，攻读硕士学位的有49名，攻读学士学位的有202名，在专科学校学习的缅甸留学生有398名。（转引自罗宗全、曹鸣：《"一带一路"倡议背景下在滇缅甸留学生教育需求现状及对策研究——基于调查问卷的分析研究》，《红河学院学报》2018年第4期。）出于研究目的，本课题的研究对象仅限于基础教育阶段自发来华上学（未办理正规留学手续）的中小学生。

③ 2006年6月29日第十届全国人民代表大会常务委员会第二十二次会议修订的《中华人民共和国义务教育法》明确规定"实施义务教育，不收学费、杂费"。实地调研发现，我国自2011年实施的农村义务教育学生营养改善计划，也对境外边民子女产生了巨大吸引力。

的作用下，西方国家的跨境教育迅速向"教育服务贸易发展战略"转变。与此同时，随着经济全球化的推进，以跨境教育为载体的教育国际化悄然在发展中国家间展开。跨境教育研究也日益受到国内学术界的重视，相关研究成果包括高等教育领域的跨国学生流动、跨境教育质量监管与质量保障、中外合作办学以及对发达国家跨境教育策略的引介等。西南地区也有学者（如伊继东[①]、刘稚[②]、冯用军[③]等）撰文探讨了与东南亚国家的教育合作问题，不过，这些论文都集中在高等教育领域。西南边境地区的学生流入，不同于一般意义上的来华留学。本书所探讨的学生流入问题与"跨境教育"或"跨境教育服务贸易"存在本质区别。因此，不能套用跨境教育服务贸易的理念、模式和策略。

2. 西南边境地区学生流入属于"跨境民族教育"或"跨境民族地区的教育"的研究范畴

"跨境民族教育"这一概念包含"对跨境民族学生的教育"和"跨境民族地区的教育"两层含义。例如，何跃认为，跨境民族教育有两层含义：其一是指跨境民族受教育的程度，或者指跨境民族教育的普及程度；其二是指云南省沿边境一侧的跨境民族子女到云南省内，或云南省跨境民族子女到境外接受教育的情况，也就是居住在两个或两个以上相邻国家的同一民族子女相互跨国就读的情况。[④]付耀华[⑤]、乔纲[⑥]也认为，跨境民族教育既

---

① 伊继东：《面向东南亚培养具有国际视野的创新型人才》，《中国高教研究》2009 年第 6 期。
② 刘稚：《全球化区域化下的云南—东盟高等教育合作论略》，《学术探索》2009 年第 3 期。
③ 冯用军、刘六生：《云南——东（南）盟高等教育国际化发展机遇与对策分析》，《云南师范大学学报》（哲学社会科学版）2008 年第 4 期。
④ 何跃：《云南省与周边国家跨境民族教育的兴起与发展》，《东南亚纵横》2010 年第 6 期。
⑤ 付耀华：《协同发展论视域下云南跨境民族教育路径探究》，《曲靖师范学院学报》2013 年第 3 期。
⑥ 乔纲：《从"和平跨居"文化模式看瑞丽市跨境民族地区教育现状》，《文山学院学报》2015 年第 1 期。

特指跨境民族地区跨境民族学生、非跨境民族学生的教育，又特指沿边境一侧的跨境民族学生的教育。因此，跨境民族教育既指跨境民族地区所有学生的教育，又特指跨境民族学生的教育。

"跨境民族教育"与"跨境民族地区的教育"这两个概念也存在细微区别："跨境民族教育"是从特定民族群体的视角来探讨教育问题；①"跨境民族地区的教育"是从特定地理空间的视角来探讨教育问题。由于流入我方学校就读的周边国家学生大多属于境外跨境民族子女，本书所探讨的西南边境地区学生流入现象可归入"跨境民族教育"的范畴。基于近年我国西南地区的中小学生极少外流（只有极少数因父母经商等原因随迁外出），本书聚焦境外跨境民族子女流入我国西南边境地区学校就读的现象展开论述。

三、文献回顾

目前为止，对西南边境地区学生流入的研究还比较零散。笔者根据研究的问题域，梳理出以下三个方面的研究脉络。

（一）西南边境地区跨国人口流动的研究

1. 西南边境地区跨国人口流动历程及特点的研究

我国西南边境沿线几乎无天然屏障，与毗邻国山水相连、村寨相通，国界线两侧的边民②同宗同源、关系密切，人口流动非常频繁。

有关西南边境地区跨国人口流动的研究主要分析了人口流动的历程、

---

① 何跃：《云南与周边国家跨境民族教育研究现状述评》，《学术探索》2009年第6期。
② 边民是对居住在陆地边境地区一定范围内的居民的统称。

类型及特征。学者们对西南边境地区跨国人口流动进行了阶段划分。例如，何明指出，在自然地理意义上，中国西南与东南亚陆地国家是有机连贯的整体。在现代民族国家形成之前，这片土地是众多族群繁衍生息的宝地和频繁迁徙流动的走廊，留下诸多你中有我、我中有你的族群流动和互动痕迹。数十年来，西南边境地区的跨国人口流动呈现出明显的阶段性特征：20世纪70年代后期至90年代，中国西南边境地区与周边国家边民双向流动，该时期边境地区的人口流动总体上呈现双向流动、流出大于流入的格局；21世纪以来，周边国家边民向中国西南边境地区单向流动，此期也是中国西南边境地区经济发展最快、边民生活条件改善最明显的时期。21世纪以来中国西南边境地区与周边国家边民的跨国流动，长期来看总体趋势是向中国迁移。[①] 杨得志也发现，中缅之间的非法移民总体呈现出双向性和历史阶段性的特征，即20世纪50年代至90年代云南边民以外流为主，而21世纪以来则表现为缅甸边民大量涌入中国境内。[②] 漫长的国境线，无数的民间小道、便道，客观上增加了边境管理的难度，不少缅甸边民流入我国实际上属于"非法入境"。

在跨国人口流动的类型上，鲁刚的调查发现，中缅边境沿线的跨国人口流动，不仅人数众多，而且形式多样。归纳起来，可分为以下几类：（1）商贸类跨国人口流动。因从事边境贸易等经济活动而出入边境，是中缅边境沿线地区跨国人口流动的主要形式之一。（2）旅游类跨国人口流动。云南的旅游业发展一直高居我国西部12省区前列，而跨国观赏异域风光、体验异国情调的边境旅游，历来又是云南旅游业的一大品牌和特色项目。旅游所带来的跨国人口流动，在整体上也占有较大比重。（3）劳务类跨国人口流动。中缅边境沿线的劳务类跨国人口流动，大体上可分为三种类型：

---

① 何明：《开放、和谐与族群跨国互动——以中国西南与东南亚国家边民跨国流动为中心的讨论》，《广西民族大学学报》2012年第1期。

② 杨得志：《中缅跨境民族问题研究》，华中师范大学博士学位论文，2014年。

以劳务输出形式而进行的合法有序流动；为打工挣钱而非法越境，即偷渡出入境的跨国流动；介乎上述两种情况之间的，即合法出入境而非法滞留（最常见的方式是以边境旅游、边境贸易等为由，持有效证件经各口岸进入对方境内后，便滞留下来长期务工）。（4）探亲访友类跨国人口流动。探亲访友类的跨国人口流动在出入境人员中也占有一定的比重。有调查显示，同时与越南和老挝两国接壤的云南省江城县曲水乡，有36.7%的家庭有越南亲戚，有26.7%的家庭有老挝亲戚，约10%的家庭既有越南亲戚也有老挝亲戚。以亲缘和地缘为基础形成的社会网络，为边民跨国流动搭建了重要桥梁。①

在跨国人口流动特征上，鲁刚发现，中缅边境沿线地区的跨国人口流动具有十分鲜明的区域地方特色：一是双向对流特征明显；二是人数众多，流动量大；三是动因复杂，形式多样；四是来源纷繁，结构庞杂，其中既有边境沿线的边民，又有来自中缅两国内地的各类人员；五是空间分布不平衡，呈现出"上段冷，中下段热"的整体格局，即中缅边界中下段边境沿线跨国流动人口的数量更多，活跃程度更高。其中，德宏州瑞丽、畹町，西双版纳景洪、打洛，保山市腾冲，普洱市孟连，临沧市镇康县南伞等国家一、二类口岸最为明显，这主要与中缅边界上段高黎贡山高大山脉的阻隔直接相关。②

国际学术界也有不少关于跨国人口流动的研究。例如，塞缪尔·亨廷顿、斯坦利·霍夫曼、斯蒂芬·卡斯特斯等都对跨国人口流动带来的国家或地区安全挑战进行了研究。塞缪尔·亨廷顿从文化认同的视角分析了占中心地位的墨西哥非法移民对美国国家特性的挑战：墨西哥与美国有2000英里的边界线，大量的墨西哥人穿越边界聚集在美国边境一侧，移民忠于

---

① 鲁刚：《中缅边境沿线地区的跨国人口流动》，《云南民族大学学报》（哲学社会科学版）2006年第6期。
② 同上。

他们自己的种族与文化，随着移民数量的增长，将降低美国文化的同化力，改变美国的文化结构，挑战美国的国家安全。① 美国学者詹姆斯·斯科特也专门针对中国西南边境地区与东南亚陆地国家的社会演化和跨国迁徙进行了研究。②

上述关于西南边境（尤其是云南边境）地区跨国人口流动的研究，虽然较少涉及学生流动的问题，但也为我们探讨该地区的学生流动现象提供了背景资料。

2. 西南边境地区境外边民跨国流入的研究

如前所述，西南边境地区两侧边民借助有利条件，以通婚互市、探亲访友、过境放牧、节日聚会等方式频繁往来。不过，周边国家边民大量进入我国是 21 世纪以来才出现的新情况。③ 境外边民跨国流入，是由于相邻国家的政治、经济发展不平衡造成的。与中国云南省毗邻的缅、老、越三国，国家经济实力远远落后于中国，我国边民相对较好的生活条件，以及经济发展所带来的就业机会，吸引着大量境外边民向我国流动。何跃发现，2009 年前后，云南省内的境外流动人口逐年增多，且流向分布也向多元化发展，即境外流动人口从单一国流动向多国化流动转化、从沿边境一线流动向云南境内纵深流动，境外流动人口的流向日趋复杂和多国化，境外流动人口的分布日趋广泛，且成分复杂、流动性强，给西南边疆带来新的安全隐患。④

---

① 转引自阳茂庆：《中国西南边境地区人口空间格局演变研究》，云南师范大学博士学位论文，2016 年。

② ［美］詹姆斯·斯科特：《逃避统治的艺术：东南亚高地的无政府主义历史》，王晓毅译，生活·读书·新知三联书店 2016 年版。

③ 何明：《开放、和谐与族群跨国互动——以中国西南与东南亚国家边民跨国流动为中心的讨论》，《广西民族大学学报》2012 年第 1 期。

④ 何跃：《云南境内的外国流动人口态势与边疆社会问题探析》，《云南师范大学学报》（哲学社会科学版）2009 年第 1 期。

在流动类型上，何明把中国西南边境地区跨国人口流入现象分为三种主要类型：一是经济性迁移，即因追求经济收益而从缅甸、越南等国家迁入中国，包括劳务性迁入和经营性迁入；二是婚姻性迁移，即因缔结婚姻而从缅甸、越南等国家迁入中国；三是宗教性迁移，即僧侣进入并长期居住在边境地区的寺院中从事神职工作。此外，也有经济性迁移转化为婚姻性迁移的情况。① 陈德顺、普春梅认为，跨境流动人口大致可分为两类：一类是合法的跨境流动人口；另一类是非法的跨境流动人口。合法的跨境流动人口又可细分为商贸型流动人口、劳务型流动人口、往来探亲型流动人口、跨国（境）求学及从事文化交流型流动人口；而非法的跨境流动人口是指非法入境、在我国境内非法居留、非法就业的境外人员，即"三非"人员。② 何跃将目前云南境内的外国流动人口分为商贸型境外流动人口、季节型境外流动人口、跨文化交流型境外流动人口、"三非"型外国流动人口和跨界民族型流动人口五种类型。③

综合而言，西南边境地区的境外边民流入分为常规跨境流动、跨国缔结婚姻、难民避难、"三非"人员涌入四种类型。

一是常规跨境流动。常规跨境流动是指两国边民出于亲戚、商贸、劳务、旅游、节庆等原因而发生的双向或单向的常规流动和往来。杜星梅④ 对云南马关县金厂镇草果湾村苗族跨境流动进行了个案研究，发现中越边境苗族边民以赶集、走亲戚、换工、打工、上学、婚姻、参加传统仪式活动等多种形式流动，其最显著的特点是依赖亲属关系和姻亲关系，以"换工"

---

① 何明：《开放、和谐与族群跨国互动——以中国西南与东南亚国家边民跨国流动为中心的讨论》，《广西民族大学学报》2012 年第 1 期。

② 陈德顺、普春梅：《境外流动人口对云南边境地区社会治理的影响与对策》，《社会学评论》2014 年第 4 期。

③ 何跃：《云南境内的外国流动人口态势与边疆社会问题探析》，《云南师范大学学报》（哲学社会科学版）2009 年第 1 期。

④ 杜星梅：《中越边境苗族跨境流动的基础与要素分析——云南马关县草果湾村个案研究》，《北方民族大学学报》（哲学社会科学版）2015 年第 5 期。

形式凸显族群内部的互惠关系。还有一些研究者发现跨境民族存在宗教文化交流引起的人口跨境流动。如高志英等人发现，20世纪以来基督教在中缅跨境民族中的传播和发展，实际上是通过基督教的跨境流动而实现的：首先是传教士的跨境流动；其次，伴随信仰主体的跨境流动，还存在着宗教仪式、宗教文化产品等的跨境流动。[①]

二是跨国缔结婚姻。2013年民政部门在云南省118个沿边乡镇所调查的10575对涉外婚姻中，98%以上属于境外女性与我国男性结合后留在中国的事实婚姻。[②] 因跨境婚姻登记办理程序复杂，西南边境地区的跨境婚姻大都没有进行婚姻登记，不被双方政府认可。根据现行管理规定，这些外籍妇女及其随嫁子女无法在我国落户，也没有身份证，社会保障问题突出。[③]

三是缅籍难民入境。西南边境地区的难民问题也不容忽视，由于缅甸政局长期动荡不安，中缅边境地区的中方一侧，一直游离着相当数量的缅籍难民。[④] 自2015年2月9日以来，缅甸政府军与果敢同盟军在果敢地区武装冲突不断，很多缅籍边民出于自身安全考虑，进入中方一侧避难。[⑤]

四是"三非"人员涌入。如前所述，"三非"人员是指出于其他各种原因非法入境、非法居留、非法就业的外国人员。张洁认为，"三非"人员具有较强的流动性、隐蔽性，其实际数量已远远超出公安机关发现的人数，

---

① 高志英、沙丽娜：《宗教诉求与跨境流动——以中缅边境地区信仰基督教跨境民族为个案》，《世界宗教研究》2014年第6期。

② 普丽春：《桥头堡建设中云南跨境民族的文化交往与安全》，《云南民族大学学报》2013年第2期。

③ 龙耀：《跨国婚姻子女社会化问题思考》，《广西民族学院学报》（哲学社会科学版）2007年第6期。

④ 李孝川：《云南边境地区民族教育的发展困境与出路》，华东师范大学博士学位论文，2014年。

⑤ 佴澎、李剑峰：《云南边境难民社会融入与社会治理问题研究》，《云南大学学报》（法学版）2015年第1期。

具体数据难以估计。[①] 罗刚认为，人口非法流动严重冲击了我国边境管理秩序，给我国的边境管控制度带来了挑战。[②] 陈德顺、普春梅认为，必须从国家安全的战略高度加强对境外流动人口的管理，在做好传统的劝返工作的同时，必须加大清理整顿力度。[③]

我们的前期调查发现，边境地区人口流动与学生流动存在着交集甚至重叠——一部分缅甸、老挝籍学生正是以随嫁子女、随迁子女等身份跟随父母来到中国。但是，不同的人口流入类型对学生流入的影响有何不同？学生流入本身又有哪些典型特征？对于这些问题，本书将进一步探讨。

（二）关于跨境民族教育的相关研究

学术界对跨境民族（也称跨界民族）的定义存在争议，但相对一致的看法是：跨境民族指历史上形成的而现在分布在两个或两个以上国家并在相关国家交界地区毗邻而居的同一民族。[④] 跨境民族既具有历史上形成的共同地域、共同语言、共同经济生活以及共同心理素质等民族基本特征，又具有由其所在国不同国情所决定的不同个性和不同发展趋势，这种二重性是跨境民族最主要的特征之一。[⑤] 我国跨境民族种类最多、类型最复杂的地区是云南省，在其边境地区居住着 16 个主要的跨境民族，相关研究也较为丰富。

我国对跨境民族教育的研究相对较少。而且，由于跨境民族聚居区也就是边境地区，对跨境民族教育的研究常常与边境教育研究交织在一起。

---

① 张洁：《边境地区"三非"人员跨境违法犯罪问题研究——以云南省德宏傣族景颇族自治州为例》，《云南警官学院学报》2014 年第 2 期。

② 罗刚：《云南边境民族地区人口非法流动法治对策研究》，《河北法学》2011 年第 9 期。

③ 陈德顺、普春梅：《境外流动人口对云南边境地区社会治理的影响与对策》，《社会学评论》2014 年第 4 期。

④ 刘稚、申旭：《论云南跨境民族研究》，《云南社会科学》1989 年第 1 期。

⑤ 同上。

在已有文献中，学者们并未明确区分"跨境民族教育""跨境民族地区的教育"与"边境教育""边境民族地区的教育"等概念。现有的关于跨境民族（地区）教育的研究，可以归纳为对边境地区教育的现状分析、边境地区学生的国家认同教育、边境国门学校的研究三个方面。

1. 关于我国边境地区教育现状的研究

有关边境地区教育的研究大多是描述现状、分析存在问题及原因。例如，王锡宏在《中国边境民族教育》一书中介绍了我国各个边境地区的教育现状和发展策略；[①] 瑰乔也较早撰文分析了边境民族教育的基本特点；[②] 李怀宇的《云南边境地区少数民族教育的困惑与反思》一文分析了该地区教育存在的问题；[③] 蒋珍莲的《边境民族地区教育发展的问题及策略探析——以广西边境民族地区为例》一文是对广西边境地区教育现状和发展策略的概述；[④] 李孝川的博士学位论文《云南边境地区民族教育的发展困境与出路》分析了云南边境地区民族教育面临的挑战、存在的问题及原因。[⑤] 不少学者提到，边境地区教育发展的基础设施不足，发展水平滞后，面临的问题非常复杂。[⑥] 此外，何跃、高红从文化安全的视角分析了跨境民族地区教育存在的问题。[⑦]

---

① 王锡宏主编：《中国边境民族教育》，中央民族学院出版社 1990 年版。

② 瑰乔：《边境民族教育基本特点浅论》，《民族教育研究》1990 年第 1 期。

③ 李怀宇：《云南边境地区少数民族教育的困惑与反思》，《民族教育研究》2004 年第 6 期。

④ 蒋珍莲：《边境民族地区教育发展的问题及策略探析——以广西边境民族地区为例》，《边疆经济与文化》2013 年第 10 期。

⑤ 李孝川：《云南边境地区民族教育的发展困境与出路》，华东师范大学博士学位论文，2014 年。

⑥ 马丽娟：《云南边境民族地区基础教育中的主要问题和对策》，《民族教育研究》2009 年第 6 期；欧以克：《广西边境地区民族教育面临的问题及对策》，《民族教育研究》2012 年第 1 期。

⑦ 何跃、高红：《文化安全视角下的云南跨境民族教育问题》，《云南师范大学学报》（哲学社会科学版）2010 年第 4 期。

2. 关于边境地区（跨境民族地区）国家认同教育的研究

跨境民族（地区）教育研究中的一个主题是国家认同教育。学者们分析了跨境民族地区加强国家认同教育的必要性，指出了该地区国家认同教育存在的问题并提出了解决策略。例如，苏德、王渊博撰文分析了边境地区加强国家认同教育的必要性。[①] 黄健毅认为跨境民族地区国家认同教育存在一些问题，包括整体效果不佳，学校中国家认同教育过于知识化、理论化，情感化较弱，家庭与社区中国家认同教育缺失等。[②] 梁爱文认为，在跨境民族地区，国家认同教育存在内容理论化与知识化、方法课堂化与形式化、教育评价单一化与片面化的问题。[③] 为此，学者们提出了一些加强跨境民族地区国家认同教育的策略。例如，谷禾、谭庆莉主张从学校教育、语言文化教育、政治思想教育三个层面增强跨境民族身份认同；[④] 李官、李劲松认为，应该在义务教育阶段加强对跨界民族"求同存异"文化观的培养，从而避免该群体可能出现的国家凝聚力和民族向心力发生冲突的问题。[⑤]

上述文献为我们提供了大量背景信息，帮助我们了解了边境地区学校教育的基本状况。后面，我们将围绕以下问题进行探讨：学生流入对边境地区基础教育管理及学校教育有何影响？该地区的中小学是如何应对学生

---

① 苏德、王渊博：《国家认同教育：云南省边境教育发展的战略选择》，《民族教育研究》2012 年第 5 期。

② 黄健毅：《边境地区国家认同教育的困境与对策——基于对中越边境学生的调查》，《广西师范大学学报》（哲学社会科学版）2014 年第 4 期。

③ 梁爱文：《中国梦语境下跨境民族地区中学生的国家认同教育》，《黑龙江民族丛刊》2015 年第 1 期。

④ 谷禾、谭庆莉：《学校教育与云南跨境民族身份认同的塑造》，《云南社会科学》2008 年第 1 期。

⑤ 李官、李劲松：《教育视角下的跨界民族文化差异与边疆民族稳定》，《学术探索》2011 年第 3 期。

流入的？在学生流入问题上，"跨境民族"身份是如何发挥作用的？等等。

3. 关于边境国门学校的研究

文献检索发现，"国门学校""国门教育"的称谓是近些年才开始使用的，此前的相关研究用的都是"边境学校"或"边境教育"的概念。边境学校指处于边境地区的学校，是一个地理意义上的概念，而国门学校更偏向是一个政治、文化意义上的概念，事关国家形象。"国门"昭示着国家领土神圣不可侵犯、民族气节不可亵渎，具有门户开放的意味。[①]

边境国门学校因特殊的地理位置和功能，成为流入学生的首选学校。我们的调查也发现，边境地区的国门学校中，流入学生所占比例较大，而每天穿越国门来华就读的小学生，也几乎都是在这些学校就读。

关于国门学校的研究成果较少。已有研究主要描述国门学校发展现状及其国家认同教育或国民教育状况，较少涉及学生流入的问题。如柳谦等人的《西南边陲的教育国境线——云南边境国门学校现状研究》[②]，王枬的《边境村落中的国门学校——广西大新县硕龙镇 L 小学国民教育研究》[③]，王枬、柳谦的《在国民教育中强化国家认同——桂滇边境国门学校调查研究》[④] 等。

（三）西南边境地区学生流入现象的研究

周边国家学生流入西南边境地区学校的现象引起了部分学者的注意，

---

① 柳谦等：《西南边陲的教育国境线——云南边境国门学校现状研究》，《广西师范大学学报》（哲学社会科学版）2011 年第 6 期。

② 同上。

③ 王枬：《边境村落中的国门学校——广西大新县硕龙镇 L 小学国民教育研究》，《西北师大学报》（社会科学版）2013 年第 1 期。

④ 王枬、柳谦：《在国民教育中强化国家认同——桂滇边境国门学校调查研究》，《广西师范大学学报》（哲学社会科学版）2013 年第 5 期。

并出现了零星的研究：云南师范大学何跃教授发现，随着边境口岸的开放和边境贸易的兴起，西南边境地区开始出现适龄儿童随父母入境经商务工、就近入学的现象。改革开放以及区域经济一体化的推进，催生了国家间的边境贸易，而边境贸易的发展又促进了边境口岸境外人口的流动。境外流动人口全家迁移到边贸口岸，其子女在当地就近入学，成为最早的跨境入学生源。这种跨境求学的现象，最初出现在云南边境地区贸易口岸的中小学，后逐渐向县市的中小学扩散。①

大量境外学生流入我方学校就读，发生在 2006 年我国实施免费义务教育政策之后。与此同时，针对这一现象的零星研究开始出现。吕隽调查发现，2007 年德宏州有缅籍学生近千人，基本上集中在义务教育阶段，这些学生流动性大，管理困难，受教育的前途有限，挤占国内教育资源的问题突出。②何青颖、刘寒雁发现外籍学生流入我国主要是因为我国实行免费教育优惠政策，周边国家教育条件相对薄弱以及华人华侨对中国教育的信赖。③朱进彬、宋琨调查了云南省德宏州接收缅甸、老挝、越南中小学生的基本情况和地方的主要政策和管理办法，认为大量外籍学生流入，导致边境地区许多学校出现了"大班额"现象，加重了本来就拮据的边疆各县市的教育财政负担。④

上述研究者都关注到了该地区教育政策应对的紧迫性。不过，截至2017 年底，我国各级教育主管部门还未针对西南边境地区学生流入现象出台专项政策。在研究层面，李芳从义务教育投入的角度，认为德宏州以公

---

① 何跃、高红：《论云南跨境教育和跨境民族教育》，《云南民族大学学报》（哲学社会科学版）2011 年第 2 期。

② 吕隽：《德宏傣族景颇族自治州跨境民族教育研究》，云南师范大学硕士学位论文，2008 年。

③ 何青颖、刘寒雁：《云南跨境民族外籍学生教育现状分析》，《云南农业大学学报》（社会科学版）2013 年第 1 期。

④ 朱进彬、宋琨：《跨境民族地区发展基础教育的一些思考——以云南省德宏州为例》，《保山学院学报》2014 年第 6 期。

办学校、政府财政保障为主，自发接收缅籍学生来华上学，具有政策示范意义；但是，也存在缺乏有效教育政策指导、政府经费保障责任重心较低、教育政策保障机制不健全等问题，亟待从维护国家文化教育安全、增强国家认同意识的角度出发，系统性思考边境地区义务教育阶段学生流入的教育管理问题。[①] 笔者赞同此观点，并且认为西南边境地区学生流入现象不是单纯的教育现象，而是体现国家关系、我国外交形象的重要事件，要立足国际关系和国家"一带一路"倡议对其进行研究。

无独有偶，何跃从边疆安全、地缘政治和文化心理的角度，探讨了跨境民族儿童来华上学的兴起。[②] 他在《云南省与周边国家跨境民族教育的兴起与发展》一文中提出，从云南省边境两侧跨境民族子女教育的流向，可以看出一个国家对跨境民族教育的重视程度和教育经费的支持程度；跨境民族子女教育的流向犹如候鸟一样，哪边的教育政策更好，他们就把子女送到哪边；而且，跨境民族的文化认同也影响跨境民族子女读书的取向。他还强调，相较经济因素而言，跨境民族地缘文化对教育选择具有更重要的影响。[③] 何跃教授的观点给了我们重要启发。

通过查阅英文资料发现，国外有一些关于少数族群学生流动问题的研究，但与本研究存在巨大的背景差异。例如，澳大利亚原住民经常被描述为高流动性人群，有一些研究探讨了该族群与正规学校教育系统的关系。约翰·泰勒通过对澳大利亚北部典型原住民聚居区——瓦尔德的个案研究，分析了当地低入学率与该族群流动性的关系。结果发现，适龄原住民儿童几乎都定居在学校附近的区域。换言之，虽然原住民流动性相对较高，但学龄儿童的流动性却很低。在影响辍学率的诸多因素中，族群流动性权重

---

① 李芳：《边境地区义务教育阶段来华留学生教育政策困境与创新——以云南省德宏傣族景颇族自治州为例》，《云南民族大学学报》（哲学社会科学版）2016 年第 6 期。

② 何跃：《云南省与周边国家跨境民族教育的兴起与发展》，《东南亚纵横》2010 年第 6 期。

③ 同上。

仅占 1/3。[1] 帕特里克·丹纳赫研究了澳大利亚原住民的流动与入学率的关系，[2] 莎拉·普劳特和曼蒂·耶普也以个案的形式研究了该地区原住民流动与学校教育的关系，[3] 卡拉·海勒曼斯和克里斯托夫·德·威特通过大量的统计数据分析了荷兰大城市学生家庭的搬迁（居所改变）对学生学业成绩的影响。[4] 在美国—墨西哥边境地区，跨越边境进入美国的墨西哥裔儿童往往被看成新移民，从而成为移民教育讨论的对象。在此层面上，研究青少年移民及其教育问题的学者或多元文化教育专家都关注青少年移民的融入和社会融合问题，尤其是移民涌入对美国社会的影响以及这些移民的社会同化问题。[5] 可见，英文文献中有关学生流动的研究难以为本书提供背景支撑。

（四）小结

借助于文献回顾，本书形成以下初步认识：

第一，西南边境地区学生流动现象与该地区跨国人口流动、跨境民族等问题紧密交织。已有研究指出，最早的学生流动现象是随着边境贸易的兴起而出现的，但大规模的学生流动与跨国人口流动既有联系又有区别。相关研究探讨了西南边境地区跨国人口流动的历程、类型与特征，为我们

---

① J. Taylor, "Indigenous mobility and school attendance in remote Australia: Cause or effect?", *International Journal of Educational Research*, Vol. 54, 2012, pp.31–40.

② P. A. Danaher, "Indigenous population mobilities and school achievement: International educational research itineraries issues and implications", *International Journal of Educational Research*, Vol. 54, 2012, pp.1–8.

③ S. Prout & M. Yap, "'No-one's really aware of where they are': A case study of indigenous student mobilities in Australia's northwest", *International Journal of Educational Research*, Vol. 54, 2012, pp.9–20.

④ C. Haelermans & K. De Witte, "Does residential mobility improve educational outcomes? Evidence from the Netherlands", *Social Science Research*, Vol. 52, 2015, pp.351–369.

⑤ R. R. Alvarez Jr, "The Mexican–US border: the making of an anthropology of borderlands", *Annual Review of Anthropology*, Vol. 24, No. 1, 1995, pp.447–470.

了解学生流动现象提供了重要的背景信息。但是，21世纪初，西南边境地区出现的学生流入现象有何特殊背景？这些流入学生的基本状况如何？具有哪些特征？已有研究还未涉及。

第二，近年关于西南跨境民族地区教育的研究主要是分析该地区教育的现状和问题，如基础设施不足、教育发展水平滞后等。关于边境国门学校的零星研究主要探讨学校的办学历程、现状及其职能，而未专门谈及这些学校的学生情况。因此，本书还需继续探讨至少两类相关问题，一是该地区的中小学校是如何应对学生流入的？如何招生？如何开展教育管理？学生流入对边境地区有何影响？二是流入学生在我方学校中受教育情况如何？他们的学习和生活面临哪些挑战？

第三，在研究方法和研究范围上，现有对西南边境地区教育问题的研究大多把该地区看成一个同质性区域，一般采取"选取一个调研地点—开展实地调查—现状描述—问题分析—得出结论"的研究思路，缺乏对中缅、中老、中越边境地区的比较。西南边境地区流入学生的总体特征是什么？中缅、中老、中越边境地区的学生流入分别呈现什么特征？影响因素有哪些？在这些地区，学生流入分别带来哪些影响和挑战？笔者认为，只有回答了这些问题，才能更深刻地理解西南边境地区学生流入问题。

第四，在研究视角上，已有关于西南边境地区学生流入的零星研究，大都把该问题看作纯粹的教育问题，准确地说是跨境民族教育问题，而较少从国际关系、国家安全、边疆治理的视角开展研究，并将研究范围锁定在边界范围内。本书从文化人类学视角出发，将边境地区学生流入看成一种包含了政治、经济、文化等多重意义的实践活动，阐述学生流入现象背后深层的文化意涵。

此外，由于背景和国情的差异，国外有关学生流动问题的研究与本研究的主旨相去甚远，研究成果难以为本研究提供背景支撑。这也说明，西南边境地区学生流入现象是国际学生流动中一个特殊、典型的案例，有着重要的学术研究价值。

本书将具体回答以下问题：

第一，西南边境地区大量学生流入现象发生在什么样的政治经济、自然环境、民族文化、教育发展背景下？（西南边境地区学生流入现象的背景分析）

第二，流入学生群体有何特征？从缅甸、老挝、越南三个国家流入的学生，分别具有哪些特征？（西南边境地区流入学生群体的现状分析）

第三，西南边境地区学生流入的原因是什么？缅籍、老挝籍、越南籍学生流入的影响因素有何差异？（西南边境地区学生流入的影响因素分析）

第四，流入学生在华教育状况如何？边境地区学校如何应对学生流入现象？流入学生及流入学校各自面临哪些挑战？学生流入给边境地区学校教育带来了哪些影响？（西南边境地区流入学生在华教育境遇与面临的挑战）

第五，如何看待和应对西南边境地区学生流入现象？（西南边境地区学生流入的应对策略分析）

四、研究的理论视角

笔者认为，本研究的关键点是对"学生流入"这一现象的解读。与我国西南毗邻的缅甸、老挝、越南三国，其学生流入我国上学需要跨越国界，因此，本书尝试从边界及边境研究中寻找理论支撑。

（一）边界及边境研究的进展

在传统上，边界即国与国之间的领土界线，是将两个民族国家分隔开来的一条线。[1] 在英语世界，与"边界"有关的概念主要有两种表达——"边

---

① M. Kearney, "Borders and boundaries of the state and self at the end of empire", *Journal of historical sociology*, Vol. 4, No.1, 1991, pp.52–74.

境"和"边界"。前者更多的指"地带",即两国领土相接触的地带;后者是区分地区间的"线"及其周围的区域,具有限制意义,是没有宽度的一条"线",是国家间相互承认的不连续的隔断界线。① 从地缘政治意义上看,边界强调的是国家之间的分割。"边界在界定空间秩序上的作用并没有随着全球化时代流动性的增强而消亡,相反,国家正在通过日趋多样的边境管制手段整肃边境地区的社会秩序,巩固统一的国家认同。"②

边界把民族国家分隔开来,同时也规范、收缩了人们在历史上形成的自然流动的界限。在边界及边境研究中,被称为"世界最繁忙边界"的美国—墨西哥边境③一直是研究者高度关注的区域,关于美墨边境的研究成果不计其数,移民问题、边境商贸、环境卫生、边境安全等都成为学界持久关注与讨论的热点。这条长达 3169 千米的国界线何以受到如此多的关注,中外学者均有评述。美国亚利桑那州立大学人类学系的罗伯特·阿尔瓦雷斯认为,"世界上没有任何其他边界展示出像美墨边境一样的权力、经济和人类状况的不平等"④。我国学者施琳认为,"美墨边境是占支配地位的'第一世界'强国遭遇'第三世界'贫弱邻国的典型案例——历史纠葛与民族情感、差异显著的政治体制、悬殊的经济发展水平与综合实力,使得美墨

---

① 王亮、刘卫东:《西方经济地理学对国家边界及其效应的研究进展》,《地理科学进展》2010 年第 5 期。

② 唐雪琼、杨茜好、钱俊希:《社会建构主义视角下的边界——研究综述与启示》,《地理科学进展》2014 年第 7 期。

③ 美墨边境西起太平洋,中段穿越沙漠地带,东段以格兰德河为界,直至大西洋,长达3169 千米。现今的美墨边境确立于 1848 年,美国强迫墨西哥签署了屈辱性的《瓜达卢佩-伊达尔戈条约》(Treaty of Guadalupe Hidalgo),将 230 多万平方千米的土地割让给了美国。条约规定:墨西哥人既可以留在当地生活也可以随时离开返回墨西哥。因此,在最初的 70 年间,美墨边境基本上呈开放状态,人们可以自由往来。后来随着两国政治、经济发展状况的变化,对边界线的管控日趋强化。到 2006 年,布什总统甚至签署了在两国边境修建隔离墙的法案,试图有效地阻止大批非法移民涌入美国。转引自施琳:《边境人类学发凡——国际边境研究理论范式与我国边境民族志的新思考》,《广西民族研究》2007 年第 2 期。

④ R. R. Alvarez Jr, "The Mexican–US border: the making of an anthropology of borderlands", *Annual Review of Anthropology*, Vol. 24, No. 1, 1995, pp.447–470.

边境问题展示出了异乎寻常的不平等性、复杂性和尖锐性。在某种意义上，这条边界线的故事最好地展示了两个民族国家之间的谈判、较力和政策实施，及其如何深刻而广泛地影响当地人的行为与生活"①。

从研究视角来看，边界及边境研究在传统上一直是地理学（尤其是经济地理学）和政治学两大学科的研究范畴。与政治学主要关注国家对边境地区的管控或治理不同，经济地理学对边界或边境的研究主要集中于跨境经济活动。例如，亨克·梵·豪图姆②在文献述评文章《欧洲对边境的看法：欧洲关于边界和边境地区的地理研究概况》中，总结了欧盟一体化进程所带来的对欧盟内部边界的研究需求及不断变化的观点。作者认为，20世纪末有关欧洲边界和边境丰富的地理研究文献，呈现出三个清晰的研究路径或者说取向：一是流动取向，这是 90 年代以前的研究取向，其关键词是经济活动的物理距离。这些由经济地理学家主导的研究认为，国家边界是空间经济和区域经济发展的障碍，它增加了经济活动和互动的成本。二是跨境合作取向，这是 90 年代初期出现的研究取向，探讨的主题是如何出台政策来刺激欧盟的跨境合作。三是人力资本的生产、再生产及人员的社会融合取向，这是 20 世纪末开始兴起的研究取向，研究者们集中探讨边界及边境地区人力资本的生产和再生产，以及人员的社会融合，并认为"人"是理解欧洲一体化进程的重要维度。从这篇翔实的文献可以看出，地理学和政治经济学的学科视野主导着此期的边界和边境研究。

近十多年来，边界研究越来越向多学科方向发展。米兰·布丰、朱利安·明吉、安西·帕西等人编辑出版的论文集《欧洲新边界：文化多元的边境地区复杂而有争议的社会和空间（再）整合问题》，展示了欧洲边界研

① 施琳：《边境人类学发凡——国际边境研究理论范式与我国边境民族志的新思考》，《广西民族研究》2007 年第 2 期。

② H. Van Houtum, "European perspectives on borderlands: An overview of European geographical research on borders and border regions", *Journal of Borderlands Studies*, Vol. 15, No. 1, 2000, pp.56–83.

究的新进展。^①该书共收录了欧洲边界研究的 20 篇新作，作者来自人文地理学、社会学、政治学及语言学等多个学科领域，分别从跨学科的视野多角度解读了欧洲"多样性统一"范式的发展现状。正如引言部分所言，该书是"社会和空间整合领域的研究人员、人文和政治地理学者、社会人类学家、社会和政治科学家以及语言规划者跨学科努力的结果，也是他们的宝贵工具"。该书收录的论文既有理论和方法方面的探讨，也有典型案例分析，按内容相关性，全书分为三个主题（三个部分）。第一部分的主题为"有界的与整合的空间／社会之间"，收录的论文偏向理论探讨；^②第二部分的主题为"区域案例和议题"，具体包含 13 个区域案例或议题；^③第三部分的主题为"未来的政策和发展趋势"，收录了 4 篇论文。该书对边界、多元文化、整合等议题进行了多学科的探讨，书中出现了"物理边界""心理边界"以及"语言边界"等概念，展示了边界及边境研究的多学科发展趋势。该书也为研究和理解边界或边境研究提供了有价值的参考，不过，该书的立场是欧盟一体化，"整合"与"统一"是其主要的价值诉求。

目前，已有的边界或边境研究大致可以分为两类：

一是地缘视野下的边界及边境研究。地理学、政治学和政治经济学领域的学者大多从这一视角开展研究（事实上，边境及边境地区的研究，传统上就是这些学科的势力范围），认为边境地区是国家重要的国土安全屏障和对外开放门户。"在国外，地缘视野下的边境地区研究集中于政治地理、环境生态、商业经济、公共管治、人文艺术等方面。新世纪以来，边境研究

---

① M. Bufon, J. Minghi & A. Paasi, *The new European frontiers: social and spatial reintegration issues in multicultural and border regions*, Newcastle: Cambridge Scholars Publishing, 2014.

② 第一章：空间和边界与多元文化区域的社会（再）融合：在多元文化中创造统一性？（作者：Milan Bufon）；第二章：从民族—国家到欧洲整合：边境合作的意识形态建构（作者：Giuliana B. Prato）；第三章：作为多样性管理的整合：概念争议的意义（作者：Mojca Pajnik）。

③ 例如：波罗的海—巴伦支边界地区的宗教和公民教学（作者：Thomas Lundén）；波兰—俄罗斯边境地区：从物理边界到心理边界（作者：Péter Balogh）；斯洛文尼亚—克罗地亚接壤地区的疆域、边界与身份：伊斯特拉半岛龙贾河沿岸四个小村庄的案例（作者：Damir Josipovic）。

在汲取了批判性地缘政治学、人本主义地缘政治学的精髓后，逐渐增强了对边境环境、社会治理等方面的反思，出现了边境的地理涵义和政治属性、经济商贸交流、边境一体化、边境冲突与安全、文化与社会建构、跨境合作制度等领域的研究。"① 通过检索国内文献发现，我国地缘政治视野下的边境及边境地区研究，在研究主题上与国外相似。不过，国家安全是我国面对全球化进程的一个重要议题，相应地，这一视角下的研究多将边界看作分隔不同国家或政治实体的界线。②

二是文化人类学视野下的边界及边境研究。此类研究从人类学视角出发，运用田野调查、民族志等方法，对边界冲突、跨境民族、边民认同、移民流动、文化边疆等领域进行了多种探索。早期的人类学者倾向于将边界视为"一条将不同文化和地域分开的线"，直接用政治边界来划定文化边界，并且假定边界居民生活在文化孤立、界线分明的社区里，被赋予一种跨文化的"他者"形象。③ 此外，早期边界文化的概念不太重视现实问题，直到 20 世纪 80 年代以来，随着研究的推进，"现实中的边界""文化边界"等概念日益受到关注。相应地，"边境"逐渐被阐释为由冲突和矛盾、物质生活与精神观念所标识的、边界所确定的特殊区域，以及该区域中人们的各种实践。④ 与此同时，一个新兴的研究领域——边境人类学正在逐渐形成。美国亚利桑那州立大学人类学系的罗伯特·阿尔瓦雷斯在他的《美墨边界：边境人类学的诞生》一文中，阐述了边境人类学这一新兴领域中边境研究的立场。⑤

---

① 宋涛、刘卫东、李玢：《国外对地缘视野下边境地区的研究进展及其启示》，《地理科学进展》2016 年第 3 期。

② 唐雪琼、杨茜好、钱俊希：《社会建构主义视角下的边界——研究综述与启示》，《地理科学进展》2014 年第 7 期。

③ 施琳：《边境人类学发凡——国际边境研究理论范式与我国边境民族志的新思考》，《广西民族研究》2007 年第 2 期。

④ 同上。

⑤ R. R. Alvarez Jr, "The Mexican–US border: the making of an anthropology of borderlands", *Annual Review of Anthropology*, Vol. 24, No. 1, 1995, pp.447–470.

第一，人类学的边界研究要对行为和身份的转换以及文化实践动态图景中社会行动的重构保持敏感，而非固守对地理或疆域意义上界限分明的社区或文化的关注；需要开展更多的民族志工作，特别关注边界的作用，以便梳理出人们应对生活的五花八门的方式。

第二，重视边民（移民）生活的历史连续性。人类学的边境研究要特别重视边境生活的社会和历史连续性。历史不仅仅是背景，而是要将历史解释纳入边境研究中。边界人民在形成社会纽带和政治经济斗争中的持久性和长期性至关重要。边界在人们建立纽带和社交网络中的作用应受到重视。

文化人类学视角的研究使得人们对边界、边境和边境文化的理解逐渐细化和深入。本书循着文化人类学对边界研究的指引，开展我国西南边境地区学生流入的研究，将"学生流入"理解为一项包含文化意义的边界实践活动，关注"流入学生"生活的历史连续性，包括其家庭的迁徙历史与文化渊源，阐释我国西南边境地区学生流入的文化含义及其差异。

（二）文化人类学视角下的边界

如前所述，从地理学和政治经济学的视角来看，边界将不同民族国家的疆域、政治经济制度区隔开来。一条地理意义上的边界，同时也是政治边界、经济边界和文化（习俗、语言、教育等）边界。因此，边界具有地理属性、政治属性和经济属性。"流入"意味着地理上的逾越，未经正式审批的"流入"在政治上"不合法"，自发来华上学等同于"非法入境"。

文化人类学视角的边境及边境地区研究则聚焦当地人所理解、实践的边界，其含义不仅是一条空间区隔的线，还包含"人们的各种实践行为"。文化人类学的研究素有"重视当地人观点"[1]的传统。从当地人的视角来看，边境社区不是孤立的（而是联系的），跨境民族的社会行为往往超越地理边界

---

[1]　施琳：《边疆民族志：经济人类学的视角与方法》，《广西民族大学学报》（哲学社会科学版）2011年第3期。

线。一些社区在长期的社会、文化行为模式之下形成了不同于传统地缘政治边界的、弹性的文化边界。^①边民（移民）的生活具有连续性，这种连续性不会因为国家疆域的划分而完全中断，也不会因为边民自身所处位置（如从边境一侧迁居到另一侧）而中断了与之前生活的联系。罗伯特·阿尔瓦雷斯在研究美墨边境的墨西哥移民家庭时发现，美墨边境的移民家庭在边境两侧建立了强大的家庭网络。^②换言之，他们的生活和往来并没有因为边界的阻隔而中断。卡洛斯·贝莱斯—伊瓦涅斯的民族志研究也发现，生活在墨西哥和亚利桑那州边境地区的墨西哥家庭在历史上经历过漫长的迁徙过程，他认为，"边界是强加于特定区域人类发展历史演进过程中的一个现代人造物"^③。

国内的边疆研究学者具有相似的发现。何跃对西南边境地区的研究发现，跨境民族对边界所限定的国家认同并不排斥，但他们对国家的边境管制又不能完全服从。例如，中国西南边境的跨境民族，常常需要跨越边界，以维持亲缘关系，同时开展一些经济活动，跨界是其日常生活中不可或缺的一部分。^④谷家荣通过对滇越跨境民族地区边民生活（尤其是边境两侧的边民交往）的研究也发现，边境民族基于血缘关系而构织的根骨情结是一种内在的民族心理，是促使边疆少数民族行动的最根本动力。对和平跨居在不同国家边境地区的少数民族而言，生活秩序的规范性规则就是血缘、地缘以及各种亲戚关系。在这些规则的规范下，边民跨国流动是一种合理

---

① L. Whiteford，"The Borderland as an Extended Community"，in *Migration Across Frontiers*：*Mexico and the United States*，F. Camara & R. Van Kemper（eds.），Albany：State University of New York，1979. 转引自施琳：《边境人类学发凡——国际边境研究理论范式与我国边境民族志的新思考》，《广西民族研究》2007 年第 2 期。

② R. R. Alvarez Jr，Familia：*Migration and Adaptation in Baja and Alta California*，*1880-1975*，Berkeley：University of California Press，1987.

③ C. G. Vélez-Ibañez，*Border Visions of One World*：*An Anthropology of US Mexicans of the Southwest*，Tucson：University of Arizona Press，1994.

④ 何跃：《边民主义与跨界民族主义：以中国西南边疆为研究对象》，《云南民族大学学报》（哲学社会科学版）2010 年第 1 期。

的生活活动。① 朱凌飞、段然研究了一位老挝磨丁村人的边界与身份建构，从"边缘人群"微观个人生活史的视角来理解文化和社会变迁，阐释了边界对边民个人生命历程的影响。② 此外，在目前已经出版的中缅边境地区的多个民族志研究文本中，"边界"也同样不是简单的国家疆域的标志线，而是边民所实践和建构的"边界"，是一种地理、文化、心理通道，彰显边界/边境的心理、文化、情感属性。正如人类学家巴斯所指出的，"群体的族群边界虽然有相应的地理边界，但人们更注重社会边界"③。

文化人类学对边界及边境（地区）的研究，不仅向我们展示了边界及边境更为丰富的内涵及继续探索的可能性，还向我们揭示了局内人视角的重要性。作为研究者，不应该先入为主地以"合法""非法"等政治词汇或者以"发达""落后"等价值判断去看待西南边境地区学生流入现象，而是要实际地去观察和理解当地人对边界的认知，去感知边界对流入学生及其家庭的意义。本书将西南边境地区学生流入看成一项具有多重含义（政治的、经济的、文化的、地理的）和多个维度（历史与现实、国内与国外、地方与全球）的社会实践活动。通过探究，揭示西南边境地区的教育生态及教育治理问题，从而获得对该地区教育发展问题的深入理解。

五、研究方法

本书以民族志研究方法为指引。根据约翰·克雷斯韦尔的定义，民族志是"研究者在自然情境中研究具有某种特征的文化群体，主要通过观察

---

① 谷家荣：《边民生活政治：滇越跨境民族的记忆、心境与行动》，社会科学文献出版社 2013 年版。

② 朱凌飞、段然：《边界与身份：对一位老挝磨丁村民个人生活史的人类学研究》，《云南师范大学学报》（哲学社会科学版）2017 年第 2 期。

③ ［挪威］弗雷德里克·巴斯主编：《族群与边界——文化差异下的社会组织》，李丽琴译，商务印书馆 2014 年版，第 24 页。

和访谈的方法，经过较长时间的资料收集而成"①。本书将西南边境地区的流入学生看成具有某种特征的文化群体，关注该群体流入的动因、方式及影响，"自然情境"则包括这些学生的家庭、社区（主要是边境沿线地带）及其就读的学校。通过对该地区长时间的观察和访谈，探讨该群体的特征与文化身份建构及其实践。通过民族志的田野调查，对这一群体进行观察与记录，分析他们的身份与文化及其与所处环境（学校教育、家庭背景、边境社会）的互动，并反思他们所处的文化情境和教育生态。

本书在民族志的总体框架下，以田野工作法为主，辅之以调查表法、文献法、比较法等研究方法。在文本呈现上，主位视角与客位视角相结合。

（一）调查表法

笔者设计了调查表来收集西南边境地区基础教育阶段"小留学生"的基本信息。目前教育主管部门已有统计资料中学生信息较为简单，仅包含"姓名""性别""家庭住址""父母联系方式"等，基于研究目的，在查阅各级教育主管部门统计报表的基础上，笔者设计了包含"民族""是否跨境婚姻家庭子女""来华上学方式""就读年级""是否寄宿"等项目的调查表（缅甸、老挝、越南学生就读情况统计表）。通过委托调研的方式，于 2017 年 3 月向云南 25 个边境县和广西 6 个边境县发放调查表，收集该区域"小留学生"的翔实信息。其中，云南省 25 个边境县直接委托各县教育主管部门调研，广西则是委托教育科研部门调研。

（二）田野工作法

本书以田野工作法为主要研究方法，在田野研究中综合运用参与观察、访谈、问卷调查等方法。

---

① J. W. Creswell, *Research design: qualitative quantitative and mixed methods approaches*, Thousand Oaks CA: Sage Publication, 2018, pp.50—51.

1. 田野调查点的选择

根据回收的"缅甸、老挝、越南学生就读情况统计表",分析西南边境地区流入学生分布状况。在田野调查点的选择上,首先选取流入学生数量最多的地区,然后综合考虑接壤国家、口岸分布、民族分布等因素,最后选定以下区域为田野调查点。

表 1-1　田野调查点的选择

	中缅边境	中老边境	中越边境
行政区划	云南德宏傣族景颇族自治州	云南西双版纳傣族自治州	云南文山壮族自治州;广西百色市、崇左市
县级调研点	瑞丽市、芒市、陇川县	勐腊县	云南文山州麻栗坡县、富宁县;广西那坡县、靖西市(原为靖西县);宁明县、凭祥市、龙州县
重点调查区域	在每个县选取缅籍学生最多的 2 个边境乡镇	勐腊县职业中学(云南的老挝籍学生主要集中在勐腊县职业中学学习汉语)	各县全境,重点调研县教育主管部门、边防管理部门、边境学校;跨境婚姻家庭及村寨
资料收集方法	参与观察、集体座谈、个别访谈和口述史、文本资料收集、问卷调查	参与观察、集体座谈、个别访谈和口述史、文本资料收集、问卷调查	参与观察、集体座谈、个别访谈和口述史、文本资料收集、调查表
研究参与者	缅籍学生、教师、校领导、家长(边民)、县教育主管部门、边防人员	老挝籍学生、教师、校领导、县教育主管部门、边防人员	县教育主管部门、校领导、教师、越南籍学生、家长、村民、边防人员

(1)中缅边境云南段田野调查点:德宏傣族景颇族自治州

选取中缅边境地区缅籍学生最多的德宏傣族景颇族自治州(以下简称德宏州),在该州进一步选取缅籍学生最多的三个县,即瑞丽市、芒市和陇川县作为调研地点。调研对象包括边防部门、教育主管部门、中小学校、外籍学生等,调研方法包括问卷、访谈、观察、口述史等。通过驻校及驻村观察、走访，一方面了解学校接收流入学生的历史和现状、动机和依据、管理办法，另一方面了解流入学生来华上学的原因及在华学习生活状况。同时，通过访谈外籍学生及家长（边民），对外籍学生及其家庭迁徙历史和生活故事进行记录与主题提炼，从而深入探究影响学生流入的因素。

（2）中老边境田野调查点：西双版纳傣族自治州勐腊县

老挝与云南西双版纳傣族自治州勐腊县、云南普洱市江城县接壤，来华上学的老挝籍学生主要集中在勐腊县职业中学。此外，景洪市职业高级中学、普洱市职业高级中学及江城县的中小学也有少量老挝籍学生。本书选取勐腊县作为田野调查点，走访勐腊县教育主管部门、边防部门、校领导、教师，并对勐腊县职业中学老挝籍学生开展参与观察、访谈、问卷调查。

（3）中越边境田野调查点：云南文山州麻栗坡县、富宁县；广西五个边境县市（那坡县、靖西市、宁明县、凭祥市、龙州县）

相对而言，流入我国的越南籍学生很少，且较为分散。本书采用点、线结合的方法，即沿着边境线开展较长距离的调查，并实地走访边境沿线有外籍学生就读的学校和村寨。笔者以文山州麻栗坡县为起点，沿途经过富宁县、广西那坡县、靖西市、宁明县、凭祥市、龙州县。调研方法包括访谈教育主管部门、边防部门、校领导和教师，发放调查表，走访跨境婚姻家庭和学生。

2. 进入研究现场与资料收集

云南省内的所有田野调查点都经历了两个阶段的实地调查。

第一阶段：通过正式的"官方渠道"先行"踩点"。即笔者所在学校开具介绍信，以此为据与调研点的教育主管部门联系，取得他们的同意和支持。到达调查点后，先到县教育局开展座谈或访谈，获取全县基础教育发展状况尤其是周边国家流入学生招生、管理等方面的信息；然后根据县教育主管部门所提供的信息到边境沿线学校、边防管理部门、村寨走访，了解外籍学生流入和上学情况，开展初步访谈，并开展问卷试测。此阶段的开始时间为 2015 年 8 月，结束时间为 2016 年 8 月。随后，笔者根据初次调查收集到的信息锁定具体"蹲点"区域，修改问卷和访谈工具，阅读文献以反思研究视角和立场，整理调研笔记和资料。

第二阶段：为避免外界因素对研究的干扰，课题组自行前往选定的调研点（边境城镇、村落、学校）居住、观察、走访，并发放正式的调查问卷。该调研阶段从 2016 年 9 月持续到 2018 年 1 月。需要说明的是，在中越边境地区，由于流入的越南籍学生数量少且全部为跨境婚姻家庭子女，笔者在每个地方居住的时间虽然较短，但把调研"战线"拉长，尽可能多地走访学校和村寨，尽可能全面地收集数据。

3. 资料分析

借助 Excel 表格处理调查表所收集到的数据，生成流入学生人数变化趋势图、分布图等，并借助 SPSS（Statistical Product and Service Solution）18.0 数据处理软件输入并分析问卷调查结果。对于田野调查记录、访谈资料及口述笔记，采用质性资料分析中的类别分析与情境分析，在充分呈现"主位视角"的同时，对资料进行归纳提炼，得出一些较为理性的概念和命题。

（三）比较研究法

本书在呈现西南边境地区学生流入整体状况的同时，对中缅、中老、中越边境地区的学生流入现象开展比较分析。通过比较中缅、中老、中越边境地区自然地理、政治经济、民族文化、教育政策等方面的差异，分析流入学生数量、分布的差异及影响因素；通过比较缅甸、老挝、越南籍学生流入方式、入学目的等方面的异同，进一步反思"边境"或"边界"的多重含义，揭示西南边境地区教育生态的多样性和教育问题的复杂性。

第二章　我国西南边境地区的社会生态及学生跨境流动历程

本章首先描述西南边境地区的地缘政治、经济、文化和教育背景，勾勒该地区学生流入的社会文化生态，然后简要梳理该地区学生流动的历程，为后续研究奠定基础。

一、西南边境地区的社会生态

中国陆地边境线长达 2.2 万千米，其中，云南省有 4060 千米边境线、25 个边境县（市）、129 个边境乡（镇）。云南省的 18 个县（市）与缅甸接壤，分别为贡山县、福贡县、泸水市（原为泸水县）、腾冲市、盈江县、陇川县、瑞丽市、芒市、龙陵县、镇康县、耿马县、沧源县、西盟县、孟连县、澜沧县、勐海县、景洪市和勐腊县；2 个县与老挝接壤，即勐腊县和江城县；7 个县与越南接壤，即江城县、绿春县、金平县、河口县、马关县、麻栗坡县和富宁县。云南省的勐腊县和江城县均同时与两个国家接壤。勐腊分别与缅甸、老挝接壤，江城县分别与老挝、越南接壤。

广西壮族自治区西南部与越南接壤，边境线长 1020 千米，具有沿边、沿海、沿江三大优势，是中国西南边境地区最便捷的出海通道。广西边境八县（市）自西向东分别为那坡县、靖西市、大新县、龙州县、凭祥市、宁明县、防城区和东兴市。中越边境广西段地势整体呈西北高、东南低的格局，由西北向东南倾斜。

（一）西南边境地区的自然地理特征

1. 中缅边境云南段的自然地理状况

云南位于我国西南内陆与东南亚、南亚的结合部，西部、南部分别与缅甸、老挝、越南三国接壤，其中，中缅边境线长 1997 千米，中老边境线长 710 千米，中越边境线长 1353 千米。

中缅两国是山水相连的友好邻邦，边界线全长 2186 千米。其中，中缅边界西藏段长 189 千米，云南段长 1997 千米。由于西藏段为人烟稀少的高山峡谷地带，本书中所说"中缅边境地区"的空间范围仅指中缅边界云南段，也称滇缅边界。滇缅边界占整个中缅边界的 91.4%。

滇缅边界地域跨度大，自然生态多样，地貌特征复杂，海拔差距达 4570 米。①滇缅边界云南一侧，自西向东分别是怒江、保山、德宏、临沧、普洱、西双版纳六州市。除保山市的腾冲市和龙陵县外，其余全部为民族自治县或民族自治州辖县。边界线两侧的居民以少数民族为主（近 30 个），其中大部分属于跨境民族。此外，边界线两侧还分布着大量汉族人口。②（见表 2-1）

---

① 鲁刚:《中缅边境沿线地区的跨国人口流动》,《云南民族大学学报》(哲学社会科学版) 2006 年第 6 期。

② 同上。

表 2-1　中缅边境云南段边境线长、国土面积、人口数量一览表（2013 年）①

政区名称		边境线长（千米）	国土面积（万／平方千米）	总人口（万人）	少数民族人口所占比例（%）
怒江傈僳族自治州	贡山县	172.08	0.44	3.82	90.4
	福贡县	142.22	0.28	9.95	98.6
	泸水市	121.51	0.31	18.64	87.0
保山市	腾冲市（原为腾冲县）	148.08	0.57	65.65	7.5
	龙陵县	19.71	0.28	28.31	6.3
德宏傣族景颇族自治州	盈江县	214.60	0.43	31.11	54.6
	陇川县	50.90	0.19	18.62	54.9
	瑞丽市	169.80	0.08	19.10	33.2
	芒市	503.80	0.29	40.00	49.0
临沧市	镇康县	96.36	0.25	18.03	32.0
	沧源县	147.08	0.24	18.45	85.2
	耿马县	47.35	0.37	30.28	55.3
普洱市	澜沧县	80.56	0.87	49.68	79.0
	西盟县	89.33	0.13	9.25	94.0
	孟连县	133.40	0.19	13.83	86.4
西双版纳傣族自治州	勐海县	146.60	0.53	33.72	83.4
	景洪市	112.39	0.69	52.86	70.6
	勐腊县	740.80	0.68	28.62	74.3

　　目前，中缅边界中国一侧共有 13 个国家一、二类边境水陆口岸，分别与境外缅方的口岸相对应。（见表 2-2）

---

① 云南统计局编：《云南统计年鉴—2014》，中国统计出版社 2014 年版，第 496—499、491—495 页。少数民族人口比例从云南省人民政府网获得。

表 2-2 中缅边境口岸一览表

口岸名称	口岸类别	口岸所在地	境外对应口岸/城镇
片马口岸	二类公路口岸	怒江州泸水市	缅甸克钦邦大田坝
猴桥口岸	一类公路口岸	保山市腾冲市	缅甸克钦邦甘拜地等
盈江县城口岸	二类公路口岸	德宏州盈江县	缅甸克钦邦那邦等
章凤口岸	二类公路口岸	德宏州陇川县	缅甸克钦邦洋人街
瑞丽口岸	一类公路口岸	德宏州瑞丽市	缅甸掸邦木姐镇
畹町口岸	一类公路口岸	德宏州瑞丽市	缅甸掸邦九谷镇
南伞口岸	二类公路口岸	临沧市镇康县	缅甸果敢县城老街
孟定口岸	一类公路口岸	临沧市耿马县	缅甸掸邦清水河镇
沧源县城口岸	二类公路口岸	临沧市沧源县	缅甸佤邦南登县等
孟连县城口岸	二类公路口岸	普洱市孟连县	缅甸佤邦首府邦康
打洛口岸	一类公路口岸	西双版纳州勐海县	缅甸掸邦小勐腊
思茅港口岸	一类航运口岸	普洱市思茅区	澜沧江—湄公河道
景洪港口岸	一类航运口岸	西双版纳州景洪市	澜沧江—湄公河道

中缅两国之间的国际通道,除了历史上有名的滇缅公路、中印公路(史迪威公路)等交通干线外,还分布着40余条与各边境通道相连接的支线公路,以及难以计数的民间便道、山林小道。[①]

2.中老地理边界及人口分布

中老边境线长 710 千米,中方一侧为云南省西双版纳州勐腊县、普洱市江城县,与老挝琅南塔、乌多姆赛、丰沙里三省接壤。(见表 2-3)

---

① 鲁刚:《中缅边境沿线地区的跨国人口流动》,《云南民族大学学报》(哲学社会科学版)2006 年第 6 期。

表 2-3　中老边境沿线地区边境线长、国土面积、人口数量一览表（2013 年）①

政区名称	边境线长（千米）	国土面积（万 / 平方千米）	总人口（万人）	少数民族人口所占比例（%）
西双版纳州勐腊县	740.8	0.68	28.62	74.3
普洱市江城县	183	0.35	12.48	80.6

目前，云南与老挝有空中（昆明—万象）、陆路（磨憨—磨丁）等口岸相通，水路（澜沧江—湄公河）有中国思茅港、景洪港、勐罕港、关累港与老挝的班寒、班相果、孟莫和琅勃拉邦等港口相通。其中，位于勐腊县南端的磨憨镇是我国通往老挝唯一的国家级陆路口岸，也是通向东南亚最便捷的陆路通道。（见表 2-4）

表 2-4　中老边境陆路口岸一览表

口岸名称	口岸类别	口岸所在地	境外口岸 / 城镇
磨憨口岸	国家级陆路口岸	西双版纳州勐腊县	老挝琅南塔省磨丁镇
勐康口岸	一类公路口岸	普洱市江城县	老挝丰沙里省兰堆镇

磨憨镇是一个狭长的山谷小镇，距离西双版纳州景洪市 190 多千米，距离勐腊县城 40 多千米。在磨憨口岸附近，聚集着不少中老两国的边民，他们一般从事边贸、运输等工作。由于中老双方在基础设施建设领域的合作，建筑材料的加工与运输量巨大。2017 年 2 月，笔者在磨憨口岸实地调查时发现，一队队满载建筑材料的运货车辆穿梭在边境两侧，人员出入境通道也人来人往。从地理条件看，磨憨镇的两侧都是陡峭的高山，除了口岸这个通道，往返于中老边界的民间小道并不便捷，影响了学生流入。实

---

① 云南统计局编：《云南统计年鉴—2014》，中国统计出版社 2014 年版，第 496—499、491—495 页。少数民族人口比例从云南省人民政府网获得。

地调查发现，在西双版纳州景洪市、勐腊县就读的老挝籍学生，都是从该口岸入境，而不像缅籍学生分散在漫长的边境沿线。

3. 中越边境的自然地理及人口分布

中越边界分为云南段和广西段。中越边界云南段位于云南省东南部的普洱、红河、文山南部边境沿线，全长 1353 千米。中越边界云南段中方一侧沿边共有 7 个县，自西向东分别是普洱市的江城县，红河州的绿春县、金平县、河口县，文山州的马关县、麻栗坡县、富宁县，全部为民族自治县或民族自治州辖县。中越边界云南段境外一侧为越南西北部的莱州、老街、河江三省，边境沿线共有约 30 个县市。[①] 中越边界广西段中方一侧自西向东分别是那坡县、靖西市、大新县、龙州县、凭祥市、宁明县、防城区和东兴市，分别与越南的 18 个县市接壤。（见表 2-5）

表 2-5　中越边境国境线长、国土面积、人口数量一览表（2013 年）[②]

政区名称		边境线长 （千米）	国土面积 （万 / 平方千米）	总人口 （万人）	少数民族人口所占比例 （%）
云南	普洱市 江城县	67	0.35	12.48	80.6
	红河哈尼族彝族自治州 绿春县	153	0.31	22.73	98.7
	金平县	502	0.36	36.63	87.6
	河口县	193	0.13	10.61	61.6
	文山壮族自治州 马关县	138	0.27	37.35	49.7
	麻栗坡县	277	0.23	28.25	40.9
	富宁县	75	0.54	41.51	75.7

---

① 鲁刚：《中越边界云南段沿线地区的边境贸易与经济合作》，《云南师范大学学报》（哲学社会科学版）2009 年第 1 期。

② 云南统计局编：《云南统计年鉴—2014》，中国统计出版社 2014 年版，第 496—499、491—495 页。少数民族人口比例从云南省人民政府网获得。

续表

政区名称			边境线长（公里）	国土面积（万/平方公里）	总人口（万人）	少数民族人口所占比例（%）
广西	百色市	那坡县	207	0.22	21.26	89.6
		靖西市	153	0.33	66.20	99.4
	崇左市	大新县	43	0.27	37.53	98.0
		龙州县	184	0.23	26.66	95.0
		凭祥市	97	0.07	11.05	85.6
		宁明县	212	0.37	43.85	77.1
	防城港市	防城区	200	0.24	44.90	35.6
		东兴市	39	0.06	13.86	13.1

中越边境地区多为崇山峻岭或低缓的丘陵，其中，有两个最重要的天然通道口。一个通道从广西友谊关通往越南谅山，友谊关外越南 1 号公路零公里里程碑就在国界线上；另一个通道从云南河口通往越南老街，河口与老街隔红河及其支流南诗河相望，南诗河上有中越公路、铁路两用桥，可以北上昆明、南下河内。自古以来，这两个通道就是中越两国人民频繁交往的天然通道，从这两个通道穿过的铁路，更是两国人民紧密相连的重要纽带。[①] 在中越边界的东段，北仑河沿两国边界线从西向东流入北部湾。在北仑河口，中国广西的东兴镇和越南广宁省的芒街镇隔河相望，两国人民共饮一江水，"早相见，晚相望，清晨共听雄鸡高唱"[②]。

目前，中越边界云南段沿线共设有河口、金水河、天保、田蓬 4 个国家一、二类口岸。其中，河口口岸位于红河与南溪河交汇处的河口县，为国家一类公路、铁路和水运三栖口岸，境外为越南老街口岸；金水河口岸位于金平县城南金水河镇，为国家一类公路口岸，境外为越方马鹿塘口岸；

---

① 张加祥、俞培玲：《越南》，当代世界出版社 1998 年版，第 21—22 页。

② 同上。

天保口岸位于麻栗坡县城南约 40 千米处，为国家一类公路口岸，境外为越方清水河口岸；田蓬口岸位于中越边界云南段东端的富宁县田蓬镇，为国家二类公路口岸，境外为越方上蓬口岸。除此之外，在中越边界云南段还分布着近 40 个大大小小的边贸口岸或边民互市点。[1] 中越边界广西段沿线地区的陆路边境口岸主要有凭祥友谊关、凭祥浦寨、水口、龙邦、平孟、东兴、爱店、里火等，其中东兴市东兴口岸与凭祥市友谊关口岸最为大家熟知。（见表 2-6）

表 2-6　中越边境口岸一览表

口岸名称	口岸类别	口岸所在地	境外口岸/城镇
河口口岸	一类公路、铁路、航运口岸	红河州河口县	越南老街省老街市
金水河口岸	一类公路口岸	红河州金平县	越南莱州省马鹿塘
天保口岸	一类公路口岸	文山州麻栗坡县	越南河江省清水河
田蓬口岸	二类公路口岸	文山州富宁县	越南河江省上蓬镇
东兴口岸	一类公路口岸	广西防城港市东兴市	越南国芒街口岸
凭祥口岸	一类铁路口岸	广西凭祥市	——（铁路）
友谊关口岸	一类公路口岸	广西凭祥市	——（公路）
浦寨口岸	一类公路口岸	广西凭祥市	越南谅山省新清口岸经济区
水口口岸	一类公路口岸	广西龙州县	越南驮隆口岸
龙邦口岸	一类公路口岸	广西靖西市	越南雄国口岸
平孟口岸	二类陆路边境口岸	广西那坡县	越南高平省河广县朔江口岸
爱店口岸	一类公路口岸	广西宁明县	越南峙马口岸
里火口岸	二类公路口岸	广西防城港市	越南广宁省下基县

在国际通道方面，中越两国的交通干线有滇越铁路、昆河公路、衡昆高速锁罗段和红河水道。除以上水陆交通干线，在中越边境沿线，还分布

---

① 鲁刚：《中越边界云南段沿线地区的边境贸易与经济合作》，《云南师范大学学报》（哲学社会科学版）2009 年第 1 期。

着10余条横贯境内外的支线公路、近100条过境通道和数以百计的山林小路及江河水道。①

综上所述，我国西南边境地区与周边国家山同脉、水同源，没有高山大河、茫茫戈壁和冰川冻土的阻隔，其边境口岸、对外通道可以"全天候"利用。②从地缘条件上讲，边境沿线居民往来较为便利。当然，中缅、中老、中越边境在自然地理上存在较大差异。其中，中缅边境线最长，国际通道和口岸最多，而且边境两侧大多地势平缓，往来便利。由此不难解释，在缅甸、老挝、越南三个国家中，缅甸学生流入我国的人数最多。而且，云南境内缅籍学生的分布也不均匀：在地势平缓、交通便捷的边境沿线地带，如德宏州、临沧市、普洱市和西双版纳州，流入学生较多；而处于高山峡谷地带的怒江州，交通不便且人口稀少，流入学生的数量也就很少。可见，地缘条件是影响学生流入的重要因素。

（二）西南边境周边国家的政治局势与对华邦交

边界具有分隔不同政治制度的功能。边界线两侧不同的民族国家，政治局势和边境政策可能存在较大差异，这种差异又必然对学生流动产生重要影响。

1. 缅甸政治局势与中缅关系

中缅两国有着深厚的历史渊源和漫长的国境线，但在多种因素的作用下，两个国家走上了不同的发展道路。基于研究目的，本部分仅讨论与我国接壤的缅甸北部地区（简称缅北）的政治状况。

缅甸实行联邦制，由于复杂的历史原因，缅甸中央政府和地方少数民

---

① 鲁刚：《中越边界云南段沿线地区的边境贸易与经济合作》，《云南师范大学学报》（哲学社会科学版）2009年第1期。

② 刘稚主编：《东南亚概论》，云南大学出版社2007年版，第259页。

族之间长期存在冲突隐患，① 缅甸北部地区武装冲突不断。在 20 世纪 80 年代后期，甚至形成了"缅甸有多少个少数民族，就有多少支反政府武装"的局面，缅北地区更是长期处于武装割据状态。② 频繁的政权更迭和不间断的民族政治斗争严重影响了社会经济的发展，给缅甸人民的生活带来了巨大的影响。缅北地区社会经济发展水平低下，人民生活困苦。缅北地区与中国交界，是少数民族聚居区，也是战争频发的区域。民间常称"缅北"为"上缅甸"，具体指缅甸北部的克钦邦及掸邦北部地区，是克钦族（景颇族）和掸族（傣族）的主要聚居地。③ 由于历史的原因，缅北地区的居民大多讲汉语或本民族语言，过汉族节日或本民族节日，与中方一侧的亲戚交往频繁，而对缅族的语言、文化知之甚少。课题组调研时也发现，在中方一侧务工的缅北边民表示听不懂缅语，也不了解缅族的习俗和文化，但他们会讲边境地区的汉族方言或本民族语言。

　　缅北地区与中国（云南省）的联系密切。缅北地区民族众多，居住着克钦（景颇）族、掸（傣）族、哈尼族、佤族、傈僳族、崩龙（德昂）族、果敢（汉）族等 10 多个与中国同宗同源、互市通婚的跨境民族，两侧边民之间互动频繁。例如，缅甸佤邦特区的主体民族是佤族，与中国境内的佤族是同宗同源的跨境民族。克钦邦的克钦族与中国境内的景颇族也是同源民族，④ 缅甸克钦族与中国境内的景颇族一直相互通婚、通商互市、探亲访友，共同庆祝自己的民族节日，在重大节日"目瑙纵歌"节期间，双方会互邀互派代表团参加庆祝活动。⑤

---

　　① 严赛、苍铭：《彬龙会议前后缅甸政府对边境地区民族问题的处理》，《中央民族大学学报》（哲学社会科学版）2015 年第 5 期。

　　② 唐骏、陈月丰：《缅北冲突对东南亚局势的影响及对策思考》，《东南亚纵横》2015 年第 7 期。

　　③ 李灿松等：《2015 年缅北局势的未来走向及中国应对策略》，《热带地理》2015 年第 4 期。

　　④ 罗圣荣、汪爱平：《缅北果敢冲突与中国西南安全》，《世界民族》2011 年第 1 期。

　　⑤ 陆云：《缅甸克钦、果敢难民问题对中国边疆安全的影响与对策思考》，《大理大学学报》2017 年第 1 期。

缅北属于中国文化圈在西南边疆的外延部分，[1] 缅北的一些区域在历史上属于中国，特别是果敢地区。果敢地区的正式名称为缅甸掸邦果敢自治区，与中国云南的镇康、沧源、耿马和龙陵等县接壤。该地区是一个以汉族（缅方称果敢族）为主体的自治区，面积约 2700 平方千米，80% 以上的人口为汉族，[2] 通行汉语（缅方称果敢语）和汉字，用电主要靠云南省供给，通信使用中国移动，通用货币是人民币，民众收看中国电视节目，收听中国广播，和我方边民过一样的节日。[3] 总之，在政治局势稳定的情况下，该区域边民的日常生活与我方边民并无二致。

缅北政局不稳，缅方一侧部分边民为躲避战火，以难民身份进入我国境内。同样因为缅北动荡的局势，缅方边民无法安心生活，孩童难以接受正常的学校教育，居住在缅方一侧的边民倾向于选择将子女送入安全稳定的我方学校上学。涌入中国的难民，也会通过亲戚或依据中国边境政策将孩子送入我方学校上学。[4]

2. 老挝政治局势与中老关系

老挝是老挝人民民主共和国的简称，北部与我国云南省接壤。在老挝，佬族（也称老族）占全国总人口的近 70%，分布于湄公河沿岸的平原地区；老听、老松族系的 20 余个少数民族主要居住在北部山区，包括与我国接壤的边境地区。相较于缅甸，老挝民族关系方面的问题较少，老挝北部边境一带的政治较为稳定，这为老挝北部边境地区的发展提供了较为有利的政治环境。

---

① 杨红波：《缅北华人聚居区调查与研究——以掸邦果敢、佤邦、勐拉三特区为例》，厦门大学硕士学位论文，2008 年。

② 王士录：《缅甸"果敢族"：族称、来历、状况及跨国互动》，《世界民族》2005 年第 5 期。

③ 罗圣荣、汪爱平：《缅甸果敢冲突与中国西南安全》，《世界民族》2011 年第 1 期。

④ 林云：《来华缅甸中学留学生学习适应的研究——以腾冲民族中学为例》，云南师范大学硕士学位论文，2014 年。

老挝实行社会主义制度。老挝人民革命党是唯一合法的政党，也是唯一的执政党。虽然老挝和中国有着基本相同的社会制度，但 20 世纪中叶以来，中老从关系密切到关系破裂再到关系恢复正常化，经历了一个复杂曲折的过程。1989 年开始，两国关系正常化。2009 年，两国正式建立了战略合作伙伴关系。[①] 老挝北部地区与中国云南也充分发挥地缘优势，通过贸易等活动来推动两国关系友好发展。1993 年 12 月 22 日，中老两国政府正式开通磨憨（中国）—磨丁（老挝）国家级通商口岸。[②] 之后，老挝北部与中国云南在教育、卫生、科技、文化等领域都开展了相关合作。[③] 其中，中老两国都十分重视边境地区的基础设施建设和经贸合作，通过修建铁路、开展经贸活动等，推动双边关系持续友好发展。

老挝的许多民族与我国边境地区的一些民族具有共同的文化渊源，属于跨境民族。[④] 老挝境内的跨境民族，历史上大多是从中国迁徙过去的，还有的是由国界划分（即不同时期国境线变动）而形成的。[⑤] 中老跨境民族之间交往互动频繁。[⑥]

3. 越南政治局势与中越关系

中越两国同样山水相连，沿边居民的风俗习惯也较为相似。越南国内政治局势相对稳定，民族关系相对和谐，因而边境地区也较为稳定。

中国和越南（尤其是越南北部地区）有着深厚的历史渊源（同宗同源的民族关系）和频繁的贸易往来。但是，20 世纪 70 年代末的战争不仅给两

---

① 罗希：《21 世纪初老挝对华政策研究》，吉林大学博士学位论文，2015 年。
② 张瑞昆：《中老关系框架下的云南——老挝经济合作》，《东南亚南亚研究》2009 年第 4 期。
③ 罗希：《21 世纪初老挝对华政策研究》，吉林大学博士学位论文，2015 年。
④ 丁人杰：《老挝民族国家建构的历史基础、目标构想与民族整合进程研究》，云南大学硕士学位论文，2016 年。
⑤ 周建新、范宏贵：《中老跨国民族及其族群关系》，《民族研究》2000 年第 5 期。
⑥ 贺佳乐：《跨越疆界：一个中老边境瑶族村落的边界实践》，云南民族大学硕士学位论文，2016 年。

侧边民带来巨大的心理创伤，而且严重损害了两国的政治互信和两国人民的情感。尤其是"战争前后，中越边境上埋藏了数百万枚地雷，密度高加之边境地形复杂，中越边境地区成为世界上最危险的区域，中越边境线成为不可逾越的国界线"①。时至今日，中越边境一些区域（如老山附近），尤其是离雷区较近的边民，活动范围仍受到影响。

课题组走访中越边境地区时发现，虽然边民之间（尤其是跨境民族之间）的拜亲访友、节庆聚会、边民互市、跨境婚姻、跨境务工等活动一直存在，但在这一地区，边境管控显然比中缅和中老边境地区更为严格。在广西宁明县走访时，一些边民告诉笔者，中方人员到越南拜亲访友需要走固定路线，否则入境越南后需要接受逐级检查，即从村一级逐级上报，最后会有越方工作人员前来查验身份。在广西靖西市调研时也发现，靖西市职业中学越南班在相邻的越南谅山省招生时，对方教育主管部门的态度冷淡。同样，到我方短期务工的越南边民也经常面临被遣返的情况，大多是没有办理正规的务工手续，按我方规定属于"非法务工"，一旦被我方边防发现，就会被遣返。中越国界线的政治区隔功能相当明显。

越南的边境政策也值得关注。1986 年革新开放以来，越南制定了一系列旨在促进边境地区社会经济、文化、教育发展的政策，包括实施民族山区"区域中心"综合开发工程，建设北部边境地区全民国防战线，帮助边境少数民族解决民生问题（如给前往边境地区居住的群众补给建房费，免除边境地区农业税、屠宰税，免费供给经济林木树苗），提高边境地区干部待遇和教师待遇等。越南还在边境地区实行了一系列优惠政策。根据李崇的调查，越南边境地区高考考生照顾分占总分的 10%，成绩优秀者免试推荐；边境地区教师月平均工资高于内地同级教师，三年后可无条件调回内

---

① 韩娜：《中越边境社会变迁与跨境民族国家认同——基于边民跨境交易的分析》，《人民论坛》2013 年第 20 期。

地安排工作；小学三年级以下学生的书费、学习用具等费用均由国家承担；小学四年级直至大学毕业，学生食住行费用由国家承担；考取内地高一级学校的学生，其往返车船费、途中食宿费统一由国家支付。①

相较政治局势动荡的缅甸而言，越南政局较为稳定，本国居民不受战乱之苦，不会因此而外迁。不过，中越边境地区存在不少跨境婚姻家庭，部分越南籍儿童随母亲来到中国生活。根据我国现行法律，同时鉴于西南边境沿线绝大多数跨境婚姻的特殊性，这些跟随母亲来到中国的孩子无法在中国落户，无法办理中国居民身份证。同时，由于长期居住在中国，他们也都没有越南身份证明。因此，课题组只能根据他们出生的地点，称其为"越南籍学生"。不过这类学生的人数非常少，后文会专门进行介绍。

综上，缅甸北部地区动荡的政治局势给当地人民生活带来巨大影响，边民出于让子女有学可上或出于安全考虑，将子女送到中方学校上学；中老边界线相对较短，边境两侧山脉阻隔，民间交往不甚便利，来华上学的老挝籍学生人数不多；越南的边境政策优惠，流入我国的越南籍学生几乎都是随母亲来华的跨境婚姻家庭子女。

（三）西南边境地区的经济发展与周边国家的"汉语热"

1. 中缅、中老、中越边界两侧的经济发展

缅甸边境地区大多为少数民族聚居的山区和半山区，自然资源丰富。但由于政治局势动荡、交通闭塞，边境民族地区没有得到有效开发，社会经济发展十分落后。② 1988 年，军政府上台后，开始采取多种措施加快对

---

① 李崇：《越南边境民族政策对我国云南中越交界地区跨界民族的影响及对策研究》，中央民族大学硕士学位论文，2013 年。
② 刘稚：《缅甸的边境民族地区开发计划》，《民族工作》1997 年第 6 期。

边境地区的开发，以缓解民族矛盾，稳定政局，缩小地区发展差异，促进国家经济发展。[①] 尽管如此，缅北地区的经济发展仍然停留在较低水平。在缅甸的克钦邦，农业依旧是支柱产业，但农作物产量较低，农民只能勉强维持温饱；工业发展较为缓慢，日用品多从中国进口；基础设施落后，电力严重短缺。与缅北接壤的中国云南省，虽然经济发展水平与我国沿海地区相比还存在较大差距，但与缅北相比却好很多。缅北边民在与中国同源民族的交往中，亲眼见证了中方一侧边民安居乐业，生活水平不断提升。这种对比会使缅方边民对中国的学校教育产生向往，并在有条件的情况下将子女送入中国边境地区的学校上学。

老挝属于农业国家，人口规模和经济规模都较小，经济发展水平不高，发展速度缓慢，是世界上的贫困国家之一。与中国接壤的老挝北部山区是少数民族聚居区，也是老挝最贫困的地区，只能维持简单的农业生产，基本没有工业，文化教育事业落后，[②] 部分族群至今还沿用原始的生产方式，如山区的阿卡族人直到 21 世纪尚处于"刀耕火种"阶段。[③] 由于经济发展水平较低，老挝对教育的投入严重不足，制约着教育的发展。中老两国通过修建铁路、开展经贸活动等，推动两国关系尤其是双边关系的持续友好发展。[④] 双边频繁的贸易往来以及中国经济发展带来的较多就业机会，促使众多老挝人来中国务工，也有不少中方人员在老挝经商。

1997 年以来，越南在北部边境地区建立了北部重点经济区。同时，为促进边境贸易发展、开放边境市场制定了一系列优惠政策，加大对交通及口岸基础设施建设的投入，加快口岸建设步伐。经过近三十年的建设，越

---

① 晓风：《缅甸的边境地区开发战略》，《东南亚》1995 年第 4 期。

② 刘稚：《东南亚国家的山地民族问题》，《世界民族》1996 年第 4 期。

③ 张雨龙：《老挝北部阿卡人移居坝区的历程与文化调适》，《世界民族》2014 年第 6 期。

④ 保建云：《中国与老挝两国双边贸易发展特点及其存在的问题分析》，《学术探索》2007 年第 3 期。

北地区的经济发展水平有了较大提升，人民生活得到较大改善，外贸日益繁荣。经济发展为越南的基础教育提供了重要保障，越南边境地区的教育改革与发展具有明显优势。① 由于越南边境地区经济发展迅速，教育政策优惠，未发现越南适龄儿童流入我国境内上学的现象。

2. 边境贸易及周边国家的"汉语热"

近二十来年，在"西部大开发"战略、"兴边富民"行动、"一带一路"倡议等重大战略的支持下，我国西南边境地区的经济社会发展极为迅速。"中国—东盟自由贸易区"的成型与运作，泛亚交通条件的改善，"桥头堡"战略② 和大湄公河次区域经贸合作的加强以及"一带一路"倡议下云南区位优势的凸显，使云南成为我国面向东南亚开放的重要门户。③ 与此同时，随着"一带一路"倡议、"两廊一圈"经济战略的实施，广西沿边城市的地理区位优势也已经显现，④ 广西边境地区的经济在未来必将得到更好的发展。

随着我国与缅甸、老挝、越南跨境经贸的发展，需要大量掌握汉语的边贸人才，"汉语热"现象在周边国家出现，推动着周边国家学生来华学习汉语。这些学生一般都集中在我方边境县中等职业学校的汉语班，后文将进行专门介绍。

---

① 胡牧君：《越南瑶族农村中小学教育发展现状与启示——以越南老街省沙巴县大坪乡为例》，《外国教育研究》2011 年第 3 期。

② 2009 年 7 月，胡锦涛在云南考察时提出了"建设面向西南开放重要桥头堡"的重大战略定位，云南省加快了对外开放步伐。2013 年 1 月 28 日，《云南省加快建设面向西南开放重要桥头堡总体规划》正式公布，提出云南将在 2020 年基本完成桥头堡建设目标任务，与全国同步实现全面建成小康社会目标。该规划明确了云南的战略定位、发展目标、区域布局、重点任务，成为指导云南省加快建设面向西南开放重要桥头堡的行动纲领和编制相关专项规划的重要依据。

③ 李孝川：《云南边境地区民族教育的发展困境与出路——非传统安全的视角》，人民出版社2016 年版，第 63 页。

④ 刘建文：《沿边开放型经济新体制的发展路径及政策体系研究——以广西沿边地区为例》，《亚太经济》2015 年第 5 期。

3. 中缅、中老、中越边民的跨境贸易

除了国与国之间的边境贸易，中缅、中老、中越边民之间的物品交换、小额贸易和经济往来由来已久，并同边民之间的走亲访友一样一直延续着。在中缅边境，边民之间的边贸活动非常普遍、丰富，关于边贸活动的描述出现在很多有关跨境经济的文献中；在中老边境，瑶族边民的跨境贸易已经从新中国成立初期我方边民用水油、电池、布匹等到老挝村寨换粮食，发展到有组织、大规模的边境运输与土特产贸易；① 在中越边境，两国边民之间的物品交换、礼物互惠、拜亲访友也一直持续。② 尤其是在中缅边境两侧，常常有边民背着竹制背篓，走村串寨，售卖物品。德宏州陇川县拉影国门附近的国界是一片竹篱笆，边民们就站在篱笆两侧交易。2016 年 5 月 1—4 日，笔者在拉影口岸实地调查时发现，为尊重边民生活习俗，同时为了方便边民的生活，双方边民在边防战士面前交换或购买新鲜蔬菜、食材。到了吃午饭的时候，中方一侧街边的小商贩有的打电话给对面饭店，把食物送到边界；有的则手持边民证，过边防到缅甸"洋人街"吃午饭后再回来，路程不过十几米。

中越边贸、民间走访也很普遍。2016 年夏天，笔者在中越边境的文山州麻栗坡县天保口岸走访时，回程搭载的面包车上有四位一路有说有笑的越南妇女，因语言限制，笔者无法直接与她们交流，但据司机介绍，她们是越南边民，此行是到文山城里（文山州府）购物、观光。中越边境的河口县，县城与越南仅一河之隔，不少越方商贩在河这边（我方一侧）开办商铺，形成越南土特产交易市场。在旅游旺季，该市场还是边境旅游必到

---

① 贺佳乐：《跨越疆界：一个中老边境瑶族村落的边界实践》，云南民族大学硕士学位论文，2016 年。

② 谷家荣：《边民生活政治：滇越跨境民族的记忆、心境与行动》，社会科学文献出版社 2013 年版。

的"打卡"点。2018 年 5 月，笔者到河口县越南土特产交易市场实地考察，各种越南商品琳琅满目，不少顾客穿梭于各个店铺采购商品，越南的木制品、咖啡、膏药、拖鞋、水果、食品、饮品等都较受欢迎。店铺主人多为越南人，能用汉语介绍商品，与顾客讨价还价。

无论是从实地调查还是从现有涉及边民贸易的文献来看，在西南边境地区，边民贸易或物品互换非常普遍和频繁。这类贸易源于边民自身实际生活的需要，同时也可获得一些经济利益。用边民的话来说，即"靠边吃边"。这类交往活动也使得西南边境地区人员的跨境流动更加复杂多样。

（四）西南边境地区的民族及其文化

西南边境沿线居住着大量跨境民族。跨境民族也称跨界民族、跨国民族，他们跨两国乃至多国边界而居。跨境民族在历史上是居住在同一地区的同一民族，后来由于迁徙或国界变动等原因分别居住在两个或两个以上的国家，但目前主要分布区域仍然相连或相邻，语言和文化基本相同。①

1. 中缅跨境民族及其文化

中缅边境地区聚居着傣族、景颇族、傈僳族、怒族、独龙族、阿昌族、德昂族、拉祜族、佤族、哈尼族、布朗族等十几个跨境民族 / 族群，缅北地区还居住着大量华人。一般认为缅甸的"果敢族"与中国汉族同源，果敢族是云南汉族人在缅甸形成的少数民族。② 中缅跨境民族 / 族群名称对照如表 2-7 所示。

---

① 方铁：《云南跨境民族的分布、来源及特点》，《广西民族大学学报》（哲学社会科学版）2007 年第 5 期。

② 周建新：《缅甸各民族及中缅跨界民族》，《世界民族》2007 年第 4 期。

表 2-7　中缅跨境民族 / 族群名称对照表

序号	中国的民族 / 族群	缅甸的民族 / 族群
1	傣族	掸族
2	景颇族	克钦族
3	傈僳族	傈僳族
4	怒族	怒族
5	独龙族	日旺族
6	阿昌族	迈达族
7	德昂族	崩龙族
8	拉祜族	么舍族
9	佤族	佤族
10	哈尼族	高族
11	布朗族	三岛族
12	汉族	果敢族
13	回族	潘泰族
14	苗族	蒙族
15	瑶族	瑶族
16	克木人	克木人

　　跨境民族 / 族群在国籍上分属于不同的国家，但却有着共同的血缘联系与共同的信仰，在语言和风俗习惯上也呈现出相同或相似性。通过对中缅边境地区跨境民族 / 族群物质文化、节日文化、语言文化、宗教文化的分析发现，中缅边境地区民族文化的相似度非常高。例如，在饮食方面，掸族和傣族都是一日三餐，主食糯米和粳米（缅族则是一日两餐，主食糯米）；在节日文化方面，中缅边境地区不仅节日文化相同，还经常共同庆祝，交流频繁；在语言方面，跨境民族中傣族、佤族都用自己的民族语言沟通交流，同时也很重视对汉语的学习；在宗教信仰方面，受傣族的影响，缅甸北部许多民族也信仰南传上座部佛教。

中缅边境地区跨境民族 / 族群的语言呈现出同质性。每个民族除了讲民族语言之外，还掌握了与之杂居的其他民族的语言，包括当地汉族方言（汉语）。跨境民族 / 族群在民间交往时，首选本民族语言进行交流，如缅北地区的傣族和德宏州的傣族都讲傣语。不过，在中缅边境地区，汉语（汉族方言）是各民族间的通用语，边境两侧村寨中的年轻人大部分会说汉语。① 例如，缅甸傈僳族语言中有不少词汇与克钦语或缅语相同或相近，与我国傈僳族语言差别很大，但他们大都会讲汉语，因此他们在社交场合一般都用汉语交流。② 1983 年，缅甸北部的汉族被缅甸政府正式定名为"果敢族"，③ 他们使用的汉语（云南汉族方言）被称为果敢语，使用的汉字被称为果敢文。④ 他们曾使用过南洋版和台湾版中文教材，后来的教材基本上参考我国九年义务教育教材，简单修编后再重新印制给各学校使用。⑤ 果敢地区与云南的龙陵、镇康、孟定接壤，并与耿马县相连，其语言、习俗等与我方一侧汉族同质性较强。

中缅边境的缅方一侧还居住着很多华人华侨。流入云南境内上学的缅籍儿童中，有很多华人华侨子女。这些华人华侨虽然离家多年，经过几代人的繁衍，国籍已经改变，但他们骨子里仍然怀有对祖国和家乡的眷恋，特别是随着近年来国内教育教学水平的提升，他们非常愿意将子女送到中国来上学。⑥ 在缅北地区还有一个特殊的群体，即一些生活在缅方一侧的边民在反复的迁居中失去了国籍，既没有缅甸的合法身份证和户口，也没有中国居民身份证和户口，成为长期生活在边境一带的无国籍人员。在流

---

① 寸晓红、李宁：《中缅边境跨境民族的认同研究》，《人民论坛》2010 年第 17 期。
② 申旭、刘稚：《中国西南与东南亚的跨境民族》，云南民族出版社 1988 年版，第 314 页。
③ 王士录：《缅甸的"果敢族"：族称、来历、状况及跨国互动》，《世界民族》2005 年第 5 期。
④ 周建新：《和平跨居论：中国南方与大陆东南亚跨国民族"和平跨居"模式研究》，民族出版社 2008 年版，第 172 页。
⑤ 王士录：《缅甸的"果敢族"：族称、来历、状况及跨国互动》，《世界民族》2005 年第 5 期。
⑥ 何青颖、刘寒雁：《云南跨境民族外籍学生教育现状分析》，《云南农业大学学报》（社会科学版）2013 年第 1 期。

入我国的被称为"缅籍学生"的群体中，有很大一部分（包括他们的家人）属于无国籍人员，对此后文会进行专门介绍。

同宗同源同风俗与共同或相似的语言，为中缅跨境民族双边文化交流提供了深厚的心理基础和便利条件，加之经济的拉动、战争的威胁以及地理条件的便利，众多缅籍儿童自发流入我国边境地区上学。

2. 中老边境地区的民族及其文化

老挝作为我国南邻，与我国山水相连，其境内许多民族与我国的一些民族具有共同的历史文化渊源，甚至至今都被视为同一民族。① 中老边界中国一侧的云南省勐腊县有汉族、傣族、哈尼族、彝族、瑶族、壮族、佤族、拉祜族、基诺族、克木人等民族/族群，江城哈尼族彝族自治县有哈尼族、汉族、彝族、傣族、拉祜族、回族、布朗族、白族等民族，老挝一侧的琅南塔省、乌多姆塞省和丰沙里省也是少数民族聚居区。中老跨境民族之间有着千丝万缕的血亲、姻亲或多年的世交联系，国界并没有隔断他们之间的天然联系，即便在 1979—1986 年中老关系恶化时，他们的往来也未断绝。②

按照老挝公布的民族类别，老挝和云南的跨境民族/族群名称对照如表2-8 所示。③

表 2-8　中老跨境民族/族群名称对照表

序号	中国的民族/族群	老挝的民族/族群
1	傣族	普泰族、泐族
2	壮族	央族
3	苗族	赫蒙族

---

① 丁人杰：《老挝民族国家建构的历史基础、目标构想与民族整合进程研究》，云南大学硕士学位论文，2016 年。

② 周建新、范宏贵：《中老跨国民族及其族群关系》，《民族研究》2000 年第 5 期。

③ 转引自周建新：《中越中老跨国民族及其族群关系研究》，民族出版社 2002 年版，第 132 页。

续表

序号	中国的民族 / 族群	老挝的民族 / 族群
4	瑶族	瑶族
5	汉族	贺族
6	彝族	倮倮族
7	哈尼族	哈尼族、戈族、西拉族
8	布朗族	三岛族
9	拉祜族	木舍族、归族
10	克木人	克木族、拉勉特族

老挝全国有 49 个民族，根据居住区域和条件，划分为三大民族，分别为老龙族、老听族与老松族。老龙族意为居住在平坝区的老挝人，老听族意为居住在半山区的老挝人，而老松族意为居住在高山区的老挝人，在老挝北部与我国接壤地区生活的多数是老松族。[①] 通过对中老边境地区民族文化的分析发现，中老边境的跨境民族在饮食、服饰、民居、节庆、语言文化上都比较相似。[②]

随着中国边境民族地区旅游业的发展，村民与游客的接触机会增多，汉语的重要性日益凸显。许多村民开始学习汉语，在年轻人中更是以汉语说得好为荣，而不再重视民族语言的学习。[③] 随着双方边贸的加强，越来越多的老挝人开始学习汉语，尤其是在老挝北部边境地区，年轻一代为了寻求更好的工作机会大都学习汉语。

3. 中越边境地区民族文化的相似性与差异性

根据我国的民族类别来计数，中越两国跨境而居的民族有 12 个，按越

---

① 马树洪、方芸编著：《老挝》，社会科学文献出版社 2004 年版，第 38 页。
② 黄兴球：《老挝族群论》，民族出版社 2006 年版，第 126 页。
③ 和少英等：《云南跨境民族文化初探》，中国社会科学出版社 2011 年版，第 139 页。

南已确定的民族类别来计数则共有 26 个。数量的差异是由于中越两国民族类别划分标准不同，[①] 越南的民族类别划分较细。中越跨境民族名称对照如表 2-9 所示。

表 2-9　中越跨境民族 / 族群名称对照表 [②]

序号	中国的民族 / 族群	越南的民族 / 族群
1	京族	京（越）族
2	苗族	赫蒙（苗）族
3	仡佬族	仡佬族
4	拉祜族	拉祜族
5	回族	占族
6	汉族	华（汉）族、艾族
7	彝族	倮倮族、普拉族、布标族
8	布依族	布依族、热依族
9	傣族	泰族、泐族
10	瑶族	瑶族、巴天族、山由族
11	哈尼族	哈尼族、贡族、西拉族
12	壮族	岱依族、侬族

　　中越跨境民族交往密切。他们之中有血亲关系、姻亲关系、朋友关系以及世交关系等，不一而足。双方的村寨距离很近，甚至有个别村子的村名都相同，分上下两村，上村在这个国家，下村在那个国家。[③] 边民之间拜亲访友、节庆边贸等交往一直非常频繁。[④]

①　范宏贵：《中越两国的跨境民族概述》，《民族研究》1999 年第 6 期。
②　范宏贵、刘志强等：《中越跨境民族研究》，社会科学文献出版社 2015 年版，第 15 页。
③　同上书，第 16 页。
④　谷家荣：《生活政治：边境社会有序秩序的生成原理——滇越边民地方性社会构造的“本己观”探讨》，《吉首大学学报》（社会科学版）2012 年第 1 期。

在民族节庆方面，中国壮族和越南岱依族、侬族的节日大致相同。中越边境地区分布最多的民族就是壮族（在越南称岱依族、侬族）。春节也是越南民间最盛大、最重要的节日，也举行庙会，其他的节日与我国的传统节日也都相似。[①] 越南和我国少数民族地区一样，有"三月三""中元节""牛魂节""下田节"等富有民族特色的节日，只是过节的方式不完全相同。[②]

尽管有着相同或相似的血缘和文化背景，但中越边境地区跨境民族的差异也在逐渐增大。例如，在广西边境村落，虽然国界两侧的壮族村民跨境而居，有着同样的语言、习俗，甚至还存在不少通婚现象，但是彼此却有着清晰的族群边界和明确的国家认同。壮族和岱依族、侬族在各自国家主流文化的影响下差异越来越明显。[③] 在越南，20 世纪后期实行的强制性民族分化政策使得大量原本生活在北部边境地区的民族南移，而主体民族京族移居到北部。虽然越南政府后来改变了政策，但仍对越南部分岱依族、侬族的文化产生了一定影响。在我国，随着边境地区普通话的普及，跨境民族也越来越多地使用普通话。所以，在中越边境地区，跨境民族年轻一代之间的差异也越来越明显。

综上，中越边境地区的跨境民族在语言上同宗同源，但在发展过程中逐渐走向分化。少数民族受本国主流文化影响较深，在日常生活中使用本民族语言越来越少。

4. 中缅、中老、中越边境地区的华人华侨

西南边境地区的华人华侨有特殊的文化身份特征。从概念上看，"华人"是指具有中华民族特征、移居海外并已取得当地国籍的人，已不具有

---

① 孙衍峰等：《越南文化概论》，世界图书出版公司 2014 年版，第 182 页。

② 申旭、刘稚：《中国西南与东南亚的跨境民族》，云南民族出版社 1988 年版，第 44 页。

③ 同上书，第 45—46 页。

中华人民共和国公民的身份；① 而"华侨"是指具有中华民族特征、移居海外而仍持有中国国籍的人，具有中华人民共和国公民的身份。与跨境民族相比，华人华侨并不是某一特定的民族，也不是因为国界的分割而分居在国境两侧，更多是因为经济、政治或者其他原因而移居到他国的群体，具有散居的性质。②

从我国进入缅甸的华人华侨主要来自云南、福建和广东。从云南迁入的人们主要居住在缅甸北部掸邦地区，从福建和广东迁入的人们主要居住在缅甸南部。据统计，缅甸华人华侨约有 250 万人，其中果敢华人就有约 20 万人，③ 果敢地区以及与果敢相近的区域，在中缅边境线缅方一侧形成了一个较大规模的华人聚居区。此外，缅甸的佤邦虽然以佤族居多，但也有不少汉族华人。中缅边境地区大量的华人华侨聚居，也使得两侧边民的往来互动十分频繁。

老挝是一个内陆国家，交通不发达，经济发展缓慢，移居老挝的华人华侨人数远少于缅甸和越南。随着中老两国经济联系的日趋紧密，老挝的华人华侨逐渐增多，但主要分布在万象、沙湾拿吉、巴色、琅勃拉邦等大中城市。在北部的城镇中有一部分来自云南、广西两省区的华人华侨，他们多数居住在老挝与中国接壤的丰沙里、乌多姆赛、琅南塔三省，④ 但总体上老挝边境地区的华人华侨相对较少。

20 世纪 50 年代，越南华人华侨主要来自广东、福建、云南和广西等省区，其中广东籍约占 80%。在地区分布上，80% 居住在越南南部，居住在越南北部与中国接壤区域的华人较少。⑤ 在越南排华期间，华人华侨急剧减

---

① 陈碧笙：《世界华侨华人简史》，厦门大学出版社 1991 年版，第 3 页。

② 葛公尚：《试析跨界民族的相关理论问题》，《民族研究》1999 年第 6 期。

③ 张君宏：《简析缅甸华人族群——果敢族的形成、发展及现状》，《东南亚之窗》2008 年第 2 期。

④ 杨超：《老挝新华侨华人与中老友好交往》，《八桂侨刊》2011 年第 2 期。

⑤ 王士录主编：《当代越南》，四川人民出版社 1992 年版，第 263 页。

少，尤其是越南为了"净化边境地区"，驱赶以前从中国迁居越南的边境地区边民，大量居住在中越边境地区的华人华侨被迫回到国内。[1] 根据越南人口普查数据，截至 2009 年 4 月，越南华人数量为 823,071 人，主要聚居在越南南部地区，而与中国相邻的边境地区仅有 15,340 人，占 1.86%。[2]

可见，西南边境地区边界线两侧的民族及其文化有很大的相似性。在缅甸、老挝、越南与我国接壤的区域，大多数民族由我国西南部迁入。跨境民族之间的民间交往非常频繁，所使用的语言也相同或相似。相似的文化和语言可能会推动学生跨国流动，共同的民族文化认同可能导致大量华人华侨子女流入我国。

（五）小结

中国与缅甸、老挝、越南有着界限分明、管理严明的政治地理边界。民族国家的建立以及国家政治地理边界的划定，将原本属于同一民族／族群的人划定在不同的国家居住，从而在这一区域形成了数量众多的跨境民族／族群。在生活习惯、语言文字、传统节日和宗教信仰等方面，中缅、中老、中越边境地区的跨境民族／族群都相似甚至相同。政治和地理意义上的边界，并未把边界线两侧同宗同源的民族文化截然分隔开来。两侧边民的民间往来，维系着民族文化的同质性。边民的经济生活、文化生活、婚姻家庭的缔结以及社会关系的构建，并没有被限制在国家的政治和地理边界内。对于边境线两侧的边民而言，国境线只是政治上和地理上的边界，而非经济交往、文化交流、语言沟通上的边界。边境两侧边民出于经济生活、物质生活和文化生活的需要常常跨越边界，他们的生活空间没有受到国家政治边界和地理边界的阻隔。

可见，相对于国家地缘政治边界而言，西南边境地区的经济边界、

---

① 石维有、张坚：《华侨华人与西南边疆社会稳定》，社会科学文献出版社 2015 年版，第 30 页。

② 覃翊：《近年越南华人数量的估算与分析》，《南洋问题研究》2015 年第 1 期。

文化边界和语言边界较为模糊，是一种根据实际生活需要和共同的民族文化而建构的"软边界"。同宗同源的民族习俗、毫无障碍的语言交流、长期存在的跨境婚姻、日趋繁荣的边境贸易等使得两侧边民的边界实践呈现出多样性和丰富性。无论是出于经济生活需要的民间贸易、出于家庭生活需要的跨境婚姻、出于文化生活或心理认同需要的节日同庆和民间礼俗，还是出于学习汉语、接受教育而出现的学生流动，都是边民边界实践的延续。或者说，它是边民边界实践中自然的组成部分，边民会根据边境教育优惠政策或教育质量的差异作出自己的选择。由此可见，对西南边境地区学生流动的研究，一方面，要从边民（跨境民族）边界实践的视角出发，把学生流动作为一种文化边界实践来研究和探讨；另一方面，作为一种前提条件或促进因素，西南边境地区经济边界和文化边界的模糊性、民族习俗的交融性和边民互动的频繁性，为边境地区的学生流动提供便利条件。

值得注意的是，跨境民族/族群既具有历史上形成的共同地域、共同语言、共同经济生活以及共同心理素质等民族的基本特征，又具有由其所在国家的国情所决定的不同个性和不同发展趋势，这种二重性是跨境民族/族群最主要的特征之一。[1] 而且，中缅边境、中老边境和中越边境的自然地理条件和交通便利程度差异较大，学生流动状况也必然呈现出差异性。

二、西南边境地区中小学生跨境
流动现象及流动历程

如前所述，在西南边境地区，两侧边民的经济交往和文化互动并不因国家政治和地理边界而受到阻隔，边民出于实际生活需要的边界实践，呈

---

① 刘稚：《论云南跨境民族研究》，《云南社会科学》1989年第1期。

现出丰富性和多样性。同样，西南边境地区的学生流动也呈现出多样性和复杂性。

20世纪90年代以前，由于边境管理以及军事对峙等原因，西南边境地区的中小学校不对境外学生开放。20世纪90年代中后期开始，随着正常出入境秩序的建立，跨境民族的往来频繁，开始出现边民子女跨境寄读现象，但人数极少。[①] 云南师范大学何跃教授的研究发现，西南边境地区最早的外籍学生流入现象是在边境口岸开放和边境贸易兴起的背景下，适龄儿童随父母入境经商务工、就近入学而出现的。随着我国改革开放以及区域经济一体化的推进，国家间的边境贸易日益发展，而边境贸易的发展，又催生了改革开放以来云南省边境口岸最早的境外流动人口。境外流动人口全家迁移到边贸口岸，其子女在当地就近入学，成为最早的跨境入学生源。[②] 从发展历程上看，20世纪90年代以来，西南边境地区中小学生跨国流动经历了我国学生外流、我国学生回流和境外学生流入两个阶段。

（一）20世纪末至21世纪初：西南边境地区学生外流

20世纪90年代，云南省基础教育经费投入不足，云南跨境民族地区的教育相对滞后，尤其是沿边跨境民族乡镇贫困面大、贫困程度深，跨境民族家庭难以承担孩子上学的费用，致使边境地区入学率低，辍学率高，学生到境外读书的现象突出，甚至出现教师到境外教书的现象。[③] 此期，跨境民族学龄儿童随父母到境外就读的人数呈增长趋势，还有家长将子女送出国就读并寄宿于亲戚家中。[④] 直至21世纪初，西南边境地区的学生流动主要是我国学生外流。

[①] 何跃：《云南与周边国家跨境民族教育研究现状述评》，《学术探索》2009年第6期。

[②] 何跃：《云南省与周边国家跨境民族教育的兴起与发展》，《东南亚纵横》2010年第6期。

[③] 何跃、高红：《论云南跨境民族教育的软实力》，《云南民族大学学报》（哲学社会科学版）2012年第6期。

[④] 何跃：《云南与周边国家跨境民族教育研究现状述评》，《学术探索》2009年第6期。

20 世纪末期，云南省边境地区的经济发展程度较低，学校教育水平落后于邻国缅甸。当时，缅甸针对"边境线上的教育竞争"实施边境地区基础教育全免费政策，云南省德宏州有一部分农村孩子便选择到教学条件更好的缅甸学校就读。[①] 据云南省教育厅调研，20 世纪 90 年代末期，云南边境线上学生外流现象较为突出的是思茅（今普洱）、临沧、保山等地。例如，1999—2002 年上半年，受缅甸佤邦特区政府实行学生就学"公费制"的影响，大量中小学生跟随家长到缅甸读书，出境学生人数达 583 人。其中，澜沧县 423 人，西盟县 140 人，孟连县 20 人。外流的学生多数属跨境而居的少数民族，其中佤族、拉祜族最多。[②]

越南边境地区的基础教育也对周边国家有着较大的吸引力。20 世纪后期，越南政府在其边境地区实行多种优惠政策，既使本国边民得到实惠，也对广西和云南的边民产生了较大影响。一是广西、云南一部分边民迁居越南；二是广西和云南的一些学生（主要是少数民族学生）到越南上学，可以享受与越南学生同样的待遇；三是边境地区少数代课教师也到越南学校任教，其收入比在中国高出四五倍。[③] 于是，相邻的云南文山壮族彝族自治州等地由于贫困面大，贫困人口多，边民无法承担学杂费，一部分边民便把子女送到越南上学。1999 年，仅富宁、马关两县就有 69 名学生去越南上学。[④] 直到 2010 年前后，虽然云南边境地区的经济发展整体强于邻国边境，但义务教育普及率仍低于越南（但高于老挝和缅甸），[⑤] 此期仍有不少适

① 杨文宇：《中缅边境的"留学生"群落》，《瞭望东方周刊》2004 年第 3 期。

② 李红、蒋莲英：《思茅边境民族地区实施"三免费"教育调查报告》，《中南民族大学学报》（人文社会科学版）2003 年第 6 期。

③ 何跃、高红：《论云南跨境民族教育的软实力》，《云南民族大学学报》（哲学社会科学版）2012 年第 6 期。

④ 张鹤光等：《中越边界文山段跨境民族调查报告》，《文山师范高等专科学校学报》2002 年第 2 期。

⑤ 何跃、高红：《论云南跨境民族教育的软实力》，《云南民族大学学报》（哲学社会科学版）2012 年第 6 期。

龄儿童到越方一侧学校借读。①

　　各种证据表明，从 20 世纪 90 年代初到 21 世纪初的十余年间，我国西南边境地区的学生流动，主要是我国跨境民族子女尤其是农村贫困家庭子女外流到缅甸、越南的学校就读。

（二）2007 年以来：周边国家学生大量流入

　　大量外籍学生流入我方学校就读，是在 21 世纪初西南边境地区经济社会和教育发展明显改观之后。我国政府从 2001 年起不断加大对边境教育的投入，先后在西南边境地区实施"兴边富民工程""农村中小学校舍改造工程"等工程，落实"义务教育经费保障新机制""国门学校建设"等政策，使云南教育事业得到长足发展。2006 年 6 月 29 日，第十届全国人民代表大会常务委员会第二十二次会议修订的《中华人民共和国义务教育法》明确规定"实施义务教育，不收学费、杂费"。2010 年 7 月，《国家中长期教育改革和发展规划纲要（2010—2020 年）》指出，要巩固民族地区普及九年义务教育成果，支持边境县和民族自治地方贫困县实现义务教育学校标准化；重点扶持和培养一批边疆民族地区紧缺教师人才；加强对民族地区中小学和幼儿园双语教师培养培训；加快民族地区高中阶段教育发展，启动内地中职班，支持教育基础薄弱县改扩建、新建一批普通高中和中等职业学校；支持民族院校建设。2010 年 10 月，《云南省中长期教育改革和发展规划纲要（2010—2020 年）》进一步明确，将"国门学校"建设纳入桥头堡建设工程，优先支持 25 个边境县（市）一中、117 个边境沿线乡（镇）中小学校标准化建设及乡（镇）中心幼儿园建设，适当提高边境县（市）义务教育阶段学生生活费补助标准。2011 年，我国实施"农村义务教育学生营养改善计划"，为农村义务教育阶段学生提供营养膳食补助。简言之，此

---

① 毕世鸿：《中越边境政策比较研究》，《红河学院学报》2010 年第 1 期。

期边境沿线学校的硬件建设得到根本改善，入学免收学杂费，免除教科书费，同时对寄宿学生提供生活补助，对所有学生提供营养膳食补助。西南边境地区的学生回流以及外籍学生流入，正是在这样的教育政策背景下发生的。

确切地说，西南边境地区大量外籍学生流入我国，是在 2006 年《中华人民共和国义务教育法》修订实施后，因此本书将 2007 年作为学生大量流入的起点。在德宏州和西双版纳州边境学校调查发现，2007 年以前，虽然边境沿线学校也有极少数外籍学生流入，但基本上都是父母在华经商、随父母长期定居我方一侧的儿童，且人数极少。例如，R 市缅籍学生人数最多的学校——J 乡中心学校，在 21 世纪初还没有缅籍学生，因为当时缅籍学生来华上学需要交纳大约 400 元的借读费，对于一般的缅甸家庭来说这是一笔不小的费用。随着我国义务教育法的修订和实施，尤其是"两免一补"和"农村义务教育学生营养改善计划"的实施，缅籍学生的人数出现了"井喷式"的增长，在 2012—2015 年达到高峰。何跃教授也发现，"从 2005 年开始，教育部在云南'三免费'教育的基础上，在全国实行边疆地区中小学生'两免一补'政策（免除课本费、杂费，补助寄宿学生生活费），使原在境外就读的学生也纷纷返回境内就读，基本上消除了我国边民子女到境外读书的现象，特别是彻底扭转了我方边民因家庭贫困到境外就读的情况"[1]。在云南中缅边境地区，"2013 年，云南省沧源佤族自治县国门小学有 30 多个缅甸学生；到 2015 年，人数增至 150 多人"[2]。

云南省德宏州是缅籍学生流入最多的地区。该州 2007 年有外籍（基本上是缅籍）中小学生 977 人，[3] 2011 年上升到 1979 人，2013 年达到

---

① 何跃、高红：《论云南跨境民族教育的软实力》，《云南民族大学学报》（哲学社会科学版）2012 年第 6 期。

② 刘博智：《中缅教育"摆渡人"》，《中国教育报》2016 年 3 月 11 日。

③ 吕隽：《德宏傣族景颇族自治州跨境民族教育研究》，云南师范大学硕士学位论文，2008 年。

3019人，[①] 2016年为4417人，[②] 这些学生绝大多数都在义务教育阶段。德宏州下辖的5个县（市）均有缅籍学生在读。德宏州L县缅籍在校生人数的变化，能够清晰地显示近年来缅籍学生跨境入学快速增长的势态。（见图2-1）

德宏州L县基础教育阶段缅籍在校生人数：2000年为14人，2005年为25人（小学22人、初中3人），2010年为277人（小学270人、初中7人），2011年为543人，2013年为685人，2015年为718人（幼儿园和学前班102人、小学519人、初中89人、普通高中5人、职业高中3人），2016年为637人（幼儿园86人、小学450人、初中74人、普通高中3人、职业高中24人）。

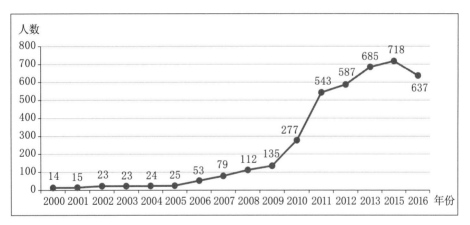

图2-1　2000—2016年德宏州L县缅籍在校生人数变化趋势图

近十余年来，在国家政策的扶持下，西南边境地区经济迅速发展，并逐渐成为对外开放的前沿阵地。随着中国同缅甸、老挝、越南经济合作的不断加强，双边贸易往来逐渐增多，加之中方边境一侧就业机会更多、生

① 朱进彬、宋琨：《跨境民族地区发展基础教育的一些思考——以云南省德宏州为例》，《保山学院学报》2014年第6期。

② 2015—2016年的数据为笔者实地调研期间从德宏州教育体育局收集而来。

活条件更好，吸引了周边国家的边民前来务工，中方边境一侧的跨境婚姻家庭也日益增多。此外，经贸合作对边贸人才的需求大幅度增加，周边国家也掀起学习汉语的热潮。为了找到更好的工作，一些老挝和越南籍学生甚至在高中或大学毕业后，自发到我方边境地区的中等职业学校学习汉语。例如，P市职业中学的越南籍汉语班、M县职业中学的老挝班均属于这种情况。

第三章　西南边境地区流入学生群体的
调查样本与数据分析

本章基于实地调查数据，呈现 2010—2017 年中缅、中老和中越边境地区流入学生群体的特征。整体而言，在此期间西南边境地区流入学生人数呈增长趋势，2016—2017 学年在读流入学生人数超过万人。流入学生绝大多数来自缅北地区，大多是边境沿线与我方边民同根同源的跨境民族和华人华侨。超过一半的缅籍学生没有缅甸或中国身份证明，是长期游离在中缅边境一带的"无国籍"人员。在中老边境地区，自发前来学习汉语的老挝籍学生主要集中在 M 县职业中学，大多数为跨境民族，但两侧人民几乎无联系。在中越边境地区，当前在华就读的越南籍学生均为随母亲来到我国并长期居住在我国的跨境婚姻家庭子女，人数不多，集中在小学阶段。

一、西南边境地区流入学生群体素描

如前所述，本书采用调查表收集云南省和广西壮族自治区各边境县（含县级市、区，下同）的来华学生信息，以便掌握周边国家流入学生的总体情况。本次调查是在两省区教育研究机构，即云南省教育科学研究院、广西教育研究院的帮助下，通过信件将"商请调研函"寄送给各边境县，信封内装有本次调研的情况说明、调查表、调研人员的账户信息登记表（用于发放劳务补贴）。之所以请求省级教育科研部门的帮助，主要是因为实地调查无法全面获取流入学生的在读数据，而教研机构的行政强制性较弱，教研部门出面协调，说明数据收集是为了研究的需要，而不涉及其他利益关系。笔者在调研说明里也对此作了专门强调，并且为具体开展此次调研的人员提供劳务补助（收回调查表和账户信息后均一一兑现）。最终，云南省 25 个边境县中有 20 个边境县寄回了统计表格，其中，怒江州（有三个边境县，分别是泸水市、福贡县、贡山县）以州为单位寄回统计表格；广西壮族自治区 8 个边境县中有 5 个寄回了统计表格。由于广西壮族自治区越南籍在读学生人数少且数据不全，[①] 笔者将对广西壮族自治区的越南籍学生情况做单独介绍。

　　本书所涉及的外籍学生（流入学生）是指在云南、广西两省区边境县的学前、中小学（小学、初中、高中）以及中等职业学校就读的缅甸、老挝、越南籍学生。调查表包含性别、年龄、国籍、民族构成、家庭主要经济来源、寄宿情况、现家庭住址、是否为随母跨境婚姻家庭子女等 11 个指标，同时，本次调查附多张调查表，以尽可能多地收集各边境县历年流入学生的就读信息。流入学生基本情况如下所示：

（一）总人数超过 1 万人，且呈上升趋势

　　根据回收的调查表，2016—2017 学年，云南省 20 个边境县的流入学生总人数为 8580 人；另外，对于未寄回调查表的孟连县、镇康县、河口县、绿春县、马关县，笔者逐一打电话到该县教育局办公室询问就读人数，电话调查的结果如下：孟连县 2017 年下半年在校就读的缅籍学生人数为

---

　　① 广西有两所中等职业学校招收越南籍学生，但出于其他原因，未能获得越南籍学生的具体信息（只获知在读人数）。

369人，镇康县为1388人，绿春县为5人，马关县为31人；河口县义务教育阶段有27人，职业中学有139人，均为对外汉语专业在校生。因此，2016—2017学年，云南省边境县流入学生人数为10539人。

此外，对广西边境县的调查显示，2017年在广西义务教育阶段就读的越南籍学生人数非常少，仅有22人。其中，靖西市3人，龙州县和凭祥市分别有14人和5人。在中等职业教育阶段，靖西市中等职业技术学校有越南籍学生30人，凭祥市中等职业学校有越南籍学生（含交换生、实习生）149人。以上合计，2017年下半年广西边境地区中小学阶段共有越南籍学生201人。

将云南、广西两省区2016—2017学年外籍学生的流入人数相加，可知该学年西南边境地区基础教育阶段流入学生人数为10740人。（见表3-1）

表3-1 西南边境地区流入学生人数统计 （单位：人）

	2010—2011学年	2011—2012学年	2012—2013学年	2013—2014学年	2014—2015学年	2015—2016学年	2016—2017学年
怒江州三个边境县	16	26	35	41	77	106	141
腾冲市	104	139	135	128	166	180	153
盈江县	—	370	624	623	585	533	559
陇川县	277	543	587	685	718	637	637
瑞丽市	587	822	1062	1736	1962	1882	1796
芒 市	—	—	—	1121	992	1172	1172
龙陵县	11	13	12	16	10	17	32
耿马县	282	259	426	466	435	554	645
沧源县	297	447	500	695	940	1127	1205
西盟县	267	329	475	411	391	417	395
澜沧县	202	308	280	301	350	339	410
勐海县	—	—	—	—	—	—	333

续表

	2010—2011学年	2011—2012学年	2012—2013学年	2013—2014学年	2014—2015学年	2015—2016学年	2016—2017学年
景洪市	—	—	—	—	332	353	338
勐腊县	193	214	240	282	322	432	602
江城县	6	10	20	27	19	15	31
金平县	—	—	—	—	10	14	29
麻栗坡县	15	20	30	42	57	66	93
富宁县	3	4	4	4	9	11	9
孟连县	—	—	—	—	—	—	369
镇康县	—	—	—	—	—	—	1388
绿春县	—	—	—	—	—	—	5
河口县	—	—	—	—	—	—	166
马关县	—	—	—	—	—	—	31
广西五县市	—	—	—	—	—	—	201
合计	2260	3504	4430	6578	7375	7855	10740

说明：1. 怒江州有三个边境县（泸水市、福贡县、贡山县），学生人数较少，数据回收以州为单位；2. "–" 表示数据缺失；3. "广西五县市" 指课题组亲自走访调查的广西那坡县、靖西市、龙州县、凭祥市、宁明县。

由于回收的调查表中有一些数据缺失，本章难以准确描述 2010 年以来流入学生人数变化情况，但从已经收集到的数据看，2010—2017 年，周边国家流入云南各边境县的学生人数整体上呈逐年上升的趋势。（见图 3-1）其中，2012—2014 年，流入学生人数增长最快，两年间增加了大约 3000 人。通过查阅当地教育主管部门的文件、访谈教育主管部门工作人员可知，这一时期流入学生人数快速增加主要缘于我国实施的教育优惠政策的吸引，这些优惠政策包括：学校布局调整以后边境沿线学校集中办学，离家较远的学生可以到学校寄宿，寄宿学生人数增加；"农村义务教育学生营养改善计划"实施后,在校学生均可享受营养餐,学校普遍开办食堂,解决了学生在校就餐的问题。

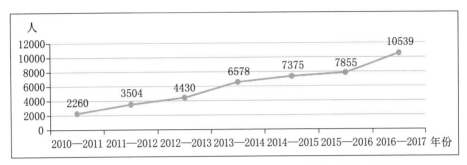

图 3-1　2010—2017 年云南省各边境县流入学生人数变化趋势

各边境县流入学生人数存在较大差异。从 2016—2017 学年的数据来看,流入学生人数较多的几个边境县依次是瑞丽市(1796 人)、镇康县(1388 人)、沧源县(1205 人)、芒市(1172 人),该学年在这四个边境县就读的缅籍学生总人数达 5561 人,约占全部流入学生总人数的 51.8%。(见图3-2)这四个边境县中,瑞丽市和芒市隶属于德宏傣族景颇族自治州,镇康县、沧源县隶属于临沧市。德宏州和临沧市分别位于云南省的西部和西南部,从接壤国家来看,都属于中缅边境地区。

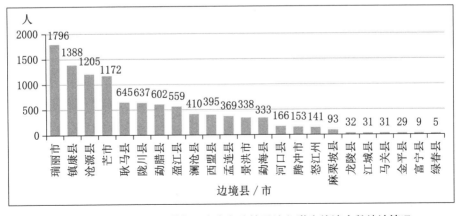

图 3-2　2016—2017 学年云南省各边境县流入学生就读人数统计情况

（二）西南边境地区流入学生群体的特征

笔者选取调查表填写相对完整的 14 个云南边境县来分析流入学生群体的特征。2016—2017 学年，腾冲市、盈江县、瑞丽市、龙陵县、耿马县、沧源县、西盟县、澜沧县、景洪市、勐腊县、江城县、金平县、麻栗坡县和富宁县等 14 个边境县流入学生共有 6297 人。笔者对这 14 个边境县的流入学生数据进行分析，呈现流入学生的基本特征。

1. 有 90.3% 的流入学生来自缅北地区

从流入学生的国籍分布情况来看，在云南省就读的流入学生主要来自缅甸、老挝和越南，其中，来自缅甸的学生人数最多，也有极少数学生来自其他国家。具体来看，2016—2017 学年，在云南省 14 个边境县就读的流入学生中，90.3% 为缅甸籍，8.4% 为老挝籍，0.6% 为越南籍。此外，还有极少数学生来自泰国、马来西亚、美国、韩国和南非，占流入学生总数的 0.4%。（见表 3-2）

表 3-2 2016—2017 学年云南省边境县流入学生国籍分布情况

国家	缅甸	老挝	越南	泰国	马来西亚	美国	韩国	南非	缺失	合计
人数 / 人	5684	532	40	14	4	3	2	2	16	6297
百分比 /%	90.3	8.4	0.6	0.2	0.07	0.05	0.04	0.04	0.3	100

2. 流入学生主要集中在小学阶段

从整体上看，各边境县流入学生均以小学阶段为主，且随着学段的增加人数逐渐减少。由表 3-3 可知，2016—2017 学年各边境县流入学生的学段分布存在较大差异：江城县、金平县和富宁县的流入学生几乎全部就读于小学阶段，其他学段寥寥无几甚至为零；学前教育阶段流入儿童主要集中在德宏州的瑞丽市（54.2%）、临沧市的耿马县（14%）和沧源县

（10.5%）；除西盟县和富宁县（0），其他边境县都有数量不等的学龄前外籍儿童在读；普通高中阶段流入学生主要集中于腾冲市（52.7%）、瑞丽市（14.3%）、沧源县（9.9%）、耿马县（7.7%）和盈江县（6.6%），其他边境县普通高中阶段很少有流入学生就读；中等职业教育阶段流入学生主要分布于瑞丽市和西双版纳州的勐腊县、景洪市。

表3-3　2016—2017学年云南省14个边境县流入学生就读学段情况（n=6297）

县市/学段	学前		小学		初中		普高		中职		合计
	人数	比例/%	人数	比例/%	人数	比例/%	人数	比例/%	人数	比例/%	
腾冲市	8	1.5	81	1.8	16	2.2	48	52.7	0	0	153
盈江县	25	4.7	393	8.9	135	18.4	6	6.6	0	0	559
瑞丽市	290	54.2	1181	26.7	270	36.8	13	14.3	42	8.1	1796
龙陵县	5	0.9	25	0.6	1	0.1	1	1.1	0	0	32
耿马县	75	14.0	520	11.8	43	5.9	7	7.7	0	0	645
沧源县	56	10.5	1036	23.5	104	14.2	9	9.9	0	0	1205
西盟县	0	0	348	7.9	45	6.1	2	2.2	0	0	395
澜沧县	44	8.2	296	6.7	67	9.1	3	3.3	0	0	410
景洪市	23	4.3	248	5.6	30	4.1	2	2.2	35	6.7	338
勐腊县	3	0.6	148	3.4	8	1.1	0	0	443	85.2	602
江城县	1	0.2	28	0.6	2	0.2	0	0	0	0	31
金平县	1	0.2	28	0.6	0	0	0	0	0	0	29
麻栗坡县	4	0.7	76	1.7	13	1.8	0	0	0	0	93
富宁县	0	0	9	0.2	0	0	0	0	0	0	9
合计	535	100	4417	100	734	100	91	100	520	100	6297

3.流入学生人数随着学段和年级的升高而减少

云南省各边境县的流入学生分布还有一个典型特征：随着学段的升高，流入学生的人数越来越少。表3-4显示，除学前阶段外，从小学到高中，学段越高，流入学生人数越少。小学阶段人数最多，占70.1%；初中阶段占11.7%；中等职业学校占8.3%；普通高中流入学生的人数最少，仅占1.4%。

表3-4　2016—2017学年云南省边境县各学段流入学生人数分布情况

学段	学前	小学	初中	中职	普高	合计
人数	535	4417	734	520	91	6297
比例	8.5%	70.1%	11.7%	8.3%	1.4%	100%

由表3-5可知，在云南省各边境县，流入学生人数随着年级的升高依次递减。初中一年级流入学生人数只占小学一年级流入学生人数的三分之一左右。

表3-5　2016—2017学年云南省14个边境县义务教育阶段学生分布情况

年级	一年级	二年级	三年级	四年级	五年级	六年级	七年级	八年级	九年级	合计
人数	858	851	827	757	622	502	315	223	196	5151
比例	16.7%	16.5%	16.1%	14.7%	12.1%	9.7%	6.1%	4.3%	3.8%	100%

4.有90.6%的流入学生家庭以务农为生，13.8%的流入学生为跨境婚姻家庭子女

流入学生"家庭主要经济来源"数据显示，90.6%的学生家庭以务农为生；其次是以经商为生的家庭，占5.2%；以教师、医生、警察等职业的工资收入作为最主要经济来源的家庭占2.1%；以父母打工为生的家庭占2.0%。（见图3-3）实际调研发现，缅甸一侧来华就读学生的家庭经济状况与我国边境地区学生家庭相似，但也有少数学生家庭较为贫困。

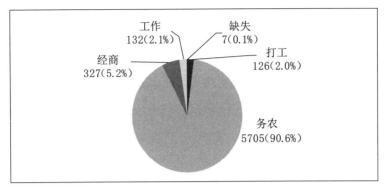

图3-3　2016—2017学年流入学生家庭主要经济来源情况

在2016—2017学年，"是否为跨境婚姻家庭子女"数据显示，13.8%的流入学生为随母来华的跨境婚姻家庭子女。（见表3-6）

表3-6　2016—2017学年云南省边境县流入学生"随母跨境婚姻家庭"情况

是否为跨境婚姻家庭子女	是	否	缺失	合计
人数	867	3273	2157	6297
百分比	13.8%	52.0%	34.2%	100%

实地调研发现，在云南境内就读的越南籍学生均为跨境婚姻家庭中随母亲来华定居的越南儿童。根据我国现行政策，随母亲嫁入中国而来华定居的儿童没有中国户口，因而这些儿童在当地入学、接受管理也被纳入"流入学生"之列。

5.流入学生主要是边境外侧的跨境民族

从流入学生的民族分布情况来看，2016—2017学年，流入学生民族类别有汉族、佤族、傣族、景颇族、老龙族、拉祜族、傈僳族、哈尼族、老松族、苗族、瑶族、缅族、老听族、德昂族、回族、彝族、布朗族、壮族、阿昌族和朝鲜族20个民族。其中，汉族人数所占比例最高，为29.3%；其

次是佤族和傣族，分别占 24.6% 和 16.7%。（见表 3-7）

表 3-7　2016—2017 年云南省各边境县流入学生民族分布情况

民族	汉族	佤族	傣族	景颇族	老龙族	拉祜族	傈僳族	哈尼族	老松族	苗族	其他民族	缺失	合计
人数 / 人	1843	1549	1053	253	205	202	158	156	142	104	182	450	6297
比例 /%	29.3	24.6	16.7	4.0	3.3	3.2	2.5	2.5	2.3	1.7	2.9	7.1	100

　　首先，中缅边境地区流入学生的民族类别与就读地的民族类别基本一致。以瑞丽市为例，流入瑞丽市就读的缅籍学生中，大部分民族类别与瑞丽市相同，即以傣族、景颇族、汉族为主。2016—2017 学年，流入学生中傣族所占比例最高，为 50.3%；其次是汉族，占 37.4%；然后是景颇族，占 6.1%。（见表 3-8）

表 3-8　2015—2017 年瑞丽市流入学生的民族类别 [①]

民族	2015—2016 学年		2016—2017 学年	
	人数	比例	人数	比例
傣族	873	46.4%	904	50.3%
汉族	821	43.6%	671	37.4%
景颇族	85	4.5%	109	6.1%
缅族	21	1.1%	50	2.8%
傈僳族	17	0.9%	17	0.9%
德昂族	12	0.6%	12	0.7%
回族	10	0.5%	9	0.5%
阿昌族	2	0.1%	2	0.1%
彝族	2	0.1%	2	0.1%
佤族	2	0.1%	1	0.1%

① 瑞丽市 2015 年以前的统计数据中，学生民族信息缺失，所以此处仅呈现 2015—2016 与 2016—2017 两个学年的数据。

续表

民族	2015—2016 学年		2016—2017 学年	
	人数	比例	人数	比例
苗族	1	0.1%	1	0.1%
克伦族	1	0.1%	0	0
缺失	35	1.9%	18	1%
合计	1882	100%	1796	100%

　　沧源县流入学生的民族类别也与当地学生的民族类别一致。2014—2015 学年、2015—2016 学年、2016—2017 学年，流入学生民族类别均以佤族和汉族为主。(见表3-9)

表 3-9　2014—2017 学年沧源县流入学生的民族类别

民族	2014—2015 学年		2015—2016 学年		2016—2017 学年	
	人数	比例	人数	比例	人数	比例
佤族	784	83.4%	935	83.0%	971	80.6%
汉族	143	15.2%	179	15.9%	211	17.5%
傣族	10	1.1%	9	0.8%	13	1.0%
拉祜族	3	0.3%	3	0.2%	8	0.7%
白族	0	0	1	0.1%	0	0
朝鲜族	0	0	0	0	1	0.1%
瑶族	0	0	0	0	1	0.1%
合计	940	100%	1127	100%	1205	100%

　　其次，老挝籍流入学生中也有一部分是跨境民族。中老两国边界线长710 千米，我国一侧是云南省勐腊县，有汉族、傣族、哈尼族、彝族、瑶族、壮族、苗族、佤族、拉祜族、基诺族、布朗族和克木人等民族或族群跨境而居。勐腊县是老挝籍学生流入最多的地区(该县同时还有一部分缅籍学生在读)。从民族来看，2015—2017 年，老挝籍流入学生主要是老龙

族、哈尼族、老松族和苗族。以2016—2017学年为例，勐腊县流入学生的民族类别比例最高的是老龙族，占34.1%；其次是老松族，占23.6%；哈尼族占17.4%；苗族占6.3%。（见表3-10）其中，哈尼族、苗族都属于跨境民族。

表3-10　2015—2017年勐腊县流入学生的民族类别

民族	2015—2016学年		2016—2017学年	
	人数	比例	人数	比例
老龙族	120	27.8%	205	34.1%
老松族	42	9.7%	142	23.6%
哈尼族	121	28.0%	105	17.4%
苗族	41	9.5%	38	6.3%
老听族	16	3.7%	23	3.8%
瑶族	11	2.5%	12	2.0%
傣族	9	2.1%	12	2.0%
汉族	5	1.2%	7	1.2%
彝族	5	1.2%	5	0.8%
壮族	0	0	2	0.3%
布朗族	1	0.2%	1	0.2%
回族	1	0.2%	1	0.2%
缺失	60	13.9%	49	8.1%
合计	432	100%	602	100%

最后，在我国中越边境地区就读的中越跨境婚姻家庭子女，基本上都是中越跨境民族。在中越1300多千米的边境线上，壮族、傣族、布依族、苗族、瑶族、汉族、彝族、哈尼族、拉祜族、仡佬族、京族、回族和布朗族等13个民族跨境而居。调查发现，流入我国境内的越南籍学生集中分布在文山壮族苗族自治州的麻栗坡县，且流入学生的民族类别与流入地高度一致。

综上所述，近年来，随着西南边境地区经济社会的发展和教育文化交流的扩大，周边国家中小学生自发跨越国界，进入云南、广西两省区边境沿线学校学习。2010—2017 年，流入学生人数呈上升趋势；2016—2017 学年，流入学生总人数超过 1 万人，90.3% 的流入学生来自缅甸北部地区。流入学生主要集中在小学阶段，占比 70.1%；流入学生的人数随着学段和年级的升高而减少；90.6% 的流入学生家庭以务农为主，13.8% 的流入学生为跨境婚姻家庭子女；流入学生大部分是跨境民族或华人华侨，与我方边民同根同源、同语同俗。

二、中缅边境地区缅籍学生群体现状

为准确掌握流入我国的缅籍学生情况，笔者在缅籍学生较为集中的云南边境乡镇开展了驻校调研。调研抽样方法如下：在德宏州选取缅籍学生最多的 3 个县（含县级市），即 R 市、M 市和 L 县；再分别从这 3 个县中选取缅籍学生最多的 1 个边境乡镇，一共选取 3 个乡镇。研究者在这 3 个乡镇的学校里访谈、观察，走访村寨，并对这 3 个乡镇的缅籍学生开展问卷调查。考虑到小学生的年龄特征，问卷调查对象确定为三年级到六年级的在校缅籍学生。大部分问卷由研究者亲自发放，还有部分问卷由班主任代为发放。本次问卷共发放 717 份，回收 710 份，回收率 99.02%，有效问卷688 份，有效问卷的回收率为 95.96%。采用 SPSS18.0 进行数据处理。

在被调查的缅籍学生中，从性别上看，男女生所占比例分别为 43.5%和 56.1%；从民族上看，傣族占 46.9%，汉族占 41.5%，景颇族占 5.1%，德昂族和傈僳族均占 1.3%，缅族占 1.2%，白族占 0.1%；从年级上看，三年级占 5.8%，四年级占 25.7%，五年级占 21.7%，六年级占 16.3%，七年级占 13.1%，八年级占 8.9%，九年级占 8.4%；从是否有缅甸户口、身份证上看，有缅甸户口的占 56.0%，无缅甸户口的占 39.2%，有缅甸身份证的

占 44.0%，无缅甸身份证的占 51.9%；从是否有边民证上看，有边民证的占
22.8%，无边民证的占 69.8%。（见表 3-11）

表 3-11　缅籍学生的基本情况（n=688）

变量	类别	频数 / 人	比例 /%	变量	类别	频数 / 人	比例 /%
性别	男生	299	43.5	缅甸身份证	是	303	44.0
	女生	386	56.1		否	357	51.9
	缺失	3	0.4		缺失	28	4.1
民族	傣族	323	46.9	年级	三年级	40	5.8
	汉族	285	41.5		四年级	177	25.7
	景颇族	35	5.1		五年级	149	21.7
	德昂族	9	1.3		六年级	112	16.3
	傈僳族	9	1.3		七年级	90	13.1
	缅族	8	1.2		八年级	61	8.9
	白族	1	0.1		九年级	58	8.4
	缺失	18	2.6		缺失	1	0.1
缅甸户口	是	385	56.0	边民证	是	157	22.8
	否	270	39.2		否	480	69.8
	缺失	33	4.8		缺失	51	7.4

　　笔者将问卷调查和实地观察、访谈的信息进行整合，对云南边境地区
缅籍学生的情况做一个整体性描述。

（一）缅籍学生以边境沿线边民为主，大多为同根同源的跨境民族和华人华侨

　　在历史上，中缅两国具有很深的文化渊源，两国人民交往频繁，"你
中有我，我中有你"。中缅边境地区是典型的跨境民族地区，在此生活的民
族有傣族、汉族、阿昌族、佤族、德昂族等 16 个跨境民族。由于历史的原
因，缅北地区居住着大量的华人华侨。① 在这些华人华侨中，祖籍为云南的

---

　　① 何跃：《云南省与周边国家跨境民族教育的兴起与发展》，《东南亚纵横》2010 年第 6 期。

超过半数，包括龙陵、腾冲、保山等地，他们都有寻根认祖的意愿，希望自己的孩子能回国求学。[①] 再加上中国政治稳定，经济发展迅速，人民安居乐业，吸引着大量缅甸边民流入。在流入我方的缅籍边民中，有的是来华务工，有的是投靠亲戚定居，还有的是跨国婚姻——"缅甸新娘"嫁到中国来生活。此外，每天还有近 3 万缅籍边民出入口岸，他们早上到中国瑞丽工作，晚上返回缅甸家中。[②]

1.缅籍学生的民族构成与我方学生相同

参与问卷调查的 688 名缅籍学生中，傣族有 323 人（占 46.9%），汉族有 285 人（占 41.5%），景颇族有 35 人（占 5.1%），德昂族和傈僳族分别有 9 人（各占 1.3%），缅族有 8 人（占 1.2%），白族有 1 人（占 0.1%）。（见表 3-11）可见，流入云南省德宏州的缅籍学生主要以傣族和汉族为主，这与德宏州的民族构成大体一致。从流入地来看，德宏州瑞丽市缅籍学生人数最多。据《瑞丽市志》介绍，"傣族是瑞丽的土著民族之一，是瑞丽最多的少数民族，也是当地人数最多的跨境民族"[③]。与德宏州瑞丽市毗邻的缅甸北部边境沿线地区也主要是傣族村寨。

2016 年 12 月，R 市 J 乡中心学校缅籍在校学生中，傣族、景颇族共占 97.5%，汉族仅占 2.5%。该乡所辖的 Y 村跨越中缅两国，属于著名的"一寨两国"景区，而素有"中国第一所边防小学"之称的 YJ 小学就坐落于景区内。2009—2016 年，YJ 小学缅籍学生所占比例为 43%—48%，这些学生基本上都是傣族，他们在语言、风俗等方面与中方一侧学生无明显区别。

---

① 刘立伟：《扩大云南省缅甸留学生规模的态势分析及市场发展策略》，《临沧师范高等专科学校学报》2015 年第 1 期。

② 付正强、黎尔平：《云南边境缅籍务工人员管理问题研究》，《云南民族大学学报》（哲学社会科学版）2015 年第 5 期。

③ 乔纲：《从"和平跨居"文化模式看瑞丽市跨境民族地区教育现状》，《文山学院学报》2015 年第 1 期。

（见表3-12）如R市J乡的一位校长所言：

> 他们（缅籍学生）在生活习惯上和我们没有区别……因为都是
> 傣族……傣族是傍水而居，哪里有水他们就在哪里定居，而且很爱
> 干净，特别是女孩子爱干净、爱打扮。你看这些小孩子，女生二三年
> 级就会自己化妆、扎头发，表演节目、过六一儿童节，老师都不用操
> 心。夏天天热，他们天天洗澡，这里用水不方便但是他们还是想尽
> 办法打水来洗澡。（HX-JS，2016-11-21）

表3-12　R市YJ小学学生基本信息

年份	学生总人数	傣族人数	缅籍人数	缅籍所占比例
2009 年	106	101	46	43%
2010 年	118	112	51	43%
2011 年	138	128	61	44%
2012 年	144	133	69	48%
2013 年	146	134	69	47%
2014 年	148	141	69	47%
2015 年	152	143	65	43%
2016 年	152	143	65	43%

数据来源：YJ小学学生信息统计表（实地调研时收集）

　　由于边境学校的位置不同，流入的缅籍学生在民族构成上也有所不同。具体而言，2016年，R市J乡在校缅籍学生中，傣族、景颇族共占97.5%，汉族仅占2.5%；L县Z镇LY小学在校缅籍学生中，傣族、景颇族共占62.3%，汉族占37.7%。但是，在相邻的M市，缅籍学生则以汉族居多，如M市Z镇XM小学2015年在校缅籍学生中，景颇族仅占7.7%，汉族占92.3%。

2. 绝大多数缅籍学生讲汉语或本民族语言

在参与本次问卷调查的 688 名缅籍学生中，44.3% 的学生父亲平时讲傣语，43.6% 的学生父亲平时讲汉语，4.5% 的学生父亲平时讲缅语。母亲的语言使用情况与父亲大体一致。44.2% 的缅籍学生母亲平时讲傣语，41.1% 的缅籍学生母亲平时讲汉语，3.9% 的缅籍学生母亲平时讲景颇语。（见表 3-13）可见，德宏州缅籍学生的父母平时讲得最多的是傣语，排在第二位的是汉语，较少家长（一般为来华务工的缅族）讲缅语。在访谈过程中，很多缅籍学生也表示他们听不懂缅语，父母选择让他们到云南上学的主要原因是语言相通。

表 3-13 "你父 / 母亲平时讲什么语言？"

父 / 母亲语言		傣语	汉语	缅语	景颇语	其他语言	缺失	合计
父亲	人数	305	300	31	24	23	5	688
	百分比	44.3%	43.6%	4.5%	3.5%	3.4%	0.7%	100%
母亲	人数	304	283	24	27	21	29	688
	百分比	44.2%	41.1%	3.5%	3.9%	3.1%	4.2%	100%

在问及"你在家主要讲什么语言？"时，45.9% 的缅籍学生讲本民族语言，34.0% 的缅籍学生讲当地汉族方言，讲普通话和缅语的缅籍学生均占 8.0%。（见表 3-14）

表 3-14 "你在家主要讲什么语言？"

语言	本民族语言	当地汉族方言	普通话	缅语	缺失	合计
人数	316	234	55	55	28	688
百分比	45.9%	34.0%	8.0%	8.0%	4.1%	100%

此外，在问及"你与老师和同学是否存在语言交流困难？"时，82.8% 的缅籍学生表示在学校与老师和同学不存在语言交流困难，仅 12.7% 的学

生表示存在语言交流困难。（见表 3-15）

表 3-15 "你与老师和同学是否存在语言交流困难?"

	是	否	缺失	合计
人数	87	570	31	688
百分比	12.7%	82.8%	4.5%	100%

缅籍学生中，傣族学生在家基本说傣语，同学之间的交流也以傣语为主。按照中国学校的规定，在校教师与学生均要讲普通话，用普通话进行交流。虽然缅籍学生与老师交流时会使用普通话，但在课间与同民族学生交流依旧习惯使用本民族语言，这与我方当地傣族学生的语言习惯一致。如 R 市 J 乡的一位缅籍学生（傣族）说：

> 我们平时交流都用傣语,普通话也用。与中国的傣族学生交流时都是用傣语。老师跟我们说在学校不要说傣语,要说普通话,但是改不了。(MJ, 2016-11-23)①

同样，缅籍学生在家交流也主要使用本民族语言。尽管父母掌握缅语或其他民族语言，但他们也偏向于使用本民族语言同孩子交流。正如德宏州 L 县的一位缅籍汉族学生所言：

> 在家的时候,我爸爸都是跟我说汉语,我妈妈有时候说汉语,有时候说缅语、景颇（语）……我妈妈是做生意的……在跟别人交往的时候,她自己慢慢学会了这些语言。她的景颇语和缅语都是自己学的,我也会（说这些语言）,是妈妈教的。她想让我以后也像她一样做生意。(YLQ, 2016-12-4)

3.同根同源同风俗，生活适应无障碍

如前所述，流入我国边境学校的缅籍学生多为边境地区的跨境民族，

---

① 人名缩写及访问日期，下同。

他们与我方一侧的居民同根同源同风俗，在语言、风俗、饮食等方面并无明显差异。具体而言，缅甸的缅族讲缅语，其生活区域距离中国边境较远。因此，在我方学校中，仅有极少数缅族学生是随父母在中国经商或务工而就近入学。目前，德宏州各边境沿线学校的缅籍学生均为边境地区的边民（跨境民族），因而在风俗习惯和生活适应方面毫无障碍。

当地边民知晓，在划分国界前，边境线两侧生活的边民同属于一个寨子。国界划分后，出现了"一寨两国"的现象，但是边民之间的生活往来一直很频繁，而且在观念中大家都是同一个民族，只不过分属于两个国家。中缅两侧边民交流频繁，语言相通、习俗相似、文化相融，不仅为缅籍学生来华上学提供了坚实的文化和心理基础，同时也为他们在中国的学习和生活提供了极大的便利。例如，M市Z镇一位校长说，这些缅籍学生的祖辈大多是从中国迁移过去的，彼此之间有着相同的文化风俗和生活习惯：

> 从文化来讲，这些孩子和我们这边同根同源，因为本身他们的祖辈就是从这边过去的。整个文化的认同，就不像我们与美国，与其他国家一样有很大的差异，因为我们的文化是相同的。除了文化，民族风俗、生活习惯也都是一样的。从情感方面来讲，就是同根同源。……因为中间就（隔着）一条河，这边是中国，对面是缅甸。我们家里有事的时候还请他们过来帮忙，因为都是亲戚，平时交流很多，可以过来过去的。这边有什么事就可以请那边的人过来，所以说不存在隔阂。很多附近的（边民），长辈也都相互认识。原来就是一个寨子，一个小坝子，后来划界了……发展当中他们落后了……很多是中国人，早期出去的后来又没有办过身份证，这样的比较多……（CXQ，2016-11-30）

同根同源同风俗使得缅籍学生入学后在生活适应上无明显障碍。以R市JX中心学校为例，2016年12月笔者实地调研时发现，该校共有1047名在校学生，其中，缅籍学生234名，绝大部分为傣族，在语言和风俗习惯适应上不存在障碍。据 R 市 JX 中心小学 H 老师介绍：

> ……讲什么他们都听得懂，他们来到我们中国，最关键的一点是语言没有隔阂，风俗习惯也没有隔阂，……（缅甸的）木姐、南坎……棒塞这条线，按照卫星地图看的话90%以上都是傣族、傈僳族、景颇族，都是我们本地民族……是同根同源同风俗，所以说他到我们这里来读书，没有任何困难。（HCH, 2016-11-25）

M 市 Z 镇的一位小学校长说：

> 有一些缅籍学生，三岁或者四岁，甚至更小的时候就已经跟着父母来到中国了，有一些在 XM 小学，学生家就住在缅甸那边，每天往返……（BYBW, 2016-11-30）

还有一位老师也介绍：

> 边界那边也是傣族比较多，行为习惯还是比较相似的。所以他们也还是适应的，来了以后没有那种陌生的感觉，都可以快速融入学校当中去。我们的中国学生和他们也没有隔阂，从来也没有歧视他们，大家平时相处得比较好。（GCT, 2016-11-29）

此外，在生活适应方面，调查结果也显示，58.7%的缅籍学生表示"非常适应"，29.7%的缅籍学生感到"比较适应"，7.0%的缅籍学生适应情况"一般"，只有1.6%的缅籍学生表示"不太适应"，0.4%的缅籍学生认为"一点儿也不适应"。选择"非常适应""比较适应"和"一般"的共计656人，即95.4%的缅籍学生适应我方学校的学习生活环境，仅2.0%的学生表示"不适应"（合并"不太适应""一点儿也不适应"两项）。（见表3-16）

表3-16 "你适应这里的生活环境吗？"

生活环境适应情况	非常适应	比较适应	一般	不太适应	一点儿也不适应	缺失	合计
人数	404	204	48	11	3	18	688
百分比	58.7%	29.7%	7.0%	1.6%	0.4%	2.6%	100%

（二）大部分缅籍学生家长务农，受教育程度低但重视子女的学习

1. 大部分缅籍学生的家长为农民

在参与问卷调查的 688 名缅籍学生中，461 名缅籍学生的父亲是农民，占 67.0%；92 名缅籍学生的父亲是商人，占 13.4%；66 名缅籍学生的父亲是工人，占 9.6%；此外，还有 15 名缅籍学生的父亲从事公务员、教师、医生、律师等职业，占 2.2%；另有 33 名缅籍学生的父亲没有工作，占被调查对象的 4.8%。在"你母亲做什么工作"这一问题上，450 人的母亲是农民，占 65.4%，91 人的母亲是商人，占 13.2%。（见表 3-17）

表 3-17 "你父／母亲做什么工作？"

父／母亲工作		农民	商人	工人	公务员	教师	医生、律师	没有工作	缺失	合计
父亲	人数	461	92	66	8	5	2	33	21	688
	百分比	67.0%	13.4%	9.6%	1.2%	0.7%	0.3%	4.8%	3.0%	100%
母亲	人数	450	91	44	4	5	0	53	41	688
	百分比	65.4%	13.2%	6.4%	0.6%	0.7%	0	7.7%	6.0%	100%

可见，云南边境地区来华上学的缅籍学生家庭以务农为主，其次是经商。换言之，缅籍学生的父母主要是缅方一侧务农的边民，或者在边境沿线经商、打工的边民。相应地，其家庭的经济来源也主要为务农、经商和打工所得。其中，57.2% 的缅籍学生家庭主要经济来源为务农，选择"做生意"或"打工"的分别占 22.7% 和 13.4%。（见表 3-18）

表 3-18 "你们家的主要经济来源是？"

家庭经济来源	务农	做生意	打工	缺失	合计
人数	394	156	92	46	688
百分比	57.2%	22.7%	13.4%	6.7%	100%

关于缅籍学生的家庭经济情况，在调研过程中，一些班主任老师做了介绍：

> 从经济方面来讲,这些学生(指缅籍学生——笔者注)家庭条件……跟本地的差不多……家庭条件好的也有,一般的也有,贫困的也有。(CXQ,2016-11-30)

> 班上缅籍学生的家庭状况……他们的爸爸妈妈务农的比较多,平时会卖一点儿菜或者是种一点儿玉米……养活他们自己。(LWS,2016-11-24)

绝大多数缅籍学生来自多子女家庭，家庭负担较重。调查对象中有2到3个孩子的家庭占63.9%，有4个及以上孩子的家庭占29.1%，只有6.0%的学生表示父母只有1个孩子。（见表3-19）因此，中国相对优惠的教育政策对其家庭具有较大吸引力。调研中有老师提到，有的孩子舍不得吃学校提供的营养餐（如面包、鸡蛋），会带回家和爷爷奶奶、弟弟妹妹分享。

表3-19 "你父母有几个孩子?"

父母孩子个数	1个	2个	3个	4个	4个以上	缺失	合计
人数	41	267	173	90	110	7	688
百分比	6.0%	38.8%	25.1%	13.1%	16.0%	1.0%	100%

2. 家长受教育程度偏低

调查结果显示，缅籍学生的父母文化程度普遍偏低。在参与问卷调查的缅籍学生中，其父亲"从未上过学"的占36.2%，文化程度是"小学"或"初中"的占50.8%，高学历家长非常少。与此相似，关于"母亲的文化程度"，"从未上过学"的占46.8%，文化程度是"小学"的占25.1%，文化程度是"初中"的占10.6%。（见表3-20）

表3-20　"你父/母亲的文化程度?"

父/母文化程度		从未上过学	小学	初中	高中/中专	大专	本科及以上	缺失	合计
父亲	人数	249	244	105	45	6	12	27	688
	百分比	36.2%	35.5%	15.3%	6.5%	0.9%	1.7%	3.9%	100%
母亲	人数	322	173	73	44	8	6	62	688
	百分比	46.8%	25.1%	10.6%	6.4%	1.2%	0.9%	9.0%	100%

3. 有75%的缅籍学生认为父母重视自己的学习

调查发现,对"你父母重视你的学习吗?"这一问题,53.9%的缅籍学生认为父母"非常重视",21.1%的缅籍学生认为父母"比较重视"。把这两项合并,总计有75%的缅籍学生认为父母重视自己的学习。另外,有15.3%的缅籍学生认为"一般";只有2.6%的缅籍学生认为父母对自己的学习"不太重视"或"一点儿也不重视"。(见表3-21)

表3-21　"你父母重视你的学习吗?"

学习重视程度	非常重视	比较重视	一般	不太重视	一点儿也不重视	缺失	合计
人数	371	145	105	14	4	49	688
百分比	53.9%	21.1%	15.3%	2.0%	0.6%	7.1%	100%

(三)72.7%的缅籍学生在缅甸上过学,部分在华学生年龄偏大

来华上学的缅籍学生年龄大部分都比同年级的中国学生大,其原因主要是:第一,缅籍学生上学经历比较曲折。缅甸北部经常出现战事,缅籍学生的学习常因此而中断。第二,缅甸学生家长送孩子到中国上学存在随意性。他们并非像中国家长在孩子适龄时将其送往学校上学,而是在家庭条件允许的情况下才将孩子送往中国求学,倘若家庭条件不允许,就会延

迟送孩子上学，导致同一年级的缅籍学生年龄参差不齐。相较于中国学生，缅籍学生总体上平均年长 2 至 3 岁。第三，在前往中国上学之前，部分缅籍学生已在缅甸上过学。对这部分孩子而言，入学时绝大多数孩子都从低年级开始就读，只有少部分会分配到合适的年级，导致同一班级中缅籍学生的年龄普遍偏大。

例如，R 市 J 乡某小学校长表示，到中国读书的大部分缅籍学生，之前在缅甸均有就读经历：

> 他们年龄偏大，因为在缅甸可能已经读到三年级、四年级……来了以后，又从头跟我们一起学。（YJS, 2016-11-22）

L 县 ML 小学校长提到，一部分中途插班过来就读的缅籍学生年龄稍微偏大，也有部分学前儿童与中国学生同龄。该校长提到：

> 他们的年龄偏大，总体来说，像我们的一二年级，他们都是八九岁才来读。但有一些，是从学前班开始读的，就是同龄的……中途来的那些年龄都偏大……（CXZ, 2016-12-5）

数据显示，来华上学的缅籍学生中，72.7% 在缅甸上过学，26.3% 没有在缅甸上过学。（见表 3-22）

表 3-22　"你在缅甸上过学吗？"

上学情况	上过	没上过	缺失	合计
人数	500	181	7	688
百分比	72.7%	26.3%	1.0%	100%

在缅甸有过上学经历的缅籍学生中，在缅甸上过 0—3 年的占 47.2%，上过 4—6 年的占 13.2%，上过 6 年以上的占 3.1%。可见，在缅甸有过 0—3 年上学经历的学生居多。（见表 3-23）

表 3-23　"你在缅甸上过几年学?"

上学时间	0 年	0—3 年	4—6 年	6 年以上	缺失	合计
人数	181	325	91	21	70	688
百分比	26.3%	47.2%	13.2%	3.1%	10.2%	100%

部分缅籍学生来华后,会随父母打工、经商地点的变化而出现转学的现象。在对缅籍学生在中国转学情况调查时发现,缅籍学生没转过学的占 82.1%,转过一次的占 10.8%,转过两次的占 1.9%,转过 3 次及以上的占 0.4%。(见表 3-24)

表 3-24　"你在中国转过学吗?"

转学情况	没转过	转过一次	转过两次	转过 3 次及以上	缺失	合计
人数	565	74	13	3	33	688
百分比	82.1%	10.8%	1.9%	0.4%	4.8%	100%

然而,随着缅籍学生人数的增加,边境沿线学校因容纳条件有限,开始逐渐"抬高入学门槛",不少学校都要求"要在本校上学的,必须从起始年级开始读,不接收中途转学的学生;要读一年级的,必须在本校读过学前班"。因此,缅籍学生的年龄趋向于适龄,即与同班中国学生的年龄相当。例如 R 市 J 乡一位校长表示:

> 缅甸学生……比如说有的孩子已经 7 岁了,他想直接来这边读一年级,那么我们就给出条件——要去接受学前教育,那他愿意的话就去读一年,到 8 岁再过来。这样他就比本地学生的年龄要大一点儿。近三年我们都要求先要接受学前教育。(HX-JS,2016-11-24)

随着招生政策的改变,越来越多的家长会主动将子女先送到中国接受学前教育,然后再送入小学。因此,缅籍学生与同年级中国学生的年龄差也在逐渐减小，缅籍学生的入学年龄渐趋适龄化。

因为他们（家长）的目的是让孩子来学习汉语，学习中国文化，将来留在这边好找工作。他们就有意识地早一点儿送来，这样孩子的年龄就合适，不像以前，他在那边读了几年，然后再过来这边接受小学教育，那么他的年龄就大了。（HX-JS, 2016-11-24）

（四）半数缅籍学生无缅甸户口和身份证，但其民族认同较强

如前所述，云南边境沿线学校的缅籍学生有以下几种类型：一是边境走读生。这些缅籍学生早出晚归，每天穿越国境线来中国学校读书。二是离边境线稍远一些的学生。他们和中国学生一样到学校寄宿，待遇与国内的学生一样。三是寄宿在中国亲戚家的缅籍学生。四是父母在中国做生意或务工，跟随父母在中国居住的缅籍学生。五是跨国婚姻导致的，即母亲嫁入中国时跟随母亲来中国的缅籍儿童。[①] 由于云南边境地区特殊的历史原因，在我们称为"缅籍学生"的群体中，有相当一部分既无缅甸户口和身份证，也没有中国户口和身份证，属于无国籍、无户口人员。"无缅甸户口""无缅甸身份证"和"无边民证"的缅籍学生大多属于这种类型。

1. 流入我国的"缅籍"学生半数"无国籍"

缅籍学生的身份证和户口情况较为复杂。在我们称为"缅籍学生"的群体中，部分拥有缅甸的身份证和户口，部分只有缅甸身份证或缅甸户口，有极少数学生同时拥有缅甸身份证和中国身份证，也有学生既无户口也无身份证。数据显示，56.0% 的缅籍学生有缅甸户口，39.2% 的缅籍学生没有缅甸户口。可见，有近四成的"缅籍学生"没有缅甸户口。（见表3-25）

---

① 根据我国的现行法律，这类儿童不能在中国落户，没有中国户口和中国居民身份证。

表 3-25 "你是否有缅甸户口?"

户口持有情况	是	否	缺失	合计
人数	385	270	33	688
百分比	56.0%	39.2%	4.8%	100%

同时,调查结果显示,44.0% 的缅籍学生持有缅甸身份证,51.9% 的缅籍学生无缅甸身份证。边民证是边民进出国门的凭证,22.8% 的缅籍学生有边民证,69.8% 的缅籍学生没有边民证。当然,结合前面的数据可知,有很多缅籍学生长期住在中国,往返国门的频率很低。(见表 3-26)

表 3-26 缅籍学生身份证和边民证持有情况

身份证和边民证持有情况		是	否	缺失	合计
"你是否有缅甸身份证?"	人数	303	357	28	688
	百分比	44.0%	51.9%	4.1%	100%
"你是否有边民证?"	人数	157	480	51	688
	百分比	22.8%	69.8%	7.4%	100%

由于调研选取的学校均为边境学校,其中,缅籍学生中有的父母双方均住在缅方一侧,也有较多的跨国婚姻家庭,即父母其中一方是缅甸人。不过,多数在华的缅籍学生无国籍、无身份证:

……其实这一部分人呢,多数都是在边境一带,很多人以前是我们国内的,由于各种原因去到了缅甸,之后划分国界,他被分到了那一面,他没有中国国籍,但是缅甸也没有给他国籍。大多数是这种情况。来读书的学生真正属于缅甸当地缅族的情况很少。(ZKZ,2016-11-23)

2. 缅籍学生的民族认同度较高

民族认同是指民族成员在民族互动和民族交往过程中，基于对自己民族身份的反观和思考而形成的对自民族（内群体）和他民族（外群体）的态度、信念、归属感和行为卷入，以及对本民族文化、民族语言和民族历史等的认同。[①] 简言之，民族认同是指民族成员对自己所属族群的认知、承认和情感依附，并由此产生的一种民族归属感。[②] 缅籍学生都具有清晰的民族认同感，在回答"你是哪个民族"时，他们都能够清楚地说出自己的民族。例如，德宏州 L 县的一位缅籍学生说：

> 我是傣族。（我们寨子）都是傣族……不远处是景颇族寨子。
> 我们寨子旁边没有汉族。（XM, 2016-12-4）

德宏州 L 县的一位缅籍汉族学生说：

> 我是汉族。我们寨子里都是汉族。（YLQ, 2016-12-4）

缅籍学生会因为自己是本民族的一员而感到自豪。例如，德宏州 L 县的一位傣族学生表示：

> 我们傣族比较团结，别人一问你是什么族，我说我是傣族，感觉
> 自己很自豪……（XM, 2016-12-4）

L 县 Z 镇的一位缅籍汉族学生说：

> 我是汉族……别人说汉族坏话的时候，我会生气。（YLQ,
> 2016-12-4）

另外，当问及"你更愿意用国别还是用民族来说明自己的身份"时，学生更倾向于选择民族。缅籍学生认为，自己的家人都是一个民族，自己的村寨居住的也都是一个民族，因此更愿意用民族来标明自己的身份。

[①] 万明钢、王亚鹏：《藏族大学生的民族认同》，《心理学报》2004 年第 1 期。
[②] 刘社欣、王仕民：《文化认同视域下的国家认同》，《学术研究》2015 年第 2 期。

简言之，缅籍学生的民族认同现状可从三个方面来理解：第一，缅籍学生非常清楚自己是本民族中的一员，大多缅籍学生所居住的寨子里都是同一个民族；第二，缅籍学生大都为自己是本民族的一员而感到自豪；第三，当在国别和民族之间选择一个来标识自己的身份时，缅籍学生更愿意选择民族。这说明他们拥有较强的民族认同感。

（五）跨越国界的频率：53.1%的缅籍学生每周往返边境两侧

1. 近40%的缅籍学生父母双方或一方在中国，22.1%的缅籍学生在中国长大

有相当一部分缅籍学生常年住在中国。调查结果显示，26.6%的缅籍学生"父母都在中国"，5.7%的缅籍学生"父亲在中国"，7.4%的缅籍学生"母亲在中国"。可见，在云南边境地区的缅籍学生中，父母双方或一方在中国的占到39.7%。（见表3-27）

表3-27　"现在你父母在中国吗？"

父母是否在中国	父亲在中国	母亲在中国	父母都不在中国	父母都在中国	缺失	合计
人数	39	51	372	183	43	688
百分比	5.7%	7.4%	54.1%	26.6%	6.2%	100%

绝大部分缅籍学生在缅甸出生，但仍有近四分之一的缅籍学生在中国长大。对于"你是在哪儿出生的"这一问题，87.8%的缅籍学生出生地是缅甸，10.3%的缅籍学生出生地是中国。关于"你是在哪儿长大的"，73.4%的缅籍学生回答"在缅甸长大"，22.1%的缅籍学生回答"在中国长大"。可以得知，在云南边境地区上学的绝大多数缅籍学生是在缅甸出生，并在缅甸长大。（见表3-28）

表 3-28　缅籍学生的出生地和生长地统计表

出生地和生长地情况		缅甸	中国	缺失	合计
"你是在哪儿出生的？"	人数	604	71	13	688
	百分比	87.8%	10.3%	1.9%	100%
"你是在哪儿长大的？"	人数	505	152	31	688
	百分比	73.4%	22.1%	4.5%	100%

2. 53.1% 的缅籍学生每周往返边境两侧，7.7% 的缅籍学生每天往返边境两侧

在云南德宏州就读的缅籍学生主要有以下五种情况：一是边境一线走读生，每天往返边境两侧。L 县学校与当地公安部门联合为这些学生办"就读卡"，学生凭借"就读卡"出入国境到我方边境学校上学。二是在我国学校寄宿的学生。家离边境线稍远的学生就到学校寄宿，待遇与国内的学生一样。三是寄宿在我方一侧亲戚家的缅籍学生。四是随母嫁入的跨境婚姻家庭子女。[①] 五是跟随父母来中国经商或务工的缅籍学生，这类学生主要集中在 R 市 J 国门小学附近。

在参与问卷调查的 688 名缅籍学生中，"从缅甸走过来或坐车来"的学生共 353 人，占 51.3%；"这边有亲戚，跟亲戚来的"共 133 人，占 19.3%；"跟随父母来中国经商或打工"的共 98 人，占 14.3%；"随母亲嫁到中国的"共 70 人，占 10.2%。（见表 3-29）

表 3-29　"你当初是怎么来中国上学的？"

上学途径	从缅甸走过来或坐车来	这边有亲戚，跟亲戚来的	跟随父母来中国经商或打工	随母亲嫁到中国的	缺失	合计
人数	353	133	98	70	34	688
百分比	51.3%	19.3%	14.3%	10.2%	4.9%	100%

① L 县教育局：《缅籍跨境婚姻家庭学生入学工作情况（内部资料）》，收集时间：2016 年 5 月 9 日。

　　在一些媒体或学者的描述中，缅籍学生群体被想象成每天清晨背着书包跨越国界、穿过国门来到中国的学校上学，每天傍晚又背着书包跨越国界回到缅甸的群体。事实上，只有少部分缅籍学生（约 7.7%）每天往返边境两侧。目前，对"缅籍学生中'走读生'的比例到底有多少？"的回答，取决于对"走读生"的界定。具体来看，只有 7.7% 的缅籍学生每天往返边境两侧。

　　关于缅籍学生周一到周五的食宿地点，68.0% 的缅籍学生在学校食堂吃饭，13.7% 的缅籍学生随父母在中国居住的地方吃饭，还有 7.7% 的缅籍学生回缅甸自己家吃饭，6.2% 的缅籍学生在中国亲戚家吃饭。（见表3-30）

表 3-30　"你周一到周五在哪吃饭？"

吃饭地点	学校食堂	随父母在中国居住的地方	回缅甸自己家	中国亲戚家	缺失	合计
人数	468	94	53	43	30	688
百分比	68.0%	13.7%	7.7%	6.2%	4.4%	100%

　　关于缅籍学生周一到周五的住宿地点，70.5% 的缅籍学生住在学校宿舍，13.2% 的缅籍学生随父母住在中国，7.7% 的缅籍学生回缅甸自己家，7.0% 的缅籍学生住在中国亲戚家。可见，在上学期间，大部分缅籍学生都在学校住宿。关于缅籍学生周末的住宿情况，53.1% 的缅籍学生回缅甸自己家，24.1% 的缅籍学生随父母住在中国，10.9% 的缅籍学生住在中国亲戚家，1.4% 的缅籍学生住在学校宿舍。可见，超过一半的缅籍学生每周末往返边境两侧。（见表3-31）

表 3-31　缅籍学生每周的住宿情况

每周住宿情况		学校宿舍	随父母住在中国	回缅甸自己家	中国的亲戚家	缺失	合计
"你周一到周五住在哪里？"	人数	485	91	53	48	11	688
	百分比	70.5%	13.2%	7.7%	7.0%	1.6%	100%
"你周末住在哪里？"	人数	10	166	365	75	72	688
	百分比	1.4%	24.1%	53.1%	10.9%	10.5%	100%

　　总之，有 53.1% 的缅籍学生每周末穿越国界回缅甸家中，有 7.7% 的缅籍学生每天穿越国门上下学、回家吃饭，数次往返于边境两侧。此外，还有一部分缅籍学生住在中国亲戚家，或随父母住在中国；一部分缅籍学生作为"随母亲嫁到中国"的跨境婚姻家庭子女，长期住在中国。

　　综上所述，在云南边境地区就读的缅籍学生大都是边境沿线的边民，并与我方一侧的边民一样，都是同根同源的跨境民族或华人华侨。这些缅籍学生的家庭与中国有着较多的渊源和联系，他们的祖辈很多是从中国边境沿线迁徙到缅甸生活，两侧边民有着共同的语言和风俗习惯。在各个边境学校，缅籍学生的民族构成与我方学生相同，学生入学几乎没有语言或风俗习惯上的差异。并且，这些学生的家长大多讲本民族语言或汉语，其语言使用情况与我方边民一致，学生入学后在语言交流上与我方学生没有障碍。

　　从家庭背景来看，大部分缅籍学生来自农民和商贩家庭，家长受教育程度低但重视子女学习。云南边境地区来华上学的缅籍学生，其父母职业主要是农民，其次是商人。换言之，缅籍学生的父母半数是缅方一侧务农的边民，还有相当一部分是在边境沿线经商或打工的边民。相应地，其家庭经济来源也主要是务农、经商和打工收入。相对来说，缅籍学生家庭经济条件较差，加之子女众多，家庭负担较重，但是大部分缅籍学生认为父母重视自己的学习。

从受教育经历来看，约七成的缅籍学生在缅甸上过学。受缅北政局、家长意识和客观条件的影响，部分学生的受教育经历较为曲折，部分在华缅籍学生年龄偏大。不过，近年来我方边境沿线学校出台种种措施，如规定缅籍学生需要从起始年级（即学前班）开始读，才能进入我方学校就读，这些措施使得缅籍学生的入学年龄趋于适龄化。

在我们所称呼的"缅籍学生"群体中，有相当大一部分孩童既没有缅甸户口和身份证，也没有中国户口和身份证，是长期游离在中缅边境一带的"无国籍"人员。这反映出中缅边境地区边民流动的复杂性和多样性。然而，几乎所有的缅籍学生都具有非常强烈的民族认同感，认为自己是本民族中的一员，他们更愿意用民族身份而非国别身份来标识自己，并为自己的民族身份而感到自豪。

并非所有的缅籍学生每天都往返边界两侧。事实上，每天中午、下午都往返边境两侧的缅籍学生只占 7.7%，他们"学在中国、吃住在缅甸"；一半左右的缅籍学生周一到周五吃住在学校，周末往返边境两侧；还有很多缅籍学生跟随父母住在中国，或者寄宿在中国亲戚家。可见，缅籍学生来华上学现象，存在着多样性；缅籍学生群体内部，有着相当大的异质性。这些差异性对于后续分析其来华上学的动因具有重要意义。

三、中老边境地区老挝籍学生群体现状

老挝籍学生的调查主要在 M 县开展。M 县地处西双版纳东南部，与老挝、缅甸接壤，国境线长 740.8 千米。在澜沧江—湄公河交界地段，关累港下游，形成了独具魅力的"绿三角"，与世界闻名的金三角仅距 200 多千米。国家级口岸——磨憨口岸的建成，促进了边贸与旅游的发展。

M 县职业中学是中老边境地区老挝籍学生最为集中的一所中等职业学

校。21 世纪初，随着中老双方交往的不断深入和合作领域的不断拓宽，老方需要大量的中文翻译人才。在此背景下，老挝北部有关省（县）提出，希望勐腊县为其培养中文翻译人才。为促进双方在各个领域的交流与合作，经勐腊县政府研究决定，同意开办专收老挝籍学生的汉语翻译人才培训班，此决定于 2001 年 4 月上报西双版纳州人民政府后得到批准。2001 年 8 月，中老双方举行会晤，签订了办班协议。2001 年 9 月，M 县职业中学开办首期老挝籍汉语翻译人才培训班。首期培训班办班一年后，经中老双方多次会晤，分别于 2002—2012 年间的每年 9 月在 M 县职业中学开办第二期至第十一期老挝籍汉语翻译人才培训班。后来，除 2003 年未举办培训班外，十一期培训班共招收 379 名学生，每期培训班的学制均为 3 年（全日制）。截至 2013 年，毕业人数共计 225 人。（见表 3-32）

表 3-32 M 县职业中学一至十一期老挝籍学生招收及毕业信息统计表

期数	开班时间	招生人数（人）	班级数量（个）	毕业人数（人）	毕业时间
第一期	2001 年 9 月	57	2	45	2004 年 7 月
第二期	2002 年 9 月	32	1	18	2005 年 7 月
第三期	2004 年 9 月	46	1	38	2007 年 7 月
第四期	2005 年 9 月	37	1	32	2008 年 7 月
第五期	2006 年 9 月	42	1	20	2009 年 7 月
第六期	2007 年 9 月	55	1	31	2010 年 7 月
第七期	2008 年 9 月	28	1	13	2011 年 7 月
第八期	2009 年 9 月	12	1	3	2012 年 7 月
第九期	2010 年 9 月	15	1	11	2013 年 7 月
第十期	2011 年 9 月	18	1	14	2014 年 7 月
第十一期	2012 年 9 月	37	1	—	2015 年 7 月
合计		379	12	225	

在招生之初，生源多为老挝国内单位公派的委培生，主要来自距离中国边境较近的老挝北部三省：丰沙里省、乌多姆赛省和南塔省。而且，这些学生来华留学的目的较为简单，即为了学习汉语，打好汉语基础，并未涉及参加汉语等级考试（HSK）。从 2006 年开始，两国政府间没有再继续签约，M 县职业中学招收的老挝籍学生开始由原来的老挝国内委托培养转为老挝籍学生自发自愿来学习，老挝籍汉语班的生源开始以自发自费生源为主。

> 当时签的那个备忘录，是五年的协议。2001—2005 年，学费收得比较高，在这个备忘录上，前三期学费是（每人）3500 元一年，由老挝的派出单位出。五年到期以后，政府也就没有再和老挝北部的这三个省再签了。然后，我们学校为了扩大办学，就自主招生，把学费也降下来了，降到一年 1500 元。这个时候民间自发过来的学生就比较多了，公派委培的这些学生就比较少了。（LLS, 2017-02-18）

笔者到 M 县职业中学调查的目的是了解老挝籍学生在 M 县留学的现状，以及老挝籍学生来华留学的影响因素。在此过程中，主要采用实地观察、访谈、问卷调查的方式，在 M 县职业中学开展田野工作。

对老挝籍学生的调查问卷基于文献研究和初步访谈结果，并征求专家意见编制而成。问卷第一部分为老挝籍学生的基本信息，包括性别、民族、学历、年龄、家庭所在地、家庭背景等 21 个题项；第二部分主要考察老挝籍学生在校学习情况，共 18 个题项；第三部分为老挝籍学生来华留学的影响因素，采取李克特五点量表（Likert Scale）进行测量，"1"表示"完全不符合"，"2"表示"不太符合"，"3"表示"不确定"，"4"表示"比较符合"，"5"表示"非常符合"，共计 31 个具体指标。使用 SPSS18.0 对收集到的数据进行统计分析。

问卷调查时间为 2017 年 3 月 27 日至 4 月 1 日。本次调查对象主要为

M县职业中学汉语班二年级的老挝籍学生，其中绝大多数入学时间为2015年9月，但也有8位学生是2016年入学。采取集中时间、地点进行当场发放和当场回收的方式，共发放问卷130份，回收130份，回收率100%。剔除无效问卷5份，剩余有效问卷125份，有效问卷率为96.2%。从样本总体分布情况来看，在性别上，本次问卷填写的男生有77人，女生有48人。年龄分布在19—24岁之间，民族以老龙族和苗族为主，主要来自南塔、万象和波乔。在班级职务上，担任班委的14人，科代表8人，小组长2人。

实地调查时间分为两次：第一次为2017年2月，笔者到M县职业中学访谈校长、学校负责老挝籍学生教学管理的人员、教师，到磨憨口岸实地观察中老边民贸易往来和双边交往情况；第二次是2017年3月下旬至4月上旬，调研组6人到M县职业中学开展实地调研，每人每天进入1个老挝籍学生的班级，与他们一起听课、用餐，开展现场观察和访谈。

（一）老挝籍学生大多数属于跨境民族，但两侧人民几乎无联系

老挝的民族根据居住区域和条件划分为三大民族：老龙族、老听族和老松族。老龙族意为居住在平坝区的老挝人，老听族意为居住在半山区的老挝人，而老松族意为居住在高山区的老挝人。老挝的很多民族是从中国的云南、湖南、贵州等地迁入的。[①]（见表3—33）

表3-33　M县职业中学老挝籍学生的民族分布情况

民族	老龙族	苗族	老松族	傣族	老听族	哈尼族	缺失	合计
人数	59	24	18	13	7	3	1	125
百分比	47.2%	19.2%	14.4%	10.4%	5.6%	2.4%	0.8%	100%

---

① 马树洪、方芸编著：《老挝》，社会科学文献出版社2004年版。

1. 具有相同的民族习俗，不存在沟通障碍

据统计，M县职业中学的老挝籍学生主要为老龙族、苗族、老松族和傣族。在民族习俗上，与M县非常相近。老挝的老龙族与我国的傣族在文化上有很多相同之处，他们都信仰小乘佛教，语言文字都属于汉藏语系壮侗语族的分支；老松族与我国的苗族有很多文化上的相似性。老挝的民族传统节日与M县的少数民族节日大同小异，例如泼水节、关门节、开门节、春节等。一位老挝籍学生说：

> 我听爸爸说，我们是苗族，和老松族……如果是一个姓的都是亲戚……（LX，2017-03-27）

老挝的苗族和中国的苗族相似：

> 苗族的节日一年就一次，就是春节，12月份1号到18号，到时候要穿苗族的衣服，男生、女生聚在一起踢足球、唱歌，一起吃饭，跟中国差不多，像中国的苗族。（LY，2017-03-29）

> 我们老龙族的开门节、关门节，就是去寺庙祭拜那些去世的亲戚。（MLD，2017-03-30）

L同学的家离M县的磨憨口岸非常近，父母经常到边境来采买货物。L同学表示：

> 我觉得这里的经济和风景跟勐醒（老挝边境沿线地名）一样，气候也一样不太热不太冷。勐醒距离中国很近……我爸爸妈妈都是种地的，这里割胶，我们那里也割胶。（LMY，2017-03-28）

来自波乔的AZ是哈尼族，他和M县的哈尼族不存在沟通障碍，经常和哈尼族的老师交流，不过在饮食上有一些区别：

> 我是哈尼族，说的话跟这里的哈尼族差不多，来这里之前没有学过汉语。我家住在老挝的波乔，波乔与这里也有不同的，这里比我们那边的城市更大一点儿，生活方式也不一样……在饮食方面也

有一些不一样……（AZ，2017-03-29）

根据老挝籍学生的描述，学生在老挝的生活环境与 M 县差别不大。他们的饮食与 M 县的傣族很接近。例如，老挝人与傣族人都吃手抓饭，在口味上都偏酸辣。学校每年都会根据老挝人的节日安排活动或放假，例如，泼水节时老挝籍学生就会放假，离家比较远的学生则会留在西双版纳与中国学生共度泼水节。

在语言交流方面，老挝籍学生的父母以老挝语为主，也会使用傣语、哈尼语等进行交流。其中，父亲说老挝语的占 83.2%，母亲说老挝语的占79.2%。（见表 3-34）

表 3-34　M 县职业中学老挝籍学生父母的语言使用情况

父母语言使用情况		老挝语	哈尼语	傣语	其他语言	缺失	合计
父亲	人数	104	2	10	8	1	125
	百分比	83.2%	1.6%	8%	6.4%	0.8%	100%
母亲	人数	99	2	11	9	4	125
	百分比	79.2%	1.6%	8.8%	7.2%	3.2%	100%

语言是族群历史事件的记载方式和文化传统的象征，是民族认同的重要标志，[①] 而且它相对稳定，不易改变。访谈发现，所有被访学生皆能熟练运用本民族语言及老挝语，不过在日常生活中偏向使用本民族语言进行交流。例如：

口述笔录 1　生源地：乌多姆赛省　苗族

我叫杨××，我的家在老挝乌多姆赛，我是苗族人。今年是我到中国来念书的第二年，我是来到中国后才开始学习汉语的，所以汉语还不太会说。在老挝的学校里，上课都是用老挝语，但在家里

---

① 马戎编著：《社会民族学》，北京大学出版社 2004 年版。

的时候,我和爸爸妈妈都是讲苗语,平时和小伙伴聊天也是用苗语,来到这边后,如果课下,我们苗族同学交流也是说苗语。在这边我认识一个苗族的人,我们交流的时候有时用苗语有时用汉语,因为我们的苗语有点儿不一样,他们说的有一些我听不懂。

口述笔录2　生源地:川圹省　老松族

我叫许×,家住在老挝川圹省,我是老松族人。在家里的时候,我和爸爸妈妈既会讲老挝语也会讲老松语,更常用的是老松语。在这边和老松族的同学交流时,有时讲老松语,有时讲汉语,但更多是说老松语。泰语(这里指傣族语言——笔者注)和老挝语差不多,我虽然不会讲,但是能听懂。

口述笔录3　生源地:丰沙里省　傣族

我是傣族,我会讲我们傣族的语言,在老挝爸爸妈妈也是讲傣语。班里其他的傣族同学,下课后我们会一起玩,说傣语。

2. 大多数老挝籍学生以本民族语言为母语

老挝籍学生大多是高中毕业后来到 M 县学习汉语, 他们一般既会本民族语言, 也会老挝语。被访的老挝籍学生几乎都以本民族语言为母语。"我们自己在家里讲苗语,学校里老师讲的都是老挝语"。在课间的时候,他们更愿意与说同一语言的伙伴交流。少数老挝籍学生家庭与中国有渊源, 但是与中国往来不多,了解很少:

我爷爷是中国人。他从小家里很穷,因为打仗就去了老挝,长大和我奶奶结婚,生了我爸爸和我叔叔。因为那时老挝也打仗,他就离开老挝去美国了,后来又回到老挝找到我爸爸和奶奶,现在生活在一起。……他在中国这边是有亲戚的……因为他离开的时候很小,他的亲戚都以为他死了,有一次来找,他也没想到就找到了。去年他到中国这边过的春节,他一个人来的,我们没有来。(CXP,

2017-03-27）

这位同学说他的爷爷是中国人，在很小的时候就来到老挝，长大后在老挝有了家庭，但是没几年就去了美国。他对爷爷的印象并不深刻，因为爷爷是 3 年前才回到老挝，然后找到了在中国的亲人，也只有爷爷见过中国的亲人。所以，他们一家对中国的亲戚都不了解。在后面的访谈中，他谈到，虽然爷爷是中国人，但自己来中国学汉语是因为自己的爱好：

> 我们也过春节。一般是奶奶带我们过……因为我们不知道春节怎么过，爸爸也没有来过中国。他还是觉得中国很好，每天都看中国节目，他说一定要学好汉语，因为每个国家都有中国人，学会了汉语可以找到好的工作。在我们那边可以当翻译，也可以当导游，中国人进（到）我们老挝那边挺多的……（CXP, 2017-03-27）

另一位学生的爷爷也是中国人，但是她的爷爷奶奶都已去世。她仅仅知道自己的祖辈中有中国人：

> ZX：我听妈妈说爷爷是中国人。他来老挝做生意。
>
> 研究者：你的爸爸妈妈是一直都在老挝吗？
>
> ZX：是的。
>
> 研究者：你从你的爸爸妈妈口中了解过你爷爷的故事吗？
>
> ZX：只是说，我的爷爷身材高大，不太爱说话。
>
> 研究者：你见过你的爷爷吗？
>
> ZX：看过照片。
>
> 研究者：你的爸爸妈妈经常说起你爷爷吗？
>
> ZX：说过。
>
> 研究者：都说过一些什么事情呢？
>
> ZX：他们只说我爷爷是从中国过来的，也是中国人，但是不知道是哪里的，因为爸爸妈妈不会说汉语，也听不懂。（ZX, 2017-03-28）

这两位同学虽然祖辈都是中国人，但是祖辈对他们的影响都很小，他们的父母也都不会说汉语。在家中与祖辈和父母交流，都是用老挝语或者民族语言。

另外一位同学 LZQ 的爸爸是中国人，LZQ 从小上双语学校，在老挝的时候就学过汉语。但是，他的汉语说得仍然不太好。他说，在家里父母都是用老挝语交流，而且爸爸有自己的公司，经常说的也是老挝语，只是偶尔讲汉语。因为自己想来中国上学，但是汉语太差，父母才送他来这里学汉语：

> 我爸爸是四川成都人。他 20 多岁的时候去老挝工作。在家里我们都说老挝话的。我们会到中国来，去过四川，放假的时候去过。在四川有奶奶、大姨妈、小姨妈等亲戚，她们都有儿子，我们的关系很好。我们不经常回去，我也就去过 3 次，我觉得那里比我家这边更好……（LZQ，2017-03-29）

在老挝籍学生家庭与中国的联系中，还有一种是跨境婚姻。老挝人与中国人通婚，一般是中国人到老挝去做生意，认识了老挝当地人，结婚后回到中国生活。但是，这些人中也有留在老挝继续做生意的。MLD 的母亲就是再婚，她的继父是中国人，母亲随继父在中国生活，而自己和弟弟留在老挝，和外公外婆生活在一起。

> 现在我妈嫁给了中国人，他们生活在中国的安徽。我没有去过，但是我打算 7 月份毕业以后就去办签证，去看望她。（MLD，2017-03-30）

总之，虽然一部分老挝籍学生在血缘或者亲戚关系上与中国人有渊源，但是由于他们一直生活在老挝，缺乏联系，对中国的亲戚并没有什么了解。

（二）半数以上老挝籍学生来自农民家庭，父母重视子女学习

1. 近六成的老挝籍学生父母为农民，文化程度低

多数老挝籍学生来自农民家庭，其次是做生意的商人家庭。从总体上

看，父亲的职业比母亲的职业更加多样化，但是两者中农民均占大多数。老挝籍学生的父亲职业为农民的占 56.0%，母亲职业为农民的占 59.2%；其次是商人，父亲职业为商人的占 16.0%，母亲职业为商人的占 22.4%；还有少数老挝籍学生的父母是专业技术人员或公职人员。（见表 3-35）

表 3-35　M 县职业中学老挝籍学生父母的职业情况

	职业	农民	工人	商人	教师	公务员	没有工作	医生或律师	军人（当兵）	缺失	合计
父亲	人数	70	7	20	5	8	8	4	2	1	125
	百分比	56.0%	5.6%	16.0%	4.0%	6.4%	6.4%	3.2%	1.6%	0.8%	100%
母亲	人数	74	3	28	2	3	12	0	0	3	125
	百分比	59.2%	2.4%	22.4%	1.6%	2.4%	9.6%	0	0	2.4%	100%

老挝籍学生父母的文化程度方面，父亲的文化程度是小学的有 53 人，占 42.4%；上过高中或中专的有 27 人，占 21.6%；上过大专及以上的有 13 人，占 10.4%。母亲的文化程度是小学的有 61 人，占 48.8%；上过高中或中专的有 18 人，占 14.4%；上过大学的有 3 人，占 2.4%。从总体上看，老挝籍学生的父母"从未上过学"的比例较小。（见表 3-36）

表 3-36　M 县职业中学老挝籍学生父母的文化程度情况

	文化程度	从未上过学	小学	初中	高中／中专	大专	本科及以上	缺失	合计
父亲	人数	13	53	12	27	6	7	7	125
	百分比	10.4%	42.4%	9.6%	21.6%	4.8%	5.6%	5.6%	100%
母亲	人数	22	61	14	18	0	3	7	125
	百分比	17.6%	48.8%	11.2%	14.4%	0	2.4%	5.6%	100%

2. 老挝籍学生家庭经济条件较差，生活负担重

在老挝籍学生的家庭经济来源上，47.2% 的学生家庭经济来源是种田，31.2% 的家庭经济来源是做生意，11.2% 的家庭经济来源是打工，其他经济

来源的学生家庭占 3.2%。（见表 3-37 ）

表 3-37　M 县职业中学老挝籍学生的家庭经济来源情况

家庭经济来源	种田	做生意	打工	其他经济来源	缺失	合计
人数	59	39	14	4	9	125
百分比	47.2%	31.2%	11.2%	3.2%	7.2%	100%

　　总体而言，到 M 县职业中学学习的老挝籍学生，大部分家庭经济状况都不宽裕。来自老挝北部丰沙里、川圹、南塔的高山地区的学生家庭条件较差，这些地区的老挝人多以种植水稻、玉米等农作物为生，收入不高，家庭负担较重，因而学生在学校的生活比较节俭，他们会在假期打工来支持自己的学习，以减轻家庭的负担。当然，也有少数学生的家庭较为富裕，这些学生的父母做生意，或者在城里开店，或者在政府部门任职。

　　老挝的普通教育分为小学教育和中学教育，一般为小学教育 5 年，初级中学 4 年，高级中学 3 年。[①] 老挝的高中及以下阶段不交学费，但是大学的学费很昂贵，一般的农村家庭难以负担多个孩子上大学的学费，所以年长的哥哥或姐姐在高中毕业后会先去打工，分担弟弟妹妹的学费和生活费。例如，来自南塔省勐醒的一位老挝籍学生 LX，已工作数年又进入学校学习汉语。虽然他具有工作经历，但存款较少。他自己缴纳了入学第一年的学费，第二年的学费则由父母承担：

　　　　我家有八口人,两个姐姐,一个哥哥,还有两个妹妹……我哥哥高中毕业了,那时候没钱,我哥哥也没有去读大学……我们家孩子多,父母也没工作,只是种地的,养我们长大、供我们读书很辛苦……像我的姐姐,也是读了高中没有去上大学。我们最小的妹妹,她去读了大学,因为她是最小的一个,就怕她吃苦,就让她读大

---

　　① 李泉鹰等编：《东盟教育政策法规》，广西师范大学出版社 2015 年版。

学……我第一次打工是去万象，帮人家洗头发，那时候一个月的工资是80万老币，我在那里干了5个月，每个月都要给我妹妹50万老币，大概是400块钱的人民币，所以我自己留的很少。来这里第一年的学费是自己出的，因为我上班也留了一些钱，第二年是我爸爸妈妈给的。现在就是全都靠我爸爸妈妈。（LX，2017-03-27）

有部分学生在假期会通过兼职翻译工作支持自己的学习。在访谈中，有学生就明确表示自己的生活费很紧张，因为家里只能负担一半的费用。例如，YP的家里兄弟姐妹很多，父母都是农民，对于他学习汉语，父母只能提供部分支持。他表示自己曾经打算退学，但是班主任劝他继续上学，希望他完成最后一个学期的学习，并鼓励他通过5月份的汉语水平考试：

研究者：你一个月大概花多少钱？

YP：500，人民币500元。

研究者：你的生活费是家里给的吗？

YP：他们没有给，我自己出的生活费，节约一点儿。

研究者：你的学费是家里人给你交的吗？

YP：一半自己交，一半爸爸交。

研究者：你自己会出去打工挣钱，是吗？

YP：我去琅勃拉邦做生意，也做翻译，他们那边修电站，我去翻译。

研究者：你假期回去都是做翻译吗？

YP：对，这学期我本来不想来了，但是D老师打电话劝我来，还有两个月就（毕业了），他就劝我来读完。（YP，2017-03-28）

另外，部分学生的家庭条件比较宽裕。来自沙耶武里的DY同学和他的弟弟、表弟都来学习汉语，父母每个月给他们三兄弟4000元生活费。

我爸爸妈妈都在××厅（笔者匿名处理）工作，他们是副经理。我跟弟弟还有表弟都来这里学汉语。他们也很关心（我们学汉语的情况），每个月都给我们3个4000块钱生活费。（DY，2017-03-29）

来自南塔勐醒的LFY同学，虽然家里是种地的，但是父母有橡胶地，在经济上并不困难。他说：

现在生活费一个月是2000块，够用的。没有经济压力，现在比以前更好了。家里的收入我也不知道，现在还没有割胶，要到7月份才开始，割到10月份……（LFY，2017-03-30）

3. 老挝籍学生的父母重视子女学习情况

大部分老挝籍学生认为父母重视自己的学习，关心汉语学习情况。对于"你的父母重视（关心）你的学习吗？"这一问题，选择"非常重视（关心）"的有104人，占比83.2%；只有6.4%的父母对孩子的学习持"一般"态度。说明老挝籍学生的家长都非常重视和关心孩子的汉语学习情况。（见表3-38）

表3-38　"你的父母重视（关心）你的学习吗？"

重视（关心）程度	非常重视（关心）	比较重视（关心）	一般	缺失	合计
人数	104	7	8	6	125
百分比	83.2%	5.6%	6.4%	4.8%	100%

在与老挝籍学生的访谈中，学生都表示父母非常关心自己的学习：

在我十一二岁的时候，我们搬去了万象，在万象住了三年，在那里也有地，后来到了勐醒这边。我自己在万象住了五年，我跟舅舅在学习。爸爸妈妈送我们去读书……在万象那边学习，要毕业了，妈妈又搬过来。妈妈要割胶，他们的胶在那边。爸爸妈妈也关心我的学习,他们给我交学费,特别是我爸爸,他从小就没有爸爸妈妈,是他大哥把他养大的。妈妈也只上过小学,但是他们也很厉害,只学三五年,现在老挝字他们也会读会写。他们很关心我,每天我们都联系,通过微信或者 Facebook,他们就说女儿你在那边好好读,会问我的汉语怎么样啊,考试成绩怎么样啊。（LMY, 2017-03-28）

爸爸妈妈是非常关心、非常重视我们学习的,他们也很支持。现在一两天就给他们打个电话,因为很想他们。他们也很关心我的汉语学得怎么样,会问学习成绩怎么样,最近学习状态好还是不好。比如说我们放假回家的时候,爸爸妈妈都会问这个东西或者这种动物用汉语怎么说。（YHN, 2017-03-30）

爸爸妈妈都很关心我的学习,怕我学不好。现在和爸爸妈妈的联系比较多,一两天就打电话,他们都很关心我们的汉语学习情况,爸爸让我们一起毕业（和哥哥一起来学汉语）,叮嘱我们一定要把汉语学好。（YS, 2017-03-31）

老挝汉语班学生的家长都非常重视子女的学习。他们出于对子女未来生活的考虑,把孩子送到 M 县来上学,希望下一代能有更好的生活。在与学生们的谈话中,他们也说到父母不放心自己在国外生活,M 县离家比较近,往来比较方便,所以才选择到 M 县而不是到别的地方去留学。

（三）受教育经历：老挝籍学生以高中毕业生为主，来华目的是学习汉语

M 县职业中学初期的招收对象是老挝国家单位的委培生，但是这些委培生大多年龄偏大。随着来华学习汉语转为自发自费，现在学校的老挝籍学生大多为高中毕业生，年龄集中在 17—18 岁。M 县职业中学的老挝籍学生，上过 12 年学的占 75.2%，上过 13 年学的占 6.4%。（见表 3-39）

表 3-39　M 县职业中学老挝籍学生来华前的受教育年限情况

年数	9 年	10 年	11 年	12 年	13 年	14 年	15 年	16 年	17 年	18 年	缺失	合计
人数	8	3	1	94	8	1	2	3	1	2	2	125
百分比	6.4%	2.4%	0.8%	75.2%	6.4%	0.8%	1.6%	2.4%	0.8%	1.6%	1.6%	100%

调查发现，来华的老挝籍学生中，81.6% 的学生拥有高中文凭，仅 0.8% 的学生获得专科学历。（见表 3-40）

表 3-40　M 县职业中学老挝籍学生来华前获得的文凭情况

文凭	高中	专科	缺失	合计
人数	102	1	22	125
百分比	81.6%	0.8%	17.6%	100%

一些老挝籍学生表示，自己学习汉语的目的非常明确——为了能找一份好工作：

> 我的爸爸妈妈都关心我的学习的,他们经常说要好好学习,要努力学习,因为现在社会最看重能力。找工作就是看能力强不强,学不好就很难找到工作……（AZ, 2017-03-29）

M 县职业中学的一位校领导曾提到，一些学生到该校学习是为了打好汉语基础，以便到我国内地去上大学：

> 我们学校……很多（生源）其实就是口碑效应来的,基本都是我们学校的学生介绍来的。……他们都要把他们的弟弟妹妹送来我们学校两年打基础,然后再去别的学校。老挝一些公职人员家庭也一样,他们（把孩子）送到我们学校来打基础,然后再申请奖学金,再送到北京、上海去。因为他们知道我们抓得比较严,大学老师不会像我们管得那么严……（HXL, 2017-03-27）

（四）清晰的身份认知：自发来华的老挝籍自费留学生

老挝籍学生到 M 县职业中学学习汉语必须要有边境出入证，而办理边境出入证需要户口本和身份证，且需在老挝国内办理。因此，能够来 M 县职业中学上学的学生都是身份证、户口本和过境证（边境出入证）三证齐全的学生。老挝籍学生对自己是"老挝人"有着清晰的身份认同。访谈发现，多数老挝籍学生对自己的国家具有较高的认同感。

> 我是 LY，我的家在老挝川圹，作为一名老挝人，我觉得很骄傲。我也喜欢让别人知道我是老挝人，当其他人说老挝不好时，我会觉得生气，因为这种话不好听。（LY，2017-03-27）

> 我是一个老挝人，我也愿意做一个老挝人，不知道怎么说原因，反正我就是喜欢老挝。（WDW，2017-04-01）

来华学习汉语的老挝籍学生在老挝完成了初中、高中教育，对老挝非常熟悉和了解，认为在老挝生活会更自在。如一位学生所言，"我喜欢老挝，因为老挝历史悠久，有很多的地方可以去旅游。"也有同学表示，自己从出生开始就在老挝，而且爸爸妈妈也在老挝，所以喜欢老挝。

在访谈中，当问及"你觉得自己是一个 XX（民族）人还是老挝人"时，绝大多数老挝籍学生都毫不犹豫地回答自己是老挝人。

> 我是一个老挝人，因为我们的祖国是老挝。（YHN，2017-03-31）

> 我们是老挝人，但民族是苗族。我们来中国留学，中国人不知道我是苗族，就知道我是老挝人。（LX，2017-03-29）

> 我们是老挝人，我们去读书都是讲老挝语，苗语只是我们自己知道。（LC，2017-03-31）

老挝籍学生对自身的老挝国民身份具有非常清晰的认知，而且国民身份认同高于民族认同，国民意识较强。老挝国内民族关系和谐，国民教育普及程度高，不少老挝籍学生表示，虽然老挝经济发展缓慢，但他们都喜欢老挝。如一位学生说，"我喜欢老挝，因为老挝是我们的祖国，我的爸爸妈妈、朋友都在那边……"。

（五）出入境频率：从正式国门来华，往返不频繁

由于中老两国被高山阻隔，连接两国的最重要通道——磨憨（磨丁）口岸几乎是这些学生往来中国的唯一通道。M 县城距离磨憨口岸 40 千米，与老挝的磨丁口岸对接，是中老之间唯一的国家级口岸，也是中老最重要的往来通道。站在狭长的磨憨小镇上可以看到，口岸两边都是高山，磨憨口岸位于两山之间的低矮位置，如同一个布袋口。因此，这里的边民包括老挝籍学生都用"进"和"出"来描述他们往返边境的日常活动。（在缅籍学生的日常交流中，常用"那边"与"这边"来形容中缅两侧，如"这边比较好，那边不太安全""去那边，来这边"。）

由于 M 县地处边境，且与老挝北部五省接壤，老挝籍学生来中国只需要在老挝边境口岸办理出境证。到学校后，学校统一办理居住证。入学手续简单，学生在办理证件方面很少遇到困难。M 县职业中学老挝班班主任 ZJZ 介绍：

> 因为我们 M 县和老挝的北部五省接壤，他们主要就是要办一个出境证，再在中国这边办一个居住证，一年期的，然后他就可以过来这边读书了。这些证件都是学校统一给他们在公安局的外管科备案办理，一年到期后再重新去签。（ZJZ，2017-03-27）

在 M 县学习汉语的老挝籍学生大多数来自与中国接壤的老挝边境地区，但是也有部分学生来自老挝中部。从 M 县职业中学学生的生源来看，在接受问卷调查的 125 名学生中，家在口岸附近（磨丁）的学生仅有 3 人（2.4%），其余学生的家都离得较远。部分学生周末住在学校，只有重要节日（如泼水节）和寒暑假才回老挝，部分离家较远的学生甚至节日也不回去，只有寒暑假才回去。（见表 3-41）

表 3-41　M 县职业中学老挝籍学生生源地统计表

生源地	南塔	万象	波乔	琅勃拉邦	川圹	沙耶武里	乌多姆赛	磨丁	丰沙里	会晒	孟赛	缺失	合计
人数	28	27	24	15	10	6	5	3	2	2	1	2	125
百分比	22.4%	21.6%	19.2%	12.0%	8.0%	4.8%	4.0%	2.4%	1.6%	1.6%	0.8%	1.6%	100%

另外，在读学生中，只有 1 位学生的父母在中国，其余学生的父母都在老挝。而且，这些学生来 M 县职业中学学习汉语之前，从未到过中国。当问及学生在学校都办理过什么手续时，许多学生都说不需要什么手续。

> 我们来这里读书,因为这里离老挝比较近,其他都没有办理,只需要过境证。过境证就是在磨憨口岸那边办的,好像六个月要换一次……（YHN, 2017-03-30）

> 只要有过境证就可以来这里读书,我的过境证是在勐满那边办的,我的过境证换了两次了,一年换一次……（LFY, 2017-03-30）

在 M 县职业中学学习汉语的老挝籍学生大多数是老挝的高中毕业生。这些学生以老挝北部地区的跨境民族居多，但是也有部分学生来自老挝中部地区。整体而言，其民族语言及饮食习惯与我国边境少数民族略有差异，学生除了会讲本民族语言，一般也会讲老挝语。另外，部分学生家庭与中国有渊源，但几乎没有联系。

首先，从家庭因素来看，老挝籍学生大多来自普通农民家庭，家庭经济较为拮据，生活节俭，但也有部分学生家境优越，生活费充裕。老挝籍学生的父母文化程度不高，但他们非常关心子女的学习，与子女经常保持联系并督促他们学好汉语。

其次，老挝高中及以下阶段的普通教育免费，而大学学费昂贵。部分学生在高中毕业后，出于就业、升学（留学）、经商的需要，选择到 M 县学习汉语。他们选择到 M 县而非其他地方的主要原因在于 M 县比较近，学校管理严格，教学质量好。

最后，来华学习汉语的老挝籍学生清晰地知道自己是老挝人，有着清晰的国家认同。他们通过正式的边境口岸（磨丁—磨憨口岸）进入中国，只有在重大节日或寒暑假才往返边境，往返边境的频率不高。

四、中越边境地区越南籍学生群体现状

云南普洱市江城县，红河州绿春县、金平县、河口县，文山州马关县、麻栗坡县、富宁县等县市与越南社会主义共和国接壤，中越边境线长约 1353 千米。广西壮族自治区那坡县、靖西市、大新县、龙州县、凭祥市、宁明县、东兴市等 8 县 / 市与越南社会主义共和国接壤，边境线长约 1020 千米。在漫长的中越边境线上，生活着哈尼族、瑶族、苗族、壮族、布依族等跨境民族，他们有相同或相似的风俗习惯，有频繁的经济贸易往来，也有一定的文化教育交流等。本部分通过对云南金平县、麻栗坡县、富宁县，以及对广西那坡县、靖西市、龙州县、凭祥市、宁明县进行实地调研，根据所收集到的资料，描述越南籍学生在中越边境义务教育阶段学校和中等职业技术学校就读的基本情况。

（一）义务教育阶段就读的越南籍学生都是跨境婚姻家庭子女

2016—2017 学年，笔者对云南金平县、麻栗坡县、富宁县，以及广西那坡县、靖西市、龙州县、凭祥市、宁明县进行了实地调研，本部分依据调研结果，从越南籍学生的就读人数和学段分布、民族构成、家庭经济来源、是否为随母跨境婚姻家庭子女等方面进行描述，介绍越南籍学生在我国的就读情况。

1. 在华就读的越南籍学生均为长期定居我方的跨境婚姻家庭子女

结果显示，对于"是否为随母跨境婚姻家庭子女"这一问题，选择是"随母跨境婚姻家庭子女"的学生共 132 人，占 99.25%；选择"非随母跨境婚姻家庭子女"只有 1 人，占 0.75%。（见表 3-42）可见，这些越南籍学生几乎都是随母亲嫁入中国的跨境婚姻家庭子女。

表 3-42　2016—2017 学年越南籍学生"是否为随母跨境婚姻家庭子女"统计情况

	非随母跨境婚姻子女	随母跨境婚姻子女	合计
人数	1	132	133
百分比	0.75%	99.25%	100%

由于我国边境地区跨境婚姻的特殊性，[①] 这些孩子没有户籍、学籍。西南边境地区跨境婚姻多为事实婚姻，没有在我国相关政府部门登记。在我国的法律制度下，没有办理结婚登记的婚姻，得不到我国政府的承认和保障。相应地，其子女在户口、教育、生活等方面会受到严重影响。随母亲来到中国的非婚生子女难以落户，无法获得学籍（中缅、中老边境的跨境婚姻家庭非婚生子女也是如此）。调查发现，多数边境县的教育主管部门都允许这些孩子入学，为其办理临时学籍号，这些孩子也同等享受义务教育阶段学生的"两免一补""营养改善计划"等待遇。但是，各县情况不一。在云南省富宁县就读的越南籍学生，由于没有户口，不在国家"两免一补"政策和营养计划的统计范围，不能享受中国学生的补助。[②] 总之，这

---

① 由于跨境婚姻审批程序不健全、边民不了解相关政策等原因，边境地区很多事实上的跨境婚姻并未到我国相关部门登记，未得到我国法律的认可，嫁入中国的越南妇女及随母亲来到中国的孩子都不能在我国落户。

② 依据为调研收集的资料，富宁县外籍学生分析报告。

些孩子在我国的升学、就业等方面均会受到限制，这是西南地区跨境婚姻家庭面临的普遍问题。

2. 在华就读的中越跨境婚姻家庭子女人数不多，集中在小学阶段

2016—2017 学年，云南金平县、麻栗坡县、富宁县，以及广西那坡县、靖西市、龙州县、凭祥市、宁明县的义务教育阶段共有越南籍学生 133 人；各边境县之间人数差距较大，云南边境三县的越南籍学生数量远超过广西边境五县（市）。其中，云南麻栗坡县越南籍学生人数最多（74 人），其次是云南金平县（28 人）、广西龙州县（14 人）、云南富宁县（9 人）、广西凭祥市（5 人）、广西靖西市（3 人）；广西那坡县和宁明县没有越南籍学生在读。（见图 3-4）

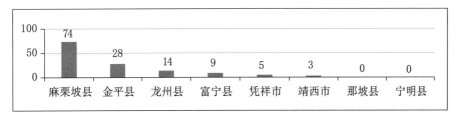

图 3-4　2016—2017 学年中越边境 8 县越南籍学生在读人数统计图

调查发现，越南籍学生主要集中在小学阶段。在 133 名越南籍学生中，小学阶段有 125 人，初中阶段有 8 人，且这 8 人都集中在云南麻栗坡县。

3. 在华就读的中越跨境婚姻家庭子女主要来自我方普通农民家庭

从家庭情况来看，从事农业生产、靠务农为生的越南籍学生家庭占比最高，为 95.49%，其次是以经商为主的家庭，占比 2.26%。（见图 3-5）与此同时，调研发现，该地区越南籍学生的父母主要以打零工、砍甘蔗为主要工作，收入微薄。

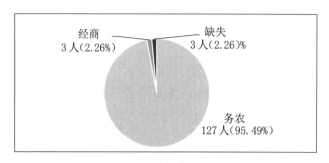

图 3-5　2016—2017 学年越南籍学生家庭经济来源统计情况

4. 在华就读的中越跨境婚姻家庭子女几乎都是跨境民族

2016—2017 学年，在华就读的越南籍学生民族构成主要为苗族、瑶族、哈尼族、汉族、壮族、彝族、傣族、京族、拉祜族和布朗族（部分学生民族信息缺失）。其中，苗族人数最多，占 48.87%，其次是瑶族，占 23.31%，哈尼族占 6.77%，汉族占 4.51%，壮族和彝族均占 2.26%。（见表 3-43）可见，在我国就读的越南籍学生以苗族、瑶族两个跨境民族为主。

表 3-43　2016—2017 学年中越边境云南三县和广西五县学生民族分布情况

民族	苗族	瑶族	哈尼族	汉族	壮族	彝族	傣族	京族	拉祜族	布朗族	缺失	合计
人数	65	31	9	6	3	3	1	1	1	1	12	133
百分比/%	48.87	23.31	6.77	4.51	2.26	2.26	0.75	0.75	0.75	0.75	9.02	100

（二）中等职业学校就读的越南籍学生：均通过官方渠道来华学习汉语

云南、广西的中等职业学校，也有部分越南籍学生在读。本部分主要介绍广西两所职业中学的越南籍学生就读情况。

1. 广西 J 市职业中学越南籍学生就读情况

J 市是广西壮族自治区百色市下辖的一个边境县（县级市），南边与越南、重庆山水相连，边境线长 152.5 千米，该县仅有一所职业中学——J 市职业中学。为全面贯彻落实中越两国"睦邻友好、全面合作、长期稳定、面向未来"十六字方针和"好邻居、好朋友、好同志、好伙伴"四好精神，不断加强双方教育领域的合作，自 2014 年以来，J 市与越南高平省就 J 市职业中学开展中越双语培训合作达成了共识：一是开设中文培训班，每年一个班，每班 20 至 30 人，学制 1 年，毕业后颁发结业证书；二是开设中专学历班，其中，初中毕业起点班学制三年，高中毕业起点班学制一年；三是开设大专学历班，分为中专班直升和高中毕业起点班两类，学制三年。① 该校的学历班自 2016 年起开设，可与高职顺利对接，即学历班学生毕业后，可升入高一级学校继续进修。

虽然广西教育厅大力支持该校与越南开展教育交流合作，并制定各种奖励和支持政策，但该校越南籍学生数量并不多，根据学校管理者的介绍，其原因主要在于两个方面：一是该校主要与越南高平省对接，该省人口基数小，来华留学生数量不多；二是越方教育部门对教育交流并不热心。因此，该校的实际招收人数远远少于预计招收人数。2016 年，该校的中文培训班预计招收 50 人，实际招收 17 人；学历班预计招收 100 人，实际招收 13 人。

2. 广西 P 市职业中学越南籍学生就读情况

P 市作为广西壮族自治区 8 个边境县（市）之一，西南与越南接壤，边境线长 97 千米。P 市职业中学根据市场的需求与越南联合办学，开设了重点专业——商务越南语专业，招收我国学生学习越南语，还与越南的河内大学、胡志明市国家大学、谅山高等师范专科学校等五所大学合作办学，双方互派学生开展见习、实习活动。P 市职业中学的商务越南语专业主要有

---

① 靖西市教育局：《近 5 年来跨国教育互动情况报告》，2017 年 8 月 22 日。

三种学制类型：第一种是 1 年制，招收高中起点（包括中专、大专）的学生，先在该校学习半年，然后去河内大学留学半年；第二种是 3 年制，招收初中毕业的学生，先在该校学习两年，然后在第五个学期去河内大学留学，并在第六个学期开展顶岗实习；第三种是 2+2 的 4 年制，招收高中起点的学生，先在该校学习两年，然后去河内大学学习两年。

该校主要有两类越南籍学生：一是中文班学生；二是越南谅山高等师范专科学校前来见习、实习的学生。据校长介绍，在校越南籍学生中，京族比例较大；在性别上，女生占了多数，男生相对较少；年龄跨度较大。中文班学制为 1 年，主要招收越南初中毕业的学生，零起点学习中文。虽然中文班已经开办多年，但人数并不多。例如，2016 年只有 10 余名学生；2017 年下半年只有 30 多名学生。在访谈中，该校校长介绍，越南籍学生大规模来中文班学习的情况不大可能出现。

越南谅山省将汉语作为第一外语，谅山高等师范专科学校与广西师范学院和 P 市职业中学都进行合作办学，谅山高等师范专科学校二、三年级的学生可自愿选择到我方两所学校见习、实习。P 市职业中学和谅山高等师范专科学校还采用 2+1 合作办学模式，定期互派学生开展见习、实习活动。其中，越南籍学生按年级不同，分派到 P 市职业中学见习、实习。二年级学生于四五月份到 P 市职业中学开展为期两周的见习活动，三年级学生则会开展为期两月的实习。希望通过见习、实习活动的开展，提高学生的汉语口语水平。不过，总体来说，双方教育交流的学生规模不大：在 2017 年，P 市职业中学只有 20 多人去往谅山高等师范专科学校，而谅山高等师范专科学校来 P 市职业中学实习、见习的学生数量也较少：第一批为 13 人，第二批为 11 人。

需要说明的是，上述交流及学习，都是通过官方渠道开展的，即经过双方政府部门的审批。上述学校都没有自发来华上学的越南籍学生。

综上所述，2016—2017 学年，云南省金平县、麻栗坡县、富宁县，广西壮族自治区那坡县、靖西市、龙州县、凭祥市、宁明县的义务教育阶段共有越南籍学生 133 人。这些学生都属于长期居住在我国一侧的中越跨境婚姻家庭子女，他们随母亲来到我国边民家庭，并申请就近入学。在 133 名学生中，小学阶段有 125 人，初中阶段有 8 人，且这 8 人都集中在云南省麻栗坡县。这些学生几乎都是跨境民族，以苗族、瑶族两个民族为主。这些跨境婚姻家庭主要以打零工、砍甘蔗为主要经济来源，收入微薄。由于我国边境地区跨境婚姻的特殊性，这些孩子没有户籍、学籍，他们今后的升学、就业都会受到限制。不过，在义务教育阶段，当地教育主管部门一般允许其入学。除个别县外，这些孩子同等享受我国义务教育阶段学生的"两免一补""营养改善计划"等优惠政策。中越边境地区的中等职业学校也有少量越南籍学生在读，而且都是通过官方渠道正式来华学习汉语的。

第四章　西南边境地区学生
流入动因阐释

本章从流入学生及其家庭的视角，倾听当地人的声音，阐释学生流入的动因并比较不同国籍学生流入动因的差异。

一、缅籍学生流入：跨境民族惯常跨界
交往生活逻辑的自然延续

中缅边境地区缅籍学生流入现象，并非一般意义上的来华留学。缅北边民与中国边民血脉相连、心理相通，文化认同根深蒂固，而且跨境民族同宗同源、同语同俗，一直友好往来、互通有无。两侧边民基于同源文化和共同的生活空间，形塑了一个不同于国家地缘政治边界的"无隔阂"的文化心理边界。缅籍学生流入我方学校，是两侧跨境民族惯常跨界交往生活逻辑的自然延续。

（一）同源文化交往中跨越边界的惯常性和边界认知的模糊性

中缅两侧边民跨界交往的惯常性，以及同源文化的亲近感，使得他们

的边界意识呈现出模糊性。

1. 中缅两侧边民跨越边界的惯常性

"文化是民族身份的标识，是族群归属的纽带，是人们生活、生产方式的综合体。"[1] 就文化的同质性而言，分布在不同国家的跨境民族，一般也属于同一文化圈，这是跨境民族具有深层内聚力的根本原因。[2] 西南边境地区的跨境民族是国家边界划分及围绕边界划分所发生的历史事件导致的。[3] 国家间边界的划分，使原本的同一民族分属于两个国家，但长期以来形成的民族情感和文化纽带并不会轻易解构和消失。根同源、语同脉的同源文化以及大致相同的生活空间，尤其是历史上的血缘和延续至今的姻亲关系，使得人们的国界意识模糊，对两侧边民为"同一民族"的认识却非常清晰，边民在民族认同的基础上保持着来往和互动。整体而言，中缅两侧边民的跨界交往可以归纳为拜亲访友和生计交往两大类。

首先是拜亲访友。中缅两侧不少边民有着亲戚关系，双方交往密切，相处非常融洽。即便两个寨子相隔一定的距离，也没有阻碍他们之间的交往。例如 M 市教育局一位科室负责人表示：

> 我们一直在说，我们两边的边民都是一个民族，都是一家人。有的可能是亲兄弟或堂兄弟……那边的亲戚我也有，我的侄儿、侄女，我的兄弟……都在那边，我的两个兄弟都是这样的。亲堂兄弟也在缅甸。后来，有一个年龄小一点儿的来这边读书，办了身份证，也在这边安家落户了。他两个兄弟后来也来这边，就（年龄）大一点儿，读了几年书就不读了，也没办身份证……他们都是我大爹家的儿

---

[1]　和少英等：《云南跨境民族文化初探》，中国社会科学出版社 2011 年版，第 28 页。

[2]　同上书，第 41 页。

[3]　何跃：《非传统安全视角下的云南跨界民族问题》，《云南民族大学学报》（哲学社会科学版）2006 年第 5 期。

子,都是一家人嘛,只不过他们住在缅甸那边。两边……包括景颇族也好,傣族也好,好多边民都是一家人……那边有事一通知这边的亲戚就去了,这边有什么事他们的亲戚就回来了。还有,那边一打仗他们就过来了,都是投亲靠友,不需要政府提供援助。他们都是附近交往多的,都是有亲戚朋友的,直接过来投靠,还是有序地过来。(MZKZ,2016-05-03)

这位工作人员由于自己的至亲在"那边",加上近年来"那边"经济发展滞后且战火连连,因此,基于"都是一个民族""都是一家人"的个人情感,他对缅籍学生来华上学持非常支持的态度,认为应该接收这些孩子到学校中学习。

中缅两侧边民为同一民族,双方交往比较频繁,关系比较融洽。正如L县ML小学的校长所说:

边界那边是傣族……边界这边大部分也都是傣族,边民比较熟,相处比较融洽,互相交往频繁,把娃娃送过来的也多。他们这些寨子里的人,还是处得比较好的,像拱撒还把他们酿的酒送过来,大米这些也都是互相交流着的……这些亲戚来往比较多,在做客的时候,很多缅甸亲戚都会来,那边的人和中国这边的人像一个寨子的人一样。(CXZ,2016-12-01)

M市教育局一位科室负责人也表达了类似的看法:

国境线两侧的边民……原本是一个寨子一个民族的人,没有国家与国家之间的区别,后来才划开了……而且我们中国这些年的发展(较快),缅甸那边就相对发展滞后……很多附近的地方(指边境两侧靠近边界的地带——笔者注),很多长辈也认识。芒海这边就是一河之隔,语言相通,习俗一样……就像我们瑞丽的寨子一样,没有国界都没办法区分的。芒海那边就是典型的"一寨两国",它就是一个寨子,一个小坝子,中间就把它划界了……其实原本没有这个

概念的,就是发展当中他们落后了。(MZKZ, 2016-05-03)

当地人认为,两侧边民一直村寨相连、交往频繁,虽然国界线将同一个民族或同一个大家庭的人划分在两个国家,但实际的生活范围却无法限定在国界之内。

其次是生计交往。两侧边民除了因亲戚关系、朋友关系互相往来,也因务工、经商等活动交往密切。在边境地区,会看到不少缅北边民在我方境内打工或做生意;同样,我国也有很多边民在缅甸务工或者做生意。

> 他们来这边(中国)发展空间更大,年轻人可以打工赚点钱。
>
> 这边(中国)过去那边(缅甸)的也多,例如,去种西瓜,因为他们那
>
> 边的田很肥沃,土地的租金又便宜,人力也便宜。所以,好多人都去
>
> 那边种西瓜了,租上几百亩地种西瓜。(CYX, 2016-05-05)

在边境地区走访发现,缅甸来华人员主要集中在餐饮、货运等行业,中国边民则多去缅方一侧种植甘蔗、西瓜等,待成熟以后,再运回中国市场销售。边民频繁往返于边界两侧。

综上所述,在中缅跨境民族地区,基于亲缘和血缘的惯常性交往互动,以及基于生计的交往互市,已经成为两侧边民生活中不可缺少的一部分。这种跨界交往维系着边界两侧边民的生活和生产活动,构建了边境地区独具特色又被认可的特殊交往氛围。在此氛围下,国门和边界更多的是两侧跨境民族日常生活交往的通道,未对边民的活动空间产生实质性区隔。

2. 同源文化交往下边界认知的模糊性

跨境民族之间原本同宗同族、同根同源,但由于生计或时局变迁出现了迁徙与分离,导致语言相同、文化相通的同一民族分居两国。中缅边境地区就是典型的跨境民族地区。由于缅北与下缅甸长期隔绝,缅籍学生对缅甸国情及文化知之甚少,而对中国文化非常熟悉。在 M 市边境学校就读的缅籍学生绝大多数为汉族,虽然在缅甸生活,但他们离缅甸的国家中心

区域相对较远，受到缅甸文化的熏陶和影响也相对较弱。在语言交流方面，这部分缅甸学生只会使用汉语或民族语言，而不会缅语。例如，在经过国门进出边境时，驻守在缅甸一侧的边防管理人员讲缅语，缅籍学生由于听不懂，比较害怕缅方边防管理人员；而中方一侧的边防士兵讲汉语，他们听得懂，并且中方不限制他们来华上学，因此心理上没有距离感。

滇西民族自治地区的一些傣族和景颇族村民就说："我们和那边说话都是一样的，没有什么区别"，"民族和国界没有什么关系吧，再说那边我们的人（指同一民族）比这边还要多"。[①] 可见，跨境民族对于政治上"国家"和"边境"的概念认识都比较模糊。M市的老师也说：

> 边民生活基本没有国家的区别，一条线就划分了，反正就是一个寨子，就是同一个民族……（YR，2016-05-06）。

（1）国门：一个交往通道

从地理位置和地形特征上看，生活在缅方一侧的跨境民族与我方一侧仅一河或一路之隔，出入境较为方便。在边境国门可以看到，往来于边境两侧的缅甸人，有的到中国边境市场购买生活用品，然后又从国门回到缅甸，还有的将缅甸的农产品拿到中国边境市场售卖；我方一侧的边民则会在做生意的间隙，"跨国"去吃午餐或晚餐，或者售卖生活用品。两侧边民跨界拜亲访友、经商打工也很常见。对他们而言，国门既是日常生活交往的通道，也是其子女来华上学的通道。

初二年级的WHH生活在缅甸，她家距离边境线步行仅需十多分钟，而且其家庭的日常生活用品等都从中国边境的超市和市场采购。因此，往返边境两侧是她们一家的生活常态：

> 我们买东西都喜欢来这里（中国边境），因为勐古（缅甸）卖肉的很少，所以来这里买东西的缅甸人多。（WHH，2017-10-26）

---

① 张志远：《云南及周边国家跨国非法移民的治理》，《云南行政学院学报》2017年第4期。

访谈的缅籍学生普遍反映，由于经常往返于边境两侧，他们对于进出国门已经习以为常。对于跨越边界到中国学校上学，他们并没有"出国"的感觉，而倾向于认为国门是自己上学的必经之路，是一个通道：

　　进出国门很正常,因为平时我们过来过去都很频繁。(CMY, 2017-10-24)

　　我第一次过来的时候,感觉怪怪的,干吗还要弄一个国门……从缅甸来中国,两边都是路,连着的,那个时候就在想弄个门干什么?(KCX, 2017-11-02)

　　……小时候来中国……感觉很激动。现在进出国门就很平常。要是没有什么事情我们就不越境,一直在(中国)这边。(XZC, 2017-10-30)

可见，在缅籍学生的生活和学习体验中，国门更多是作为物理通道而存在，是他们往返中缅两侧的必经之路。国家政治地理意义上的国门和边界，在缅籍学生这里并未产生地域区隔的作用。相反，对于他们而言，国门只是生活中一个必经的通道。①

（2）边界：入学的必经之路

边界代表着一种空间秩序和空间关系，是解读边境地区社会与文化关系形成过程的一个关键维度。②中缅两国在各自国门一侧都设有边防人员，对出入境的边民进行监督和检查，符合规定的边民准许其出入境，而对于不符合规定的边民则会限制其出入境。边民进出边境口岸时，需要办理正规的边民通行证，进出时需要登记，还要定期更换通行证。但是，规范的边防管理并不能将边民的活动限制在各自的国家边界之内。在2000多

---

①　殷丽华：《文化、边界与身份：云南边境地区缅籍学生跨境入学研究》，云南师范大学硕士学位论文，2018年。

②　唐雪琼、杨茜好、钱俊希：《社会建构主义视角下的边界——研究综述与启示》，《地理科学进展》2014年第7期。

千米的中缅国境线上，除了正式的边境口岸之外，还有很多民间的"边民便道"，在口岸关门之后人们便通过这些"边民便道"走夜路回家、探亲访友。日常生活中边民会采取就近原则，选择最近的路径往返边境两侧。边界上没有天然屏障，也没有人工隔离设施，边民在日常生活中很容易出现"前一只脚在中国，后一只脚在缅甸"的现象。

一般而言，缅籍学生都会从正式的国门入境。德宏州边防部门为跨境就读的缅籍学生提供"绿色通道"，学生在经过国门时只要身着校服或出示边防部门专门为其办理的"就学卡"即可顺利通过边检，不需要烦琐的程序。由于两侧边民延续至今的交往互动行为，以及常年往返于边界两侧，跨越边界对于缅籍学生而言没有新奇感，边界只是到中国边境学校读书的必经之路：

就直直的一条路，学校在这边，都是过来上课的。（YKJ，2017-10-25）

受地缘经济和地缘文化的影响，跨境民族在为子女选择读书的学校时，往往淡化国家边界的存在。[1] 对一些缅籍学生及其家长而言，中国边境地区的学校离他们更近，所谓的来华上学就是"就近入学"。可见，国家边界并未对他们的跨界实践产生阻隔影响。边境这一侧的中国近在咫尺，两侧边民同宗同族，没有国与国之间的区隔感。国家边界线在物质层面上是显性的、清晰的，而在意识层面则是隐性的、模糊的。[2] 这在缅籍学生跨境入学方面体现得更为明显。

与德宏州 M 市 M 镇九年一贯制学校邻近的国门出入境通道还在建设中，并未正式投入使用。目前，国门两侧的边民往来，主要通过正式国门侧面的一条土路。缅籍学生往返边境不需要复杂的过关手续，学校通常会统一为缅籍学生办理优先候检卡，方便缅籍学生进出国门。由于常年往

---

① 何跃：《云南省与周边国家跨境民族教育的兴起与发展》，《东南亚纵横》2010 年第 6 期。
② 李怀宇：《町村景颇人的空间观探析》，云南大学博士学位论文，2015 年。

返，一些边防战士对缅籍学生比较熟悉，在上下学时间，边防战士只要看到这些孩子的面容以及他们身上穿的校服，就会认出他们，让他们"免检"通过国门。笔者中午时间在某边防口岸"蹲点"观察，发现我方边防战士看了一眼从对面走过来的缅籍学生，就让其通过了。经询问得知，该生属于为数不多的几位中午回家吃饭的学生之一，每天如此，连续几年，已经很熟悉了。缅籍学生来华上学，已经成为中缅边境两侧人员流动的重要形式，两侧人民（包括边民、学校、边防）都在一定程度上默认了这种惯常性的交往互动方式。

但是，上述稳定的交往也会被打破——若遇战乱或者疫情传播，边境管制会十分严格，缅甸边民就很难进入中国一侧，边境两侧跨境民族正常的交往互市被打破，边境正常的生活和贸易受到影响。如在缅北战争期间，我国边防部门严格控制缅甸边民进入我国边境的人数。同样，缅籍学生也住在学校内或留在缅甸家中，不能频繁往返于边境两侧。当相邻的缅北地区战事频繁，我国边防对在德宏州 M 市 M 镇九年一贯制学校就读的缅籍学生出入境管理就会更加严格。倘若缅籍学生不穿校服进出国门，边防检查人员就需要向老师确认该生情况后，才让其入关。

> 没有证件（通行证、边民证）就不能过来了。现在我们平常上课的时候，不穿校服，他们（边防战士——笔者注）都会要求我们出示证件。没带证件，他们就会问班主任，联系上了班主任，就会让学生通过。（YKJ，2017-10-25）

（二）缅北边民对中国文化的认同及"无隔阂"的心理边界

缅北边民远离缅甸国家政治和文化中心，语言和政治上存在隔阂，且交通不便。然而，他们与中国有着深厚渊源，交往密切。这些边民的生活延续着本民族或中国传统的生活方式。正如缅籍学生所言：

> 我们只会过中国的那些节日，缅甸人的节日我也不知道。因

为缅甸人说缅语，我们根本就听不懂。他们的生活习惯和我们不一样，吃的用的也跟我们不一样……，比如中国过年，他们（缅甸人）不过，只有我们汉族才过。（SCD，2017-10-25）

语言方面，说的都是汉语。平时过节的习俗也差不多，所以没有什么不适应的地方。缅甸的风俗习惯、语言等，我们都不太了解，只写中国字，只说中国话，吃的用的也跟这边一样……（CMY，2017-10-24）

缅北边民日常生活中的手机、电视等均与中国边境相同。村寨相连的生活空间、无障碍的语言交流和共同的民族文化，使缅北边民在跨界交往中加深了自己"与中国人一样"的身份认同。

1. 缅北边民家庭与中国有深厚渊源

祖辈关于家族迁徙的历史故事和记忆，已经成为缅籍学生身份认知的重要依据。当访谈者请缅籍学生介绍自己的家庭时，很多缅籍学生提到其老家是中国的某地，自己的某些亲戚是中国人等。

口述笔录 1：HQY，祖辈迁居缅甸

15 岁的 HQY 是缅甸的景颇族，与中国的景颇族同根同源。其祖辈是德宏州盈江县人，因为历史原因搬到缅甸生活，遂落户为缅甸国籍。但是，其外公一直希望能够回到中国落叶归根。强烈的根骨情结在家族中流传，也深刻地影响着 HQY 的妈妈和自己。HQY 说：

我今年 15 岁了，是景颇族，我老家是在盈江。父亲去世了，母亲就是盈江这边的，我就是跟着妈妈在（中国）这边生活。爷爷奶奶他们是搬过去缅甸的，爷爷奶奶好像是 1958 年那时候去的。然后，我外公给我妈留下了遗嘱，让她（妈妈）回来这里，我妈就带着我们来了这里。来中国的时候我才 5 岁，当时把房子全部卖掉了，以最便宜的价格卖掉了，然后全家人都过来了……

在缅甸我只读过学前班,我妈觉得那边就不是我们自己祖宗待过的地方,这里才是我们祖宗待过的,我外公的遗嘱也是想让我们来这里继续学习……我外公有 7 个子女,我妈是最小的。我妈那个时候也是在读书,我外公给她留下了遗嘱,希望我们有一天能回到中国来,就是让我妈妈回到中国来找亲戚。在中国这边像家一点儿,我妈在缅甸经常说……等我们长大了,如果妈妈不能带你们去,你们一定要回去,不能留在这里,一定要学好知识,一定要回到中国去。我妈这样跟我们讲,还说这是外公的愿望……妈妈还是觉得自己是中国人,自己的亲戚都是在中国,我外公和外婆都是中国人。
（HQY,2017-10-31）

口述笔录 2：CQY，祖辈迁居缅甸

CQY 的家族从老祖（爷爷的父辈——笔者注）那一辈就已搬到缅甸,但家里的亲戚大部分都在中国一侧居住,后来其堂姐也从缅甸嫁到了中方一侧。CQY 表示,祖辈会给自己讲一些关于中国的历史故事:

我爷爷他们搬过去的时候,这边还没有和平。他们搬过去后,后来和平了。他们就说毛泽东很伟大,以前他们在中国要是见到毛主席都要敬个礼……他们还说,以前毛主席带着大家闹革命。现在我家还有十多碟毛主席的片子。（CQY,2017-10-24）

当问到"你来中国读书的目的是什么?"这一问题时,另一位学生 CMY 也坚定地表示:

我是为了以后可以留在中国,因为我以前是中国人,我爷爷奶奶他们都是从中国搬过去的。（CMY,2017-10-23）

口述笔录 3：LCY，已经搬回中国，正在争取落户

LCY 及其家庭想通过争取到中国的户口和身份证获得"真正的中国人"身份以及和中国人一样的待遇。他的家庭都认同中国文化,向往中国的经济发展。他们希望能在中国亲戚的帮助下落户中国,获得更好的学习和发展机会。

LCY的祖辈仍有一部分亲戚生活在中国，她的爷爷搬到缅甸生活后，两边的亲戚一直保持着联系。出于各方面考虑，他家在中国亲戚的寨子建了房子，打算在中国落户。LCY谈道：

> 现在我们家想努力去争取一个户口，中国这边的。我们家打算以后都在中国发展，而且我们家也搬去遮放（指M市Z镇——笔者注）了，感觉也不会再回缅甸，就一直在中国这边了。（LCY，2017-10-26）

由于与中国的深厚渊源，缅籍学生对中国有着强烈的向往，发生在他们身上的故事也都与中国有关。年轻一代崇拜中国的偶像，他们的生活与我方一侧边民高度一致。

2. 缅北边民高度认同中国文化，学习汉语的愿望强烈

在边境地区，很多缅籍学生家长文化程度不高，但对中国教育的认同度都比较高，尤其是缅甸华侨家庭对中国文化和教育有着很高的认同感和信任感。这种认同感和信任感一方面源于缅北边民与中国的血缘或亲缘关系；另一方面，中缅边民间频繁的交往使他们亲眼看到了中国经济和教育的发展，尤其是中国政治稳定，人民安居乐业，使饱受战乱之苦的缅北边民心生向往。此外，作为跨境民族，缅方边民会有意识地向中方一侧的同一民族看齐，希望自己的孩子也能接受相同的教育，因而会选择将子女送往教育资源和教育质量都优于缅甸的中国学校读书：

> 爸爸妈妈叫我来这边（中国）读就过来了，当时听到（来中国上学）这个消息我很高兴，因为来这边可以受到良好的教育，我听来这边读的人说这边的教育很好。（CMY，2017-10-24）

> 我的爸爸妈妈很支持我在这边读书，他们说以后不要再像他们一样种田种地，给别人打工，要好好读书自己有个成就，就是不想让

我们再过他们的那种生活,不想让他们的悲剧再重演……以后可以

在这边找一个工作。爸爸妈妈说中国的文化比较好,老师教得好,

就把我送来了。(CQY, 2017-10-24)

除了对中国文化的认同,缅北边民出于现实之需非常重视汉语学习。学会汉语对缅北边民的生活有着十分重要的意义。首先,缅北边民的日常生活与汉语密不可分。他们所使用的生活用品大多为中国生产,标注的文字均为汉字。如果他们不会中文,连使用说明都看不懂。更重要的是,他们日常交往对象最多的也是中国人。因为缅北地区距离中国边境很近,往来十分便利,他们经常会将自己种植的农产品运到中国市场进行销售。其次,对缅北边民而言,缅语的作用并不明显,他们当中会使用缅语的很少,并且与他们经常来往的并不是土生土长的缅甸人,而是中缅边境沿线同语同俗的边民。再次,这些缅籍学生选择来华就读的最终目的是方便以后找工作。他们大部分会选择留在中国打工或从事边境贸易。学会汉语对他们以后从事的工作有很大帮助。正如 R 市 JX 中心小学的一名学生所言:

……我爸爸说缅语用处不多……我们是傣族,在村里不说缅语……去别的地方,缅语也用不到。汉语有很大用处,他们就让我来中国读书学汉语了。我爸爸说英语和汉语都很重要,让我学好。我父母不想让我长大以后干农活,我在家(也)不想干活。他们希望我长大以后有个好工作,不要留在那个村子里了。或者去叔叔那边,(我叔叔)在泰国卖酒。如果那边生意不好的话,就来中国(工作),在中国工作要用到汉字,去泰国(工作)也要用到汉字……(AL, 2016-11-23)

缅北边民认为,汉语"用途更大"。送孩子来中国上学,很重要的目的就是学习汉语。我们的问卷调查也提供了两组数据,证明了缅籍学生对中国教育的向往。

对"你愿意来中国上学吗?"这个问题,在填答问卷的 688 名缅籍学生

中，有532名（77.3%）表示"非常愿意"，有65名（9.4%）表示"比较愿意"，回答"一般"的有24人（3.5%），而回答"不太愿意"或"一点儿也不愿意"的总共只有7人（1.0%）。（见表4-1）可见，只有极少数学生是家长"强行要求"到我方学校上学的。

表4-1 "你愿意来中国上学吗?"（n=688）

程度	非常愿意	比较愿意	一般	不太愿意	一点儿也不愿意	缺失	合计
人数	532	65	24	6	1	60	688
百分比	77.3%	9.4%	3.5%	0.9%	0.1%	8.7%	100%

此外，对于"你来中国读书最重要的目的是什么?"这个问题，学生选择最多的是"为了受到更好的教育"，占28.8%；16.3%的学生选择"为了以后在中国打工"；14.0%的学生选择"为了找个好工作"；10.6%的学生表示"为了掌握汉语"；选择"为了学习中国的文化""为了以后留在中国""为了以后跟中国人做生意"的人数比例分别为9.6%、9.2%和8.7%。（见表4-2）学生的回答也是对家长观念的直接反映。

表4-2 "你来中国读书最重要的目的是什么?"（n=688）

来中国读书最重要的目的	人数	百分比
为了受到更好的教育	198	28.8%
为了以后在中国打工	112	16.3%
为了找个好工作	96	14.0%
为了掌握汉语	73	10.6%
为了学习中国的文化	66	9.6%
为了以后留在中国	63	9.2%
为了以后跟中国人做生意	60	8.7%
缺失	20	2.9%
合计	688	100%

3. 无隔阂的民族文化心理："我的祖宗都是在中国，我也有姓"

由于历史及现实的原因，缅籍学生有较强的民族认同。缅籍学生更愿意被标识为某族人，而非某国人。受访学生 HQY 说：

> ……我从来没有把自己当成缅甸人。虽然有些同学区分了，但是我不这么想。他们说"老缅"，但是我心里想：我又不是缅甸人，我的祖宗都是在中国，我也有姓，缅甸人又没有（姓）。（HQY，2017-10-31）

受访的缅籍学生，无论年龄大小，无论何种民族，都清晰地知道自己所属民族，了解自己的民族文化。当询问他们更愿意用何种身份标识自己时，他们表示更愿意以民族身份来标识自己。例如，L 县 ML 小学的一位缅籍学生说：

> 我们就是缅甸的傣族……别人称呼我的话，在傣族人和缅甸人之间选，我会选傣族；在傣族人和中国人之间选，我还是选傣族，因为我就是傣族，我家人都是傣族，我从小就生长在傣族村寨，所以我会选它。（HX-XS，2016-12-06）

我方一侧的跨境民族也有较强的民族认同。部分教师表示，自己并不把"那边"过来的孩子当"外国人"看待。例如，在谈到对缅籍学生来华上学的看法时，R 市 JX 中心小学 H 老师说，虽然缅籍学生的国籍是缅甸，但是我们并不会把他们当外国人看待。只要我国政府不拒绝他们来，只要他们愿意过来读书，学校都会敞开大门欢迎。他说：

> 他名义上虽然是缅甸籍，实际上他是傣族，和我们是同一种民族，不要把他（缅籍学生）看成是外国人，在我们的眼中他们不是外国人。那边寨子里的人和我们这边的都是一个民族……只要国家对他们没有大的政策变化，只要允许，我们都愿意敞开大门，让缅甸孩子到我们学校读书……我们本地教育部门已经认同这一块。因

为都是我们的孩子,他来了以后享受我们国家的所有优惠政策。我们不会因为你是缅甸的,就不给你吃早点(指营养餐——笔者注),不给你书(指免除教材费),没有这种说法。只要你来,我们都是敞开大门欢迎。(HCH, 2016-11-25)

H 老师这样解释缅籍学生来华上学的现象:

……缅甸孩子来我们中国(上学),最关键的一点儿是语言、风俗习惯没有任何隔阂,没有那个沟壑,没有那个壁垒。举个例子,他如果是完完全全纯缅甸的缅族,他就来不了。为什么呢?他的母语是缅语,来我们这个地方他就接受不了,他学不了。相对来说,缅甸的木姐、南坎这一片,按照卫星地图看的话,90% 以上都是傣族、傈僳族、景颇族,都是我们本地民族。(HCH, 2016-11-25)

正是由于同根同源同风俗,语言生活适应无障碍,大量缅籍学生来到中国学校就读。同一民族语言、风俗习惯上的同质性,为学生入学提供了便利。缅籍学生来华就读在语言上没有障碍,风俗习惯上没有隔阂。在中方一侧有亲戚的缅甸家长,要么通过亲戚与中国当地学校进行沟通;要么直接委托亲戚把孩子送到中方一侧的学校;还有的家长本身就与边境国门学校的教师或教育管理部门的工作人员认识。正因为中缅两国边民之间千丝万缕的联系,这种同属一个民族的心理情结、血浓于水的亲情关系,在中方学校办学条件优于缅方一侧的情况下,送孩子到中方学校就读就成为缅方边民自然而然的选择。

近年缅北局势不稳,每当爆发战争,缅北地区的难民会明显地分为两路,一路逃往中国或中国边境的难民营,以边境的跨境民族和华人华侨为主;一路则逃往缅甸内陆方向,主要以缅族人为主。这种现象展示了一个基本的事实:当战争发生时,在缅北地区生活的人们各自逃离。跨境民族或华人华侨逃回边境线附近或来到中国,寻求中国一侧跨境民族的帮助;缅甸国家的主体民族缅族则回到他们的大本营——下缅甸地区躲避。这一现象揭示了中缅边境地区跨境民族和华人华侨与中国的根骨情结：中国是自己的根基所在，是生命安全的庇护所。

（三）艰难生计下的生存策略：安全庇护与谋求出路

1. "缅籍学生"还是"难民学生"：来华上学"有时是避难的一种形式"

"生存"一直以来是缅北边民面临的现实问题。近些年，缅甸北部的局势一直处于动荡不安的状态。军事冲突让缅甸境内的民众惶恐不安，甚至离家北上涌入中国境内。战火停息之后，大部分边民会重返缅甸，也有不少边民滞留在中国境内。研究发现，战争冲突不仅使缅北边民生存受到威胁，而且会让边民原本模糊的边界认知变得清晰。学龄儿童在缅上学的现状被打破，而"来华上学"成为一种基于安全和生存的现实需要，是在中国寻求安全庇护的一种形式。

首先，缅北边民生存受到战争威胁，对和平安定的中国更加向往。战争冲突致使缅北边民的生产生活遭到破坏，人身安全等受到严重威胁，改变了他们对边界的认知，并在心理上造成恐慌。

如前所述，很多缅籍学生家庭以务农为生，但是战争冲突破坏了其正常的生产活动。例如，M市Z镇民族中学的一位缅籍学生说：

> 在缅甸我家养猪,玉米多得很。因为家里钱不多,我妈准备要卖玉米了,现在又打仗,没办法卖,要是卖的话人家也不敢把车开进来,猪也是准备卖了。突然就打仗了……整个都受影响。现在人倒是没有危险……我们是(住在)勐古到棒塞这条路中间的一个寨子。我们寨子挨山那一边很麻烦。因为山兵就在山上,在深山里面跟缅军打仗,一打仗挨山那一边的人就遭殃了,都不敢出来……有时候直接在寨子里面打。(ZWB, 2016-11-26)

缅甸国内的战争冲突导致部分边民生活漂泊不定，随时面临着炮弹炸毁家园的危险，边民的生活受到很大影响。例如，2016 年 11 月发生在缅北勐古地区的激烈战争，给缅籍学生及其家庭带来了巨大的心理阴影。当时笔者正在 M 市 M 镇学校调研，距离调研学校直线 500 米处，就是勐古战争的战场。缅甸边民来不及带走钱财和生活必需品，只能带上家人逃到中国边境。连日激战使边民固有的生活被打破，生活变得非常艰难。虽然在校就读的缅籍学生自身是安全的，但其十分牵挂缅甸那边的家人，无法安心上学。

R 市 JX 中心小学四年级的一位缅籍学生告诉笔者，虽然缅甸国内打仗的地方离家远，但她仍然很担心战争带来的危险。她说：

（打仗）严重，怕他们打到这边来，怕我奶奶跑不动……有时候打仗的时候也到亲戚家（中方一侧——笔者注）住过。（HH，2016-11-22）

另外一位学生也说：

边境两边是两个世界，那边不太好……经常打仗，所以我家人大部分都过来了，我妈他们也过来了，我妈的妹妹有两个女儿也在这里读书。（ZCQ，2017-10-31）

MS 也说：

因为那边打仗，我们逃到了这边……逃的次数多……在那边（缅甸）生活不安全，晚上我们都睡不着，有时候会听到士兵训练，我们村有士兵……（MS，2016-11-22）

R 市 JX 中心小学 H 老师也谈及：

这两天缅甸又在打仗，好多难民非常可怜……一打仗他们全部跑过来。（HCH，2016-11-25）

在缅北战争期间，国与国之间的边界逐渐变得清晰，此时的边界已经成为战乱与安全的分界线。国境线区分了中国和缅甸两个截然不同的主权国家，具有鲜明的政治属性和心理意义：一侧是和平稳定，一侧是颠沛流离。中国一侧一直有着安全稳定的社会环境和各民族和谐互助的发展氛围，而在缅甸一侧，边民基本的安全都难以得到保障，边界"内"与边界"外"形成两种截然不同的生存状态。

在谈到中缅两国的差异时，缅籍学生普遍反映在中国更安全，而在缅甸随时都会有战争的威胁。缅甸不稳定的社会局势，使得边境线成为缅籍学生眼中安全与不安全的分界线，即缅甸一侧隐藏着危险，而中国一侧象征着安全和平的生活。

战争期间，缅籍学生虽然能和中国学生一样在中国上学，但在面临战争时，中国学生与缅籍学生的安置方式还是不同的。受到缅甸国内战争的影响，调研点之一的 M 市 M 镇于 2016 年 11 月下旬被迫全员撤退。在撤退时，中国学生全员撤往 M 市 Z 镇，集中安置并由学校教师进行安抚；而缅籍学生和缅方入境边民一起待在学校附近的避难所。在生命安全受到威胁时，缅籍学生与中国学生在待遇上的差异，让缅籍学生对于其身份的感知更加清晰，使得缅籍学生的国家身份被标识出来。

缅甸北部不稳定的政治局势，让缅方一侧的边民生活在战争的恐惧中。即便在和平时期，边民也会因潜在的战争冲突焦虑不安。从缅籍学生的言谈中可以清晰地感受到他们在缅方一侧的生活状态：时常会因为不期而至的战争提心吊胆、惶恐不安。一些生活在距离边境较远的缅甸山区的学生家庭，为躲避战争从山区搬迁至距离边境较近的缅甸勐古地区生活。还有一些缅籍学生家庭想要搬到中国一侧生活，但出于边境管理政策，他们最终也选择搬到距离边界较近的缅甸勐古一带。

> 没有出境证的不可以过来。在那边缅兵是抬着枪的,他们说的都是缅语,我们也听不懂。过来中国这边,警察说的话我们还可以听得懂。(CQY, 2017-10-24)

有的缅方边民甚至希望孩子能获得中国的身份证，长期留在中国。有学生说：

> 缅甸的（身份证）我没有，缅甸的是可以办，但是我妈说不办。因为要是办了缅甸的身份证，再要转（到中国）就很难了……（妈妈希望我将来）在中国找工作。因为缅甸那里时常打仗，那里的工作也不行……我自己也希望留在中国。（ZWB，2016-11-30）

其次，战乱中断了缅籍学生在缅甸的学业，来华上学既是延续学业也是避难。战争冲突不仅使边民的人身安全受到威胁，学校教学秩序同样难以维持。与缅方相比，中方一侧和平稳定，教学秩序井然，双边差异深深触动了缅北边民。LG 小学的一名学生这样解释她来中国上学的原因：

> 因为那边……打仗的时候就不能读，学校是盖在离山区近的（地方），山上缅兵跟山兵打仗的话，我们就不能去（学校上学）了。（这种事情）有时候一年出现 3 次或者 4 次……（STY，2016-11-25）

> 在边境上，缅甸军队会把年纪大一点儿的小伙子拉去当兵。很多家长为了不让孩子去当兵，会选择将孩子送来中国读书。（AM，2017-10-26）

战争导致一些缅籍孩童学业中断。例如，M 县 XM 小学的一名学生提及，缅甸的战乱导致他中断了在缅甸的学业：

> 缅甸有战争，中国比较安全，在这有安全感。一打仗我就很害怕，怕子弹、炮弹飞到学校来。打仗的时候学校就停课，停课就会给我的学习带来影响。明明是可以考高分的，因为打仗不能按时上课，就会影响成绩。（PZY，2016-11-27）

CQY 的哥哥在中国学校读到小学毕业，由于学习成绩不好，没有获得继续上初中的资格，之后在缅甸木姐有过一段求学经历，但是家里人担心哥哥会被拉去当兵，所以就没有继续让他读书。

在缅甸国内政局动荡的背景下，缅籍学生来中国上学不仅可以保障自己的人身安全，而且能保证正常的学习。甚至可以说，来中国上学是部分缅北适龄儿童的一种避难形式。正如 L 县 ML 小学的校长所言：

> 那边老是动乱，就像前两天边界都在打仗，有些（学生）在来的路上还会遇到地雷。原来 LY 小学的一个学生还被炸到了，我们边境的一些人、学生也有被炸伤的……我们学生最多的时候就是他们动乱的时候。他们有些（来中国读书）可以说是过来避难的（一种）形式……（CXZ，2016-12-05）

该老师介绍，缅方一侧的部分孩子，实际上是以读书的名义来中国避难。一旦缅甸北部发生武装冲突，缅方边民的孩子就会迅速涌入中国边境学校就读。这些孩子可能会在短期内随其家庭的再次搬迁而流失，也可能长期在中国上学，民间称之为"难民学生"。

在生存受到威胁、边界认知格外清晰、在缅求学被中断、来中国上学可以保障人身安全的背景下，"来华上学"成为缅籍学生及其家庭基于现实生存需要的选择。对于他们而言，国境线和国门意味着安全。"由于缅政府军和克钦地方武装之间连续的战争，克钦邦地方武装所占领的缅北地区，即与云南省边境接壤的地区，其基础教育更是处于停滞甚至退后状态。"[1] 缅籍学生家长将其子女送到边境一侧的中国学校就读，从根本上是出于对安全稳定的生存环境和良好教育的期待。

2. 基于未来生计的考量：学习汉语以谋求出路

大多数缅籍学生家长送孩子来中国读书，都希望孩子能够掌握汉语，方便将来与中国人做生意或留在中国打工。L 县 ML 小学的校长说：

> 他们比较注重学汉语……像他们洋人街（靠近拉影国门口岸的缅甸地名——笔者注）学校，都专门开设了汉语这门课。我们也

---

① 黄锐主编：《西南边境跨界人口流动研究》，中央民族大学出版社 2016 年版，第 120—121 页。

与他们交流过，他们学校都开展过汉语教学。他们那些寨子，会自己请老师（教汉语），但他们的教育不像中国那样系统……（CXZ，2016-12-05）

从学校统计报表中也可以看出，缅籍学生来华上学的初衷是学习汉语。从 L 县 ML 小学收集到的相关数据显示（见表 4-3），2012 年"内借"①缅籍学生合计 33 人，其中择校原因为"学中文"的有 29 人，占 87.9%；"投亲"的有 4 人，占 12.1%。

表 4-3　L 县 ML 小学"内借"学生情况

择校原因	学中文	投亲	总计
人数	29	4	33
百分比	87.9%	12.1%	100%

资料来源：在该校实地调研期间由学校提供，数据获得时间：2016 年 12 月 10 日。

访谈数据也证实，绝大多数缅籍学生是出于学中文的考虑而选择来华上学的。例如，M 市 Z 镇民族中学的学生 ZWB 说：

我本来打算不读了，但是我妈说现在不读不可以，因为不读的话要是去到别的地方，上人家的厕所都看不懂是什么字，这样一辈子只能待在缅甸了。不管缅甸怎么打仗也只能在缅甸了，没有办法来到中国。因为字都不识你来中国能干什么？什么都不能干。去工地打工也需要计算，需要几块砖也需要计算。所以我妈就叫我来识两个（汉）字。（ZWB，2016-11-30）

由于跨境而居，生活在边境的缅甸人与中国边境地区有更多的生活和经贸往来，他们需要具备基本的汉语沟通和汉字读写能力。因此，掌握汉

---

① "内借"是德宏州各边境县市在学籍管理系统中对缅籍生的标识。我们所说的"缅籍生"在德宏州各县市的学籍管理系统中被称为"内借"生。

语和汉字成为很多缅籍学生来华上学的初衷。

> （缅甸学生来中国读书）主要就是想学一些汉语汉字，因为他就住在边境连接处，大家都经常来往，还有就是平时做生意。他们都想接受一些中文教育，也就是想学一点儿汉语。（CXZ，2016-12-05）

R市JX中心小学的H老师说：

> 家长让孩子来中国读书，最主要是学中国的文化，讲中国话，长大后做生意也好，打工也好，做什么事情也好，更方便。缅甸现在好多人都到中国来打工。就像我们中国人到日本、到美国去打工是一样的。他在这里一天赚一百块人民币，在缅甸需要干十多天才赚得了。好多人都想来……他要在社会上立足，要生存，必须语言相通。如果他是在缅甸学英语或者学缅语的话，到中国国内打工就交流不了，因为他不会汉语，也不懂中国文化。（HCH，2016-12-09）

缅籍学生家长将孩子送到中国上学，主要考虑到将来孩子在中国打工或做生意，需要消除语言沟通上的障碍。因此，一些家长看重的往往不是孩子的学习成绩，而是孩子对汉语的掌握程度。

L县一位小学校长告诉笔者，有一位缅方家长想把九岁的孩子送来上学，并且表示"放到哪一个班都可以"：

> ……他（缅籍学生）来上学的时候一个汉字都不会，孩子当时都已经9岁多了，我说这个年龄上不了了。但是下午这个家长又来了，又带着这个孩子过来了。他说不怕，他学多少都可以，随便放（在）一个班，他主要是来学一下汉语。（JGXX，2016-12-01）

缅籍学生在中国接受小学或初中教育后，对中国的环境更加了解，语言文字没有障碍，以后在中国工作会更加方便：

> 他掌握一定的汉语基础知识以后，即使在这边找一份临时的工作来做也比那边要好得多……虽然他没有相关学历，但是对这边的环境比较熟悉，懂得这边的语言文化、民族文化，懂得这边的生活习

惯、风俗习惯,在这边找一份临时的工作也是比较便捷的。学了六年,或者是九年初中毕业,就能够找到这样的工作。否则,那边(缅甸)工作还是相当难找的,多的就是一些搬运工或者其他的。这边(中国)比较好找,如果你懂得多,待遇肯定要稍微好一些,最起码在一个餐厅(打工)你也能听懂别人要做什么……做一些小生意也好做。(BYBW,2016-11-30)

随着中国经济的快速发展,缅方边民纷纷来到中国境内打工,这些边民也希望将自己的子女送到中国接受教育,尤其是希望自己的孩子在中国学会汉语,这样孩子将来就能有更好的发展。绝大多数缅籍学生更愿意选择以后留在中国工作,因为中国的工作条件、待遇等方面都比较好。LG 小学的一名缅籍学生告诉笔者:

在中国可以赚一些钱,在缅甸……就只有种地。不种地就只能天天在家里待着,什么都干不了,什么都没有。(在中国)我们可以种土豆去卖,帮人家砍甘蔗、挖土豆。人家栽甘蔗的时候,我们去帮他们拉薄膜。在这里我们这些小人(小孩)可以学到更多的知识,得到更多赚钱的机会。(STW,2016-12-06)

可见,缅籍学生家长选择送孩子到中国上学的初衷,主要是让孩子学习汉语。而学习汉语的目的,是为了生计。这些家长知道,根据中国国内的教育政策以及自身的各种条件,孩子很难通过读书改变命运(即升入高中,再升入大学,找到一份稳定的工作)。因此,他们在一开始,就把目标限定在让孩子学会汉语,从而方便在中国打工或做生意。这是一种生存策略,也是在缅北动荡不安的局势下对孩子的安全和未来生计的考量。

(四)地理位置的便利：来华上学即到离家近的学校上学

在中缅边境线上,国境线两侧同一民族跨境而居,沿边村寨交接、道路相通、鸡犬相闻,"一山两国、一田两国、一水两国、一街两国、一寨两国"的现象比较普遍。同时，边民通婚互市、串亲访友往来频繁。例如，在云南的德宏和临沧边境地区，中国的德昂族几乎都与境外同族人连片而居，并保持着密切的来往，从来没有割断过联系。① 对边民来说，不管是购物、打工还是做生意，他们首先都是到中国来，因为中国近在咫尺，到中国比去其他任何地方都更近、更便捷。

我国边境地区的很多学校距离边界很近。例如，德宏州芒市 M 镇九年一贯制学校离中缅边界线仅 500 米，瑞丽市的多所学校距离边界甚至更近。对很多缅籍学生和家长而言，来中国的学校上学，意味着到离家最近的学校上学。R 市 JX 中心小学 H 老师说：

> ……缅甸寨子很多就在旁边……公路边下去也就十多米的位置，从这跨过去就是缅甸了。所以说，我们这里有个景点叫"一寨两国"，一个寨子两个国家，一不小心你就出去了。比如说我们去钓鱼去玩，随便走两步就出国了。所以我们想出国的话几分钟就出了，因为我们就（居住）在国界线边。有时候我们也会出国去买菜，买完菜就回来。（HCH，2016-12-09）

M 县 XM 小学的缅籍学生也说，缅甸那边的学校离自己的家比较远：

> 我们家离那边的小学是很远的，早上要早早地起床，洗漱一下，有可能还会迟到。在这里的话，早上有电铃，有老师叫，什么都不用担心，能够很好地睡觉。而且在那边（缅甸）只能读小学，读初中都要去很远的地方，仰光跟瓦城那里才有，还有南坎，就是在那些发达的城市，经济情况比较好的地方（才有）。在我们农村，是没有初中学校的。（PZY，2016-12-13）

> 勐古那里没有初中，要到木姐那里（才有），离家很远。这里近。哥哥就是到下缅甸那里去读了，常年都不能回家，只有过大节、过

---

① 黄光成：《从中缅德昂（崩龙）族看跨界民族及其研究中的一些问题》，《东南亚南亚研究》2012年第2期。

年的时候才能回家。家里面兄弟姐妹都出去了，只有我在，只有爸爸和妈妈在了……所以就（让我）在近一点儿的学校上学。（YKJ，2017-10-25）

（五）教育优惠政策吸引：办学质量更好，待遇一视同仁

德宏州的外籍学生与中国学生享有相同的待遇：义务教育阶段全部实行"两免一补"，不向外籍学生收取任何费用。幼儿园、学前班儿童和中国学生享受一样的待遇。而且，义务教育阶段的学校凡是符合条件且住宿条件允许的，所有学生均可住宿，并给予寄宿生生活补助。此外，义务教育阶段学生"营养改善计划"实现全覆盖，农村缅籍学生全部享受免费营养餐。

1. 缅籍学生与中国学生享受相同待遇

虽然国籍不同，义务教育阶段的中国学生和缅籍学生在待遇上没有差别。M市教育局的一位负责人在谈到中小学主要的惠民政策时说：

> 主要的惠民政策，一个就是我们义务教育阶段现在全部实行"两免一补"，我们也不向外籍学生收取任何费用——连保险都给你买，这方面跟我们中国学生有同样的待遇。附属学前班，同我们中国学生一样正常收取保育费、保教费、生活费，这个是执行国家的收费政策。再一个，寄宿生的生活补助，符合条件的缅甸学生都给予与我们这边学生一样的生活补助，他们就跟中国学生一起住一起吃。这样他们就能与我们中国学生更好地沟通交流，更快地融入学校的学习和生活当中。第三方面呢，就是"营养改善计划"的落实情况，我们自2011年实施"营养改善计划"以来，农村学生就全部享受这个政策，也就是跟我们的寄宿生全部一样了。（MJD，2016-05-02）

调查期间我们了解到，2005 年开始，云南边境地区就开始落实国家"两免一补"政策。但是一开始缅籍学生并没有享受这些政策，而且来我方学校就读，还需要交一定的"借读费"或"择校费"。所以，当时缅籍学生人数比较少。后来，随着政策的落实，尤其是义务教育阶段学生"营养改善计划"的实施，缅籍学生人数开始迅速增加：

> 2001 年左右，没有缅籍学生……因为他来这里读书，一个学期要交几百块钱借读费。当时我印象当中，好像是要交四百块，对于他们来说，四百块借读费就相当于他们十多万缅币了，是很大的一块支出，他们就不愿意来读……来读的挺少。2004 年以后人数逐渐增加。2012 年以后，我们国家逐渐实施免学费杂费、"两免一补"和"营养改善计划"。"营养改善计划"就是免费给学生吃早餐，缅甸没有这种政策；我们还发给学生补助。所以说缅甸学生家长都会看……到现在，我们学校有那么多的缅甸学生，不只是江边那二十七个寨子的孩子，……最远的学生家离我们 JX 中心小学五十多公里。（HCH，2016-11-25）

德宏州将"教育对外开放"作为一项特色工作，规定缅籍学生和我方学生一样，享受义务教育阶段学生"两免一补"待遇，即免除学杂费、教科书费，对家庭经济困难的寄宿学生发放生活补助，补助标准为小学生每月 100 元，初中生每月 125 元，每年各发放 12 个月。在 2011 年前后，"营养改善计划"也开始实施。我方边境学校涌来了越来越多的缅籍学生。

在与缅籍学生交谈时，他们也提到选择来这里读书是因为这里花费比较少，如 M 县 XM 小学的一名学生说：

> 在缅甸读书用的钱比较多……我大哥去过缅甸读书……他读完了初中就没有读了，读不起了。（中国）各方面都比较好，就来这里读书。比如可以免费吃早点、营养餐，可以免费住校，学校好，还有那个助学金。（PZY，2017-10-29）

R市JX中心小学H老师这样说：

> 教育局也没有说不允许招，教育局说可以招，你们统计一下缅甸学生有多少个。统计后，我们录入学籍，他就可以跟我们中国学生享受一样的待遇。中国孩子有什么，他们也就有什么，中国孩子能吃早餐，他们也能吃早餐，早上来打早点，喝牛奶，一样的。没有说中国的孩子发牛奶，不给缅甸孩子，没有这种做法，都是一样，一视同仁的。所以说，缅甸孩子到我们中国来以后，他们没有受到任何的歧视，没有这方面的感觉。你们可以问一下学生，他们都可以回答你们。（HCH，2016-12-09）

在芒市走访时我们也发现，学校在发放补助时不会以国别作为区分标准，只要是该校的学生且满足补助发放条件就可以获得补助。M市Z镇民族中学校长介绍，只要缅籍学生符合补助发放条件，就可以享受与中国学生同等的待遇。

> 他们在这边跟我们中国学生是一样的，同样享受各种政策，同样享受免费教材，所有的补助，还有营养餐。如果是少数民族，我们有少数民族补助，总共四种补助都有的……反正同一个屋檐下大家是一家人。所有的这些政策，我们都是按照教育局的要求来做的，符合条件的都享受。（CXQ，2016-11-30）

此外，学校的缅籍学生和中国学生享受同等的免费教科书和困难补助等优惠政策。只要在学校读书，所有的优惠和补助政策对缅籍学生同样适用：

> （缅籍学生）来中国读书，待遇都是和中国学生一模一样……我们也不收他们什么费，资料费、教科书费都是免费的。就是和中国学生一样，都享受政策的优惠。营养餐和那些补助都有，一些相当困难的我们也有补助给他们。（CXZ，2016-12-05）

笔者在课间去到某初中的一间教室，班主任正在做"少小民族补助"

的表格。她介绍：

中国这边所有的资助、补助，只要他（缅籍学生）符合条件都能享受，和中国的孩子是一样的。住校生补助，只要他住校就都有，一视同仁。不管他是国内的还是缅甸的……来到我们这个学校，就和我们中国的孩子是一样的，没有区别。刚刚我们才发了一次（少小民族补助）。像我们班这个同学，她是在缅甸迈扎央（音译）这边，是景颇族。我们班这些景颇族享受"少小民族补助"250元，她是景颇族她就有，都是一视同仁……在我们这个学校，符合条件的就有。（ZLS，2016-12-02）

M市Z镇的一位小学校长也说：

学校学生分两块，一块是走读生，一块是住校生。农村生活补助是针对住校生这一块来说。所有的住校生都有这个学生生活补助，走读生就没有。如果他是住校生，那么自然就把他列在里面了。如果他是走读生，那么他自然就没有，和当地的学生是一样的。但是国家"营养改善计划"是所有的学生都享受。像中心小学这里的七八个（学生），他们住在学校附近，没有满足住校的条件，那么就不享受生活补助，但他享受国家"营养改善计划"。（BYBW，2016-11-30）

在别的学校走访时，也得到相同的信息：

他们来我们照样给他们办理的，营养餐他们享受了，那些补助也享受了，学费那些也不需要出，所以负担就很小了。（CXZ，2016-12-05）

他们跟我们这边的学生享受同等待遇，基本上没有什么困难了，……不可能因为没有钱读不起书，或者因为没有钱吃不起饭。你看早点解决了，住也解决了，他就只需要安心学习……（LFM，2016-11-24）

可见，德宏州的中小学不以国籍来区分学生，在各项教育惠民政策上，真正做到了一视同仁。调查发现，这些针对学生的优惠和补助政策，在很大程度上减轻了缅籍学生家庭的负担。

相对而言，寄宿制学校的吸引力大于非寄宿制学校。由于 L 县 ML 小学不是寄宿制学校，不能为学生提供住宿，所以学生也无法享受寄宿学生的生活补助。因此，在校的缅籍学生数量逐渐减少，大多数学生选择到周边能提供住宿的学校就读。ML 小学的一位老师说：

> 我们这里不是寄宿制学校，如果我们能提供（住宿），我们的缅籍学生就要稳定一些，应该会达到五六十个、六七十个。因为我们提供不了住宿，周边的一些（缅籍学生）都去拉影（上学）了，有些真的不方便了就不来读。如果我们能提供住宿，餐厅开起来，来的就会多一些。我们连着缅甸的两三个寨子，他们首先就会来我们这里。但是没有住宿条件他们就会选择去拉影、拉勐那边上学。（ZFYP，2016-12-07）

2. 教师对待缅籍学生"一视同仁"

实地观察发现，尽管缅籍学生流动性比较大，受教育前途有限，但是中国教师对待缅籍学生依旧是"一视同仁"。LM 中学的老师向笔者表明了他对缅籍学生的态度：

> 如果他愿意在这边学习，我们持一种欢迎的态度。我们肯定用和对中国国内学生一样的态度去对待他们，不会区分对待。学习一样的要求，生活也是一样的要求，各方面都是按照我们正常的管理模式去要求缅籍学生。平时我会问一问他们习不习惯啊，我们上的这个课程听不听得懂啊……我作为班主任，肯定要关心这些问题的。（WLS，2016-12-13）

实地调查发现，大部分中国教师都非常欢迎缅籍学生，因为缅籍学生学习比较刻苦，成绩相对较好，在班上可以起到带头作用。而且，他们与中国学生相比年龄偏大，可以协助老师管理班级事务。此外，他们非常懂礼貌，见到老师都会鞠躬。

3. 中国学校办学条件更好，有空余名额即招收

近二十来年，得益于我国经济的高速发展和兴边富民政策的推进，我国边境地区学校的办学条件得到了极大改善。不少学校校园环境优美，教学秩序井然。相比之下，与中国毗邻的缅北地区经济发展水平低，基础设施建设和学校办学条件都较差。缅方家长看到这一差别，便想方设法把孩子送到我方学校上学，孩子也很愿意到我方学校读书。

R 市 JX 中心小学的一名学生说：

> 这里有先进的设备，有电脑，有课桌，还有多媒体教室。在那边，我们都是只有一个板凳，没有课桌，书都是放在自己的腿上看。还有就是住宿的地方，环境也很好，还有校医来跟我们讲预防疾病、预防吸毒等知识，也很好。因为我们小学生不知道什么是毒品，一不小心就有可能会吸食。所以，有校医来跟我们讲毒品的危害，我们对毒品就不会有陌生的感觉。(YM, 2016-12-11)

很多缅籍学生表示，同村的伙伴都在中国上学。自己之所以会来中国上学，也是受到了同伴的影响。一些同伴来中国上学以后，就会给他们及其父母介绍中国学校的情况，自己听了以后就十分渴望到中国读书。LG 小学的学生说：

> 先来的那些伙伴，他们的父母告诉我们的父母，(说)这里条件比缅甸好。在这里读书，少数民族还给补助。我想来，父母也让我来。(STW, 2016-12-14)

> 我们寨子里面，有好几户人家的孩子都上不了那边的(学校)，负担太重了。有些(同伴)就过来读书了……后来有几十家都把孩

子送来这边读书了。（AZ，2016-12-14）

一般情况下，中国边境地区的学校对缅籍学生持欢迎态度，许多学校在有空余学额的情况下，就招收一定数量的缅籍学生。但随着越来越多的缅籍学生来中国境内的学校求学，而中国边境沿线学校的教育资源又十分有限，所以很难容纳全部有入学需求的缅籍学生。R市JX中心小学的一名老师说道：

> 在银井那边，一开学，缅甸那边低学段的孩子都挤着要来这边读书。但是人太多了，只能有一点儿限制，年龄太大的或者太小的……就不要。如果全部要的话，我们老师本身也不够。如果不加以限制，我们这边也受不了。我们倒是愿意接收呢，因为他们还是比较优秀的，在低学段表现特别明显。只要这边愿意接收，他们是很想来读的。（CYX，2016-12-09）

由于办学条件的限制，我方学校只能接收一部分缅籍学生。M县教育局的一位负责人介绍：

> 关于我们的招生工作，根据的是《中华人民共和国义务教育法》的有关规定，我们出台了M县招生计划的通知，遵循划片招生、就近入学的原则。那么在学校学位充足的情况下，也接收外籍适龄儿童在中国平等接受教育。比如我们的学校，全市各个学校，在学校能够容纳、有条件接收的前提下，只要他们提出申请，我们都接收。（MJD，2016-12-15）

M县教育局另一位工作人员说：

> 还是要看我们这一边，比如我们的住宿条件，还有教室等各种条件。首先我们要满足本地（学生）的需要。在（本地学生的入学需求）满足的情况下再来考虑他们（缅籍学生），如果条件不允许那就没办法了。（GCT，2016-12-16）

我方边境学校在招生时，先满足本国学生的入学需求，如果学校还有容纳空间，再招收缅籍学生。

　　综上，中缅边境地区缅籍学生来华上学现象，并非一般意义上的"来华留学"，而是受到多种因素的综合推动，其中，有语言相同的便利，地理位置的相邻，教育优惠政策的吸引，缅北战争的影响，未来就业的考量等。在中缅跨境民族地区，边民边界意识具有模糊性，集中体现在两侧边民无意识跨界的惯常交往中。跨境民族同宗同族、习俗相同，长期友好往来、互通有无。中缅两侧边民的生活交往和边界实践，从未因国界受到阻隔，可谓"国有界而心无界"。国家政治的划分并未将他们的交往生活范围限定在边界范围内。相反，两侧边民长期"同住一个寨，同饮一江水，同一种语言，同一种文化"，即语言相同、习俗相同、血脉相连，强烈的民族认同以及华人华侨血浓于水的亲情关系，为缅籍学生来华上学提供了坚实土壤。在这样的文化心理土壤上，来华上学如同跨境经商、跨境务工、跨境婚姻一样，只要时机成熟（如中方学校愿意接收、教育政策优惠、战乱的逼迫）就会大量涌现。长期以来，"边界"对他们经商、务工、婚姻都不构成屏障，当下，对孩子上学也是如此。缅籍儿童流入我方学校就读，是缅北跨境民族和华人华侨在同源文化背景下惯常跨界交往生活逻辑的自然延续。

二、老挝籍学生流入：周边国家"汉语热"的缩影

　　如前所述，自发来华上学的老挝籍学生主要集中在西双版纳州 M 县职业中学。同时，景洪市和普洱市职业中学、双江县中小学也有少量老挝籍学生。笔者在老挝籍学生最集中的 M 县职业中学开展田野调查，收集一手资料，分析老挝籍学生来华上学的影响因素。数据显示，老挝籍学生来华上学的缘由，与前述缅籍学生有很大的不同。

（一）老挝就业形势严峻，掌握汉语能获得更多就业机会和更好工资待遇

1. 老挝国内就业形势严峻，外语水平成为影响就业的重要因素

老挝是一个经济欠发达的农业国家。驻老挝的联合国发展计划署负责人扬·马特松曾说："这个国家面临的挑战是城乡差距、贫富差距扩大。"[①]而外资涌入带来的大量工作岗位，对老挝普通百姓而言无疑是一个福音，但获得这份工作需要掌握外语。于是，越来越多的老挝学生出国学习语言，以求将来谋得就业机会。

部分老挝籍学生谈到，即便在老挝读到大学毕业，找工作也很难，而且工资也不高：

老挝的大学本科也是读四年,但在老挝读大学毕业后,找工作不容易……（DY, 2017-03-29）

我的朋友已经工作,在老挝找工作不容易。如果学得好就好找,如果学得差一点儿就难找,工资也不高。我的朋友和我一样大,他们当老师,工资也就 1000 多（人民币）。（LF, 2017-03-31）

老挝经济欠发达，工商业较少，工作机会也相应较少。外资的不断涌入，为老挝人民提供了大量工作岗位。但外资企业一般要求求职者掌握外语，随着外语重要性的日益突出，老挝学生中掀起了出国学习外语的热潮。老挝籍学生描述了学习外语对在老挝国内就业的重要性：

我觉得在这边读完大学比在国内读完大学更好找工作。现在如果你毕业了,但不会说外国语言,就难找工作,工作机会少。像我和我朋友,他在老挝没有学英语、汉语,我来这里学了汉语,如果一

① 转引自刘士永：《越南、老挝、朝鲜、古巴处理社会公平问题的政策措施比较研究》，山东大学硕士学位论文，2008 年。

起去找工作,我更容易找到。(LYH, 2017-03-30)

我哥哥在中国学习汉语毕业回国找到了翻译的工作,我爸妈就打算让我也来中国学习,我自己也想来学汉语,学完后像哥哥一样回去当翻译。(LC, 2017-04-03)

一名老挝籍女学生也描述了外语对就业的重要性。当时,她可以选择学越南语,也可以选择学汉语。但她认为学习越南语很困难,所以就选择学习汉语:

我觉得在老挝工作不怎么好找,因为考试特别难,来这里学习汉语,学久一点儿回去以后就可以工作了,因为现在老挝的翻译不多。在老挝上完大学也不好找工作,因为工作机会特别少,政府部门又进不去。有的毕业后就在家里待着,或者出国找其他的出路。现在老挝出国留学的特别多,我认识的人中有的还想出来学习,有的去越南学习了,我觉得越南语很难,就来学汉语。(YBL, 2017-03-31)

另一名女生也说,如果不会外语,即便大学毕业了,工作仍然很难找。因为老挝国内的公司多数是外国人注册运营的:

如果我们会英语、汉语,也容易找到工作。但是在老挝毕业了,汉语也不会,英语也不会,越南语也不会,工作就不好找。因为国内的公司多是外国人开的,不会他们的语言,怎么办呢?怎么和他们一起工作呢?不会外语在老挝找工作太难了。现在越来越多的人到国外学习了,会外国语言的人也越来越多了。比如说,如果我和你在老挝那边工作,你会英语和汉语,我英语汉语都不会,你就比我更厉害,你的工资也会比我更高。(LMY, 2017-03-28)

基于老挝国内经济发展状况和劳动力市场需求状况,许多学生在本国大学毕业后待业在家。严峻的就业形势促使越来越多的学生出国学习外语,外语水平已与工作机会和工作前景紧密挂钩。

对老挝籍学生及其家庭而言，在老挝国内严峻的就业形势下，外国学习的经历或文凭能为他们求职增加筹码。一位想在中国学习医学的老挝籍学生说，留学的经历和学历更具有竞争力：

> 我想学医，想帮家里的人，爸妈也想让我去学医，学医在国内找工作更容易。虽然老挝国内也有医学院，但是有留学的经历回国找工作就更容易。在国内上完大学，有的找工作容易，有的不容易，像医学毕业比较容易找工作。但我觉得在中国学完医学之后回去找工作，比在国内上完医科大学找工作容易一些。（DL，2017-03-31）

另一位老挝籍女生结合自身经历，说明外国文凭在国内就业市场更具竞争力：

> 我高中的同学有在老挝上大学的，我想在中国上大学。如果我去昆明、景洪深造，回国一定比在国内上大学的同学更好找工作。在老挝做生意的很多是中国人，他们给的工资比较高。我想以后去学医，爸妈也希望我学医。在老挝有很多医院，但是医生护士比较少，会中文的就更少了。（WDW，2017-03-29）

在中国的职业高中学习汉语，从某种意义上而言，更多体现为一段外国求学的经历。与进入中国高校学习获得的毕业证书相比，"含金量"较低，所以对于在职业高中学习汉语的老挝籍学生而言，毕业后很可能继续申请就读中国内地的高校。

> 我高中同学有的在老挝上大学，有的在这边学汉语，因为我想学会和中国人做生意，就来这边学习汉语而没有在国内上大学。在老挝那边很多中国人来开公司，他们招那些会汉语的人，我们会汉语了工资就更高，如果不会汉语在国内找工作只是打工，工资不高。高中毕业后学会汉语，回国找工作容易但工资不太高，学了汉语之后再在中国上大学，毕业后工资更高。（PW，2017-03-30）

2. 掌握汉语能获得更多的工作机会和更好的工资待遇

老挝籍学生提到的外国语言有英语、汉语、越南语、泰语四种，掌握外语在就业方面占有优势。来华学习的老挝籍学生学习目的都很明确：学好汉语，这样回国后就能获得更多的工作机会和更好的工资待遇。

M 县职业中学一位老挝班的班主任介绍，老挝籍学生来华学习的主要目的是将来获得更好的就业前景：

> 平时我们交流的过程中他们说他们喜欢学中文，问为什么喜欢，他们说好找工作。(HJ, 2017-03-31)

> ……当初没有想过在老挝上大学，因为不好找工作，没有优势。以前的同班同学有的在老挝上大学，我觉得我毕业回国后找工作比他们更容易。因为学了汉语，有这个优势。(LY, 2017-03-29)

> 在中国读书回国找工作是很容易的。在老挝上完大学找工作是很难的……(YWK, 2017-04-01)

老挝籍学生介绍，老挝本国工作岗位工资水平较低，而外国商人、企业提供的工作岗位工资水平相对较高。翻译是一个收入比较好的职业，老挝籍学生大部分回国也是希望自己能从事翻译工作：

> 如果我汉语水平比较高，回老挝在政府工作的话，工资也是比较高的，是我们那边工资的两倍吧……一般就是 4000 多。做翻译一开始可能就 2000 左右，而老挝工人的工资只有人民币 1000 左右。(MLD, 2017-03-30)

掌握汉语后的就业前景，尤其是更高的收入吸引着越来越多的老挝人学习汉语，老挝籍学生在假期兼职翻译工作一般也能获得每月约 2000 元的工资。一位在假期从事翻译工作的老挝籍学生谈道：

> **研究者**：假期你在老挝做翻译的话能挣多少钱？

> Y：300 多万（老挝币），一个月的工资，嗯，就是 2000 多人民币。

　　研究者：那这 2000 多的工资在你们当地是一个什么水平？

　　Y：是翻译里面最低的了。

　　研究者：跟其他的工作相比呢？

　　Y：比工人高一点儿，如果做翻译有四五个月，就是 400 多万（老挝币）。（YWK, 2017-03-28）

当时，中国至老挝万象的高速铁路正在修建，中方的施工人员也进驻到老挝，翻译的需求量非常大。越来越多的老挝籍学生学习汉语就是为了回国当翻译：

　　……在老挝那边有很多中国人，做生意，开学校，开公司，他们也要求老师会说汉语，他们也需要翻译。如果我们会写会说汉语、英语的话，我们的工资会很高，一个月都是 1000 美元。我有个朋友的老公在昆明读的大学，现在在万象当翻译，一个月都是 1000 美元的。当翻译工资最低的话也有 3000（人民币），3000 是最低的了。如果（汉语水平）更高的话，就是 6000、8000（人民币）还有 1000 美元的。像今年我们毕业了，不去上大学的话也是回到老挝当翻译。因为他们修铁路需要翻译。我舅舅也跟我说，如果我不上大学，他们要人的话，我去给他们当翻译。（LMY, 2017-03-30）

一位曾经参加过工作的老挝籍学生介绍：

　　老挝的工资水平是很低的，因为老挝政府没有很多钱发工资给工作的人，在老挝政府工作工资是比较少的，比如说当老师一个月是 180 万老币（约人民币 1440 元）。中国人在老挝那边给工人开的工资，如果是小工一个月 1000 多，如果会汉语工资就高一些，大概 3000 多。（LX, 2017-03-28）

　　老挝现在的工资比以前要高点了，中国人给的工资是高的，比老挝人给的高。（LYH, 2017-03-30）

一位老挝籍学生从其表姐的就业经历中看到来华学习对将来就业的

好处：

> 我觉得学好汉语对我有好多帮助。如果我学好汉语了,回老挝就好找工作。比如在银行,他们也是需要翻译。我表姐也是学汉语的,她在中国学了 8 年,毕业就回去。她还想继续读,但是她的父母不让她读了。现在有好多银行问我表姐想不想去当翻译,想要多少工资就给多少,但是她不想去,我觉得她有好多选择。(LYH, 2017-03-30)

另一位老挝籍学生表述了其在汉语、越南语、泰语三者间的选择：

> 老挝有中国人和越南人在做生意,但中国人更多,所以选择学汉语。也喜欢越南语,但是没时间学,我们懂泰语。在老挝可以看泰国的电影,但没有泰国人来老挝开公司,所以没有去学泰语。虽然很多东西是从泰国买的,但是他们不需要人当翻译,因为每个人都会。(LY, 2017-03-29)

通过老挝籍学生的描述可知,老挝工作人员整体的工资水平较低。但如果掌握汉语,工作机会更多,工资水平更高。因此,为了将来获取更广阔的就业前景和更好的经济回报,老挝籍学生更愿意来中国学习汉语。

（二）老挝国内汉语教学现状不能满足学生学习汉语的需求

老挝的汉语学校主要有以下几类：华侨创办的华文学校、政府主办的国立大学中文专业,以及孔子学院的汉语培训课程、私人开办的汉语培训学校。① 以下是几位老挝籍学生对老挝汉语教育情况的简单描述：

> 在我们老挝南塔那里有一个学校是教汉语的,但是我们读书的时候没有,是我们毕业后才开的一个学校。但是,我听他们说那个学校是教一年级的,寒暑假的时候教三个月。我哥和我去了一次,

---

① 郝勇、黄勇、覃海伦编著：《老挝概论》,世界图书出版公司 2012 年版,第 12 页。

因为只有三个月，没有学到很多东西。就是教小孩子的，继续读下去，也没多大用。（LX，2017-03-28）

在老挝可以学汉语，有汉语学校，我没去过，它的学费太贵了，有中国老师教。（DM，2017-03-30）

在老挝万象有汉语学校，但沙耶武里没有……（DY，2017-03-29）

在老挝有教汉语的学校，但我想来这里学习，这里都是中国人教，每天都听老师用汉语讲。尤其是没有基础的人，来这里更好。（LY，2017-03-29）

我们那边有一个汉语学校，我学了一年汉语，但是他们只是在晚上上课，白天不上课，学的东西没有这边多，也没有这里的老师教得好。（SP，2017-03-29）

在老挝有孔子学院，但我不知道里面的老师教得怎么样，我没有去学过。但是我去过的汉语学校只教生词、对话这些，教的比较少。（WDW，2017-03-29）

从老挝籍学生的描述来看，他们在国内最有可能上的是私人开办的汉语培训学校，但这类学校收费较高。由华侨创办的华文学校大多集中在老挝经济发展较好的城市，对农村的学生来说，到华文学校上学有诸多的不便。除此之外，去老挝国立大学中的语言学院和孔子学院，对于一般的农村学生而言是有一定难度的。这在一定程度上解释了老挝籍学生为什么选择来中国学习汉语。

（三）中国经济的发展对老挝人民的生活产生了较大影响，吸引老挝籍学生来华学习汉语

国家或地区的社会经济发展水平，是影响留学生区域选择的一个重要解释变量。经济发展水平越高，其国家或地区财政收入越多，相应地，教

育投入也更多，在一定程度上有利于提高教育质量、文化科技水平，并吸引外国学生前来学习。[①]老挝是中国的邻邦，中国经济的快速发展对老挝民众的社会生活产生了较大的影响，尤其是随着中老双边贸易的增多，中国资本不断涌入老挝市场，使得老挝人民感受到中国经济的高速发展，促使他们萌发了来中国学习的想法。

有老挝籍学生说，在她选择留学目的地时，更倾向于社会经济发展更好的中国：

中国发展得比老挝要快，老挝是一个很小的国家，人数也很少，不能和其他国家相比，发展建设都是很慢的。（LX，2017-03-28）

另一位老挝籍学生说：

中国人来老挝是卖车、卖衣服，种橡胶、甘蔗。老挝的地很便宜，大概租金三四万，中国人就到老挝租地，把种的东西运回中国卖。他们每年能赚十多万吧，我觉得中国人很聪明……（LY，2017-03-29）

还有老挝籍学生说：

爸爸妈妈是做生意的，他们拉东西。有时也会到中国拉货。他们觉得中国的经济条件好，就让我到中国学习汉语。（WDW，2017-03-29）

我想在中国上完大学，读外贸专业。因为中国的经济发展得那么快，我也想在读书的几年间看看中国的经济发展，以后回到老挝后和中国人做生意。（LYH，2017-03-30）

我认为学习汉语很有用啊，因为老挝现在有很多中国人做生意，要找翻译……（LYH，2017-04-05）

---

① 曲如晓、江铨：《来华留学生区域选择及其影响因素分析》，《高等教育研究》2011年第3期。

一些老挝籍学生告诉笔者，来华学习汉语不仅因为会汉语对找工作有帮助，还能加强中老两国的联系，而且对个人的生活（观看电影电视、吃穿住行）也很有帮助：

> 我觉得学汉语很有用，在老挝有很多中国人做生意、开公司。所以我就来中国学习汉语。学汉语专业，找工作就很容易，能去中国人开的公司工作，当翻译。而且中国和老挝是友好的国家，我们来中国学习汉语，能继续我们两国的经济联系。（AZ，2017-04-02）

> 是爸爸妈妈让我来学汉语的，我弟弟也在景洪那边的学校学汉语。因为汉语对我们找工作很有帮助，而且可以跟中国人聊天，能听懂他们说话，吃饭逛街会很方便。除了这些，还可以看中文电视、听中文音乐。（ZZR，2017-03-30）

在访谈 ZZR 时，他正在手机上玩当时中国很流行的一款游戏"王者荣耀"。他说他很喜欢看中国电影，在学会汉语后，观看中国电影会更方便。

来华上学本是一项教育投资，追求经济回报是老挝籍学生来华上学的首要目的。有老挝籍学生特别提到来华学习汉语经济回报高：

> 现在老挝有很多中国人，爸妈支持我来学汉语，说只有学好中文，以后才能和中国人聊天交流，和中国人一起工作，拿到更高的工资。现在老挝工资比较低，跟中国人一起工作，工资比较高，我当时也是这么想的。（DL，2017-03-31）

中国对老挝电气等行业的投资，让老挝籍学生看到来华上学能获得光明的就业前景与丰厚的经济利益：

> 在这里毕业后，我打算继续在中国申请大学，我想学电气。因为现在老挝的电气行业是中国人来投资，老挝自己的电气公司很少，我想毕业后和中国朋友一起工作，中国人给的工资很高。毕业后如果不去大城市读大学，就回家当翻译。回到家可以教弟弟妹妹，教汉语也很赚钱。我有两个朋友在昆明读书，他们放假的时候

就教弟弟妹妹汉语,弟弟妹妹的朋友也来学。(DM, 2017-03-30)

由于中国人在老挝做生意的较多,对老挝的影响较大,老挝籍学生普遍认为,学好汉语后在老挝的就业机会会更多:

> 如果我去越南读书,回国后就不好找工作,因为越南人不来老挝开公司,他们只是做一些小生意。(PW, 2017-03-30)

> 在老挝那边有很多中国人做生意,很多公司都是中国人开的,他们招的员工要求会说中国话,他们发的工资高,大概每月2500—3000。(LF, 2017-03-31)

> 我去过琅勃拉邦、万象、川圹,都有很多外国人到我们国家来,有越南人、美国人、印度人,他们有一些是做生意的,有一些是来旅游的。最多的是中国人,不管是做生意还是开工厂、饭店、医院,都是中国人。如果你学会汉语了,你到哪里找工作都会容易一点儿,还可以给他们当翻译。如果你不把汉语学好,以后找工作也是很麻烦的。因为现在读大学的人越来越多,就像我这样没读大学的,怎么能找到工作呢? 就是想来中国学点汉语,以后能跟中国人一起工作,所以就来这里读书了。(LX, 2017-03-28)

> 现在老挝有很多很多中国人,来做生意、开公司、开工厂。如果我们会说汉语,会写汉字,我们的工资是比较高的。我没有去过老挝很多地方,多是在勐醒住着。我看见的外国人只有中国人,学好汉语对我来说有很多用处,做生意也好,当老师也好,当翻译也好,都能用到。但是,如果毕业以后找不到工作,就和中国人做生意,因为我有一个舅舅在口岸那里工作。我们在老挝那边开饭店、买日用品、买盖房子用的东西,如果我们会中国话,就可以自己联系中国的老板,他们会送过去。这些东西在老挝卖得贵,而且我们老挝泰国的东西多,我们的东西是比较少的。吃的东西多是泰国、中国的,穿的东西、盖房子的东西多是中国的。(LMY, 2017-03-28)

在中国毕业是很好找工作的，因为我们会说普通话，就很容易找到。现在有很多中国人去老挝做生意，他们需要翻译，寒暑假打工时他们大概给我一个月250万老币，比国内教师工资还高。所以，在这里毕业后，（我）打算回国去当翻译，现在我已经做过一段时间的翻译了，回国后还去那个地方，他们还在等我，是正式的公司。（LC，2017-03-29）

（四）到我国边境地区学汉语离家近，手续简单且费用低

老挝籍学生介绍，M县离家近，来华学习所需相关证件办理方便，奖助学金较多，对老挝籍学生有较大吸引力。

1. 地理位置近

老挝籍学生出国主要是为了学习语言，相较于去西方国家学习英语或到中国其他地方学习汉语，到M县学习汉语地理上更有优势，文化上更有亲近感。中国与老挝毗邻而居，老挝人入境中国大都是通过中老边境唯一的国家级口岸——磨憨口岸，而离磨憨口岸三四十千米的M县职业中学，可谓非常近。老挝南塔省、丰沙里省离M县城只需几个小时的车程，相比其他地方具有距离上的优势：

我觉得在M县学习汉语离家更近，来往更方便，所以就来这里。我有两个同学在景洪学习，他们说比较轻松点，老师管得没有这么严，我不羡慕他们。因为如果在学习上没有压力的话，就学不会。如果自己放松的话，学三四年也学不了多少东西。（YHN，2017-04-03）

因为M县离我们老挝的家近一点儿，回去也比较方便，就没有去景洪市学习。在这里毕业以后，再去景洪市或者其他地方。（YBL，2017-04-01）

有两位老挝籍傣族学生谈到，他们到 M 县职业中学来学习是出于民族文化认同，M 县有傣族，让他们感到亲切：

> 我知道这里一定有傣族,有傣族就更方便了。因为傣族和我们老挝说话是差不多的,他们说的我们能听懂,就像我们能听懂泰语,说可以,但是不会写。(WDW, 2017-03-29)

> 爸爸跟我说 M 县也有傣族,傣族也懂点老挝语,我就来了。我们傣族说的语言和中国傣族说的话差不多,能听懂。在这边和人交流没什么困难,买东西的时候我会和他们说傣语。而且许多节日是一样的,我们都过泼水节、过傣年。(YBL, 2017-04-04)

2. 来华上学所需证件办理方便

老挝籍学生只需办理过境证，即可进入 M 县职业中学学习汉语，而其他的证件如居住证、体检证均由学校老师统一办理。在入学时，学校老师会对老挝籍学生进行身份核查。此外，老挝籍学生必须有健康证、居住证，一般由学校帮助统一办理：

> 第一个就是护照、毕业证书、健康证明……我们来到这边,要住在这里,我们给老师照片,老师就帮我们办了。我的护照是在老挝那边办的,过境证就是在磨憨那边办理的。护照(有效期)是 5 年,过境证(有效期)一年。居住证是学校帮我们办的。(SF, 2017-03-27)

而家住在边境地区的老挝籍学生，即老挝边民，只需办理过境证就可以来上学了，不需要办理护照。几位老挝籍学生介绍了来中国学习汉语要办理的相关证件：

> 我们来这里,因为我们是(边境)附近的。如果想来这边读书,办理过境证就可以了。我们来到这里,用过境证,然后老师帮我们办理住校手续。如果我们要到昆明、北京,就要办理护照。但是在

这里我们就不用办理了。（LX，2017-03-27）

> 来这里学习，在老挝只是拿照片办护照和身份证、过境证……过境证办理很方便，有效期一年。第一次去办，还不懂，有点儿麻烦，但是第二次办就不觉得麻烦了。居住证这些都是老师帮我们办的。（DM，2017-03-30）

> 在M县学习只要过境证就可以，居住证老师帮我们办，不用办其他的。办证很方便，就在口岸那边，不到一个小时就可以办好……（LYH，2017-03-30）

> 我们来这边读书只要办过境证，其他不用，居留证、体检证那些都是老师帮我们办的。（YHN，2017-03-30）

> 在这里学习要办过境证、体检证、居留证。我知道出国需要护照，但这里离老挝比较近，一般只需要过境证就可以出去了，过境证有效期是一年。（YZ，2017-03-30）

M县职业中学老挝班班主任也说，学校招收老挝籍学生只需要学生出具相关的学历证明，有护照及出境证即可：

> 因为我们M县和老挝的北部五省接壤，他们主要就是办一个出境证。他在我们中国这边办一个居住证，一年期的，短期的这种居住证，然后就可以过来这边读书了，这些证件都是学校统一给他们在公安局外管科备案办理。一年到期后再重新去签。（ZJZ，2017-03-27）

3. 留学成本较低

大部分来华上学的老挝籍学生家庭经济条件一般，所以到离家较近、消费水平相对较低的中国边境县留学，更符合老挝普通家庭的期待。三位老挝籍学生通过比较，解释了他们放弃在国内上大学的机会而选择来M县学习汉语的原因：

我家有 7 口人,5 个孩子,我是第三个,有一个哥哥一个姐姐,一个弟弟一个妹妹。爸妈是种田的,现在哥哥在万象读大学,姐姐结婚了,弟弟妹妹还在上学。原来我也没想来中国读书,是打算在老挝读大学的,但是我哥哥在老挝读书比我来中国读书用钱还多,大学学费很贵,我觉得来中国更节约点。我爸爸妈妈在家养鱼、种橘子,收入很低。我在这里很节约,用的生活费很少……(DM,2017-03-30)

高中毕业的时候,我没有考老挝的大学,因为在老挝上大学要花很多钱,大概一年是两万多,比这里花得多。自己想了想太贵了,就在家等了两年。因为哥哥来这里是一年 6000—8000 元,我想如果是这样的,我要挣一点儿钱(再)来这里。哥哥在中国上大学不交学费,我觉得这个很好。我也是想到这边上学用的钱较少就来这边学习了,因为是自己挣的钱,要节约着花。(LF,2017-03-31)

我有几个朋友刚来中国上高中,他们初中毕业就跟我说想来这边学习,因为来中国学习更好点。我们那边有很多人都来这边学习了,因为来这里用钱不太多。我们在老挝万象读书一个月就是一千多,在这边大概七八百就够了。老挝中学不贵,大概 100 多,但是读大学,报名要钱,还要自己租房、自己做饭,用钱太多。(PW,2017-04-02)

M 县职业中学的一位校领导也认为,老挝籍学生到 M 县职业中学学习汉语,有着离家近、花费少等优势:

就整体来说,好多老挝籍学生家庭条件并不是特别好……我们学校离他们家不太远,费用也不算很高。要去北京、上海、昆明的话,每年路费就会花掉很多,更别说学费什么的了,这也是一部分原因。国家还有资助的奖学金,这也是原因之一。(HXL,2017-03-25)

（五）M县职业中学的汉语教学和学生管理有较好的口碑

虽然与老挝接壤的我国边境地区有多所职业学校接收老挝籍学生，但是M县职业中学的老挝籍学生最多，占在华老挝籍学生的90%以上。调查发现，这得益于M县职业中学在汉语教学和留学生管理上的口碑和声誉。

1. 毕业生的口碑效应

自从自主招生开办老挝班以来，靠着之前毕业回国学生的口耳相传，M县职业中学获得了大量老挝籍生源。该校一位校领导说：

> 以前我有一个学生，他爸爸妈妈是华侨，可他们几乎不会说汉语，因为从小说的都是老挝语。他是老大，就把他送来，他（从我们学校）毕业以后，……先是在他们的外事厅工作，后来是当警察，现在自己开一家广告公司。他读完以后，他妹妹很调皮，他就把她送过来。当时他跟他妈妈说，你看我啊，我学得这么好都是因为这个学校的这些老师，肯定要把妹妹送来。他就把他妹妹送来，他妹妹送来后学得也很好。后来他们家，在老挝一见到谁（就说），如果你们的孩子想要读书，我建议你们就去M县职业中学，如果你们的孩子想去玩，要条件好那么就去J市、K市……他们就这么免费地帮我们宣传了。所有的学生基本上就是这么招收来的。其实我们学校的老师是不去老挝招生的，但是你看来的（老挝籍）学生去年已将近有400个……就是这么你传我我传你。其实，我们这样一个县镇的学校也不可能有什么名气，就是这十多年的口口相传……老挝的领导，还有普通老百姓，只要一说起我们学校，都非常认可，这也是因为我们学校的老师真的负责任。学校领导也挺关心、重视他们……所以时间长了，慢慢地就形成了口碑，人就多起来。（HXL，2017-02-20）

这位校领导认为，自发、自费来学校就读的老挝籍学生人数不断增长，是因为学校在老挝籍学生的教育教学上树立了口碑。这一点得到了受访的所有在校老挝籍学生的印证。一位 19 岁的老挝籍学生说，他是受到去年从 M 县职业中学毕业的表哥影响而来这里学习的：

> 我以前在万象为考试准备了三个月，考了大学，但是我爸不让我读，他让我来中国读。因为我表哥去年也在这里读，他给我爸说这里有什么好处，我爸就让我来，我是愿意来……现在学了之后感觉爸爸的决定是对的。（LYH，2017-03-30）

还有学生也是受到之前从 M 县职业中学毕业的亲戚的影响：

> 我高中还没有毕业，爸爸妈妈就让我来中国上学。但我想高中毕业后再来，表哥他们说来这里可以不用毕业证，爸妈就让我来了。……我猜是想让我当翻译，学了汉语找工作容易。（SP，2017-03-29）

> 我在老挝学得太无聊了，想学一些新的知识，我跟妈妈说我想去外国学习。然后，妈妈问叔叔，叔叔的儿子就告诉我，可以到这边学习汉语。爸妈也支持我来中国学习，只要是学习爸妈都很支持我的决定。（DY，2017-03-29）

2. 老挝籍学生普遍认为 M 县职业中学的汉语教学水平高

老挝籍学生从教学方法、教学态度、教学管理、教学内容等方面描述了 M 县职业中学教师的教学，对该校教学表示认可。

> 在中国上课老师坚持让同学回答问题……我觉得中国老师的这种教法好，能学到东西。我来中国之前没有任何的汉语基础，刚上课有点儿不懂，来这里就从 α、o、e 开始学。这里的老师教得很好，很关心我们，我们平时有不懂的就会去找他们。因为老师负责（指导）的老挝籍学生太多，所以给我们辅导的时候很少。班上有

48个人,但是有的人在准备考四级,有的人在准备考五级,所以老师也忙。上课的时候就先给准备四级的同学讲题,然后再给准备五级的同学讲。(DY,2017-03-29)

中国的教学条件比老挝好,老师讲得好,对我们很有耐心,我们有什么不懂的老师会很慢地教,我们听懂了老师才讲新的。(LF,2017-03-31)

在这里老师很关心我们,要求也很严格,他们要我们好好学,对我来说这种严格是很好的……作业不做就扣分。(LYH,2017-04-03)

在这里老师会很认真地教学生……当我想偷懒,在宿舍睡觉,老师就会来找我。(YWK,2017-04-01)

……老师讲得特别好,只是有些听不懂。如果太多听不懂的话,老师会返回来讲……(YBL,2017-03-31)

来华上学的老挝籍学生最主要的目的是学习汉语。相比老挝国内,M县职业中学的语言环境更有利于学生学习汉语。正如两位老挝籍学生所言:

虽然在老挝的南塔、万象、琅勃拉邦也有学汉语的地方,但有朋友的哥哥跟我们说,如果要学汉语,来这边学比在老挝学好多了。因为语言环境,天天能接触到中国人,比较适合学汉语。(YHN,2017-03-30)

在老挝万象有学习汉语的地方,那里的老师也是老挝人,平常在一起上课讲汉语,其余的时候都讲老挝语,来这里时时刻刻都讲汉语。(YBL,2017-03-31)

学校采取师生结对的方式对老挝籍学生的汉语学习进行指导。每一位学校领导和教师都与两名老挝籍学生结对,并制订具体的帮扶方案,每周一下午4:50至5:50为结对帮扶时间。如果学生遇到困难,教师会不限时间、地点进行指导,辅导他们学好汉语。同时,为了方便老挝籍学生的汉语学习，学校还采用生生结对的方式。一位老挝班的班主任介绍，为了营造更好的语言环境，他们通常会让一位中国学生与一位同性别的老挝籍学生结对，让他们互相交流，增进友谊：

> 我们实行一对一的结对，就是老挝班和中国班结对，然后认一对一的朋友。让他们和中国的朋友多交流，发发微信或是语音什么的。（WN，2017-03-31）

此外，学校还积极开展校园系列文化活动，如朗诵、演讲、翻译比赛和校园歌手大赛等，并且创造条件增加学生实习、实践活动机会，如中老互访会谈时尝试翻译、对各种材料进行中译老、到中国学生的班级听课等，以此丰富老挝籍学生的汉语学习体验。

3. 老挝籍学生认为 M 县职业中学的管理比较好

据调查，出于就业压力考虑，老挝籍学生最看重的是学校的教学质量与师资水平，在意学习效果。以下是几位老挝籍学生将 J 市职业中学（以下简称 J 校）与 M 县职业中学所作的比较：

> 我只是听我哥哥说这里的老师教得很认真，去年我也有朋友在 J 校读书，他们说在 J 校不来上课老师也不管。在这里不行，如果谁不来上课，老师会告诉他们的爸爸妈妈，我觉得越严格越好。（DM，2017-04-03）

> 我听哥哥说，这里教书是很好的。J 校那里上课时间少了点儿，一天只上四五个小时。这里上七八个小时，学得比他们多，明白的东西也多一些。（LF，2017-03-31）

> 这里的老师教得好，J 校的老师对学生不严格……比这里差多了，我还是愿意在这里学。这里上课比老挝严格，（我）也习惯了这种严格，严格一点儿能学好一点儿。（DL，2017-04-02）

> 我听朋友说过……J 市是个大城市，环境很好，比这里好很多。

> 但是听他们说那个学校比这里教得少,玩的时间很多,写字读书时间少,我觉得在这里读书比较好。因为自己有时间读书,可以多认识一些字。我家离这里是很近的,坐车三个小时就到了。(LX,2017-03-28)

> 我来这里,没有去J校并不是这里离家更近。我知道J校也可以学汉语,我有朋友在那里学习。因为亲戚说这里比较好,我就来这里了。他们说去J校学习,说得(口语)比较好,但是写得不好。(WDW,2017-03-29)

老挝籍学生认为学校管理比较严格,但他们能够理解并接受学校的严格管理,因为在保证安全的同时,也能让他们更好地学习汉语。以下是两位老挝籍学生对M县职业中学学校管理的描述:

> 学校要求是很严格的……但是我很喜欢这个规矩。比如晚上你到外面睡觉了,不请假老师不知道,就会被赶走,不让读书了。我们很喜欢这种管理方式,因为这样可以让我们养成良好习惯,好好学习。这个对我们来说是很重要的,老师这样做也是为我们好。我们有边境证,但是都是放在老师那里的。因为如果给我们,有些人就会偷偷地回家。放假的时候老师会还给我们,我们才可以回去。(LX,2017-03-28)

> 过境证现在被老师收了,放假再还给我们,因为如果过境证在身边,想回家就回,不好管理。如果有急事要回国,爸妈打电话给老师说,校长签字,就可以回去。(PW,2017-03-30)

4.M县职业中学奖助学金对老挝籍学生具有吸引力

如前所述,M县职业中学招生之初的生源多为老挝国家单位公费的委培生,针对这部分学生学校有明确的协议规定其收费事宜。但是,随着民间自主自发来华就读学生人数的增多,学校招收的老挝籍学生逐渐增多,但没有相关政策文件对这部分学生的收费进行规定。因此，学校按照自费生的标准向老挝籍学生收取相关费用，但会对学习表现优异、家庭困难的老挝籍学生进行适当的资助。之后，学校招收老挝籍学生产生的影响逐渐扩大，受到云南省政府的重视，学校开始按照中职学生的标准减免老挝籍学生的学费并每月发放补助金。一位校领导介绍：

> 最早的时候可能是一年收 1500 元学费，就是一学期 750……然后要跟他们收生活费，收了后再每个月发给他们，一个学期 2400……因为有些学生不会管账，怕他们手上有了钱，这个月把钱全用完了，下个月就饿肚子。所以我们学校把他们（的生活费）收了，再按月发到饭卡里，发在卡里可以打饭菜。就是说即使他不太会计划过日子，这个月钱用完了，下个月也不会饿肚子。后来我们国家每年发 2000 块钱给他们……一年 2000，一个学期 1000。从这个学期开始，学费都不收了。（HXL，2017-02-21）

该校另外一位教师介绍，对老挝籍中职学生的资助政策是 2015 年后才开始实施的：

> 关于学费，从 2015 年开始，教育部的相关领导来调研了以后，我们就提出来了。中职学生每年有 2000 块的免学费补助，还有 2000 块的助学金，这个是发到他们手上的，不发现金，是打到卡里面。从去年开始这些老挝籍的学生，和中国学生同样地享受中职学生的待遇，不收学费了。（LLS，2017-03-28）

中国对留学生的奖学金、助学金政策对部分家庭经济条件一般的老挝籍学生具有较大吸引力。正如两位老挝籍学生所提到的：

> 同学的哥哥跟我们说，这边学校有的是不用交学费的，有的是有补助的，有的是有奖学金的。我了解的也不具体，但这些对我来这边学习是有吸引力的。（YHN，2017-03-30）

> 我的高中同学很多都到中国留学了，他们都去四川了。我想先

在这边学一点儿汉语,再到其他地方去。到时候老师帮我们申请,到哪儿就是哪儿。听老师说申请的大学不用交学费,生活费是自己出,表哥在贵州读大学也没有交学费。(DL,2017-03-31)

老挝籍学生选择来中国上学除了上述几个方面的原因,也有个别学生表示,来华学习汉语是因为自己喜欢汉语和中国文化:

在来中国之前一个(中国)人都不认识,爸妈也不认识……就是觉得很喜欢汉语就来学了汉语。我喜欢汉语,觉得每个汉字好像都有意思。我看过古时候的汉字,但是很多都看不懂。(YHN,2017-03-30)

我高中的同学都在老挝上大学,我想认识中国的文化、中国的历史,就来中国了。学好汉语,可以帮我了解中国的历史、文化,认识很多中国人,交一些中国朋友。(YZ,2017-03-30)

综上所述,老挝籍学生自发来到我方边境学校学习汉语,主要是因为中国经济发展对老挝的影响,导致老挝国内出现"汉语热"。具体原因包括:老挝经济发展水平较低,就业困难,外资不断涌入,外语尤其是汉语对就业的重要性日益凸显;老挝国内的汉语教学与华文教育不能满足学生学习汉语的需求;中国经济发展对老挝民众的生活影响力大,掌握汉语能够获得更多的工作机会和更丰厚的经济回报;老挝学生到中国边境学校学习汉语具有地理位置近、交通便利、手续简单、留学成本低等便利条件和优势;M县职业中学老挝班的办学具有较好的口碑和声誉。

三、中越边境地区未发现学生自发来华上学现象

中越两国山水相连,往来密切。实地走访发现,中越两国的边境管控都非常严格。例如,对于进入我国务工的越南人,我方要求他们必须通过

外交渠道办理正式的务工手续。如果是边民做小额贸易、生意，则需要持有边民证。对于未办理正式务工手续却想要进入我国务工者，会受到罚款处罚（如广西水口地区，发现一次罚款金额为 2000 元），然后交由地方派出所遣送回国。越南对于边境出入人员的管控同样严格，P 市 S 校 Z 校长有与越方开展工作联系的经历，他说："他们（越方）一切的工作，都要走官方程序……边防管理抓得很严。"边境管控严格无疑有利于边境安全，但却不利于日常教育交流的开展。

与中缅、中老边境相比，中越边境地区的教育交流活动较少。在广西边境县走访时发现，中越交流活动都是政府主导下的官方对接，几乎没有学校单独对接的活动。每逢双方的重大节日，边境两侧都会互邀双方政府部门出席，但教育部门的交流非常少。在过去一些年，边境学校间曾有过一段时间的频繁交流，如节日互访、邀请参加学校文体活动等，但近年交流越来越少；而且，中越边境两侧学校间的教育交流，仅仅局限于互相出席文体会演等方面的活动，未涉及课程教学的交流。

四、比较分析

当前，分析留学影响因素的典型框架是推拉理论。根据该理论，外籍学生来华上学是生源国的推力和接收国的拉力共同作用的结果。研究者一般从接收国的经济发展水平、管理制度、教育发展水平等方面的优势，以及生源国在这些方面或其中某一方面的劣势来解释外籍学生选择留学目的地的原因。然而，本章的分析发现，推拉理论只能提供一个大致的、宏观的分析方向，而无法深入分析缅籍和老挝籍学生来华上学的差异。

从背景上看，缅甸和老挝都是中国的邻邦，且都受到中国经济快速发展的影响，教育发展水平都不如中国。甚至从生源上看，来华上学的缅籍和老挝籍学生大都是跨境民族，而且大都来自普通百姓家庭。但是，缅籍和老挝籍学生在来华上学的动因上却存在差异。缅籍学生来华上学，除了地理位置的便利和教育政策的吸引，还有两侧边民同源文化交往中跨越边界的惯常性和边界认知的模糊性，缅北边民对中国文化的认同及无隔阂的文化心理作用。缅籍学生来华上学的背后，有着更深刻的民族文化心理因素。中缅两侧边民习以为常的跨界交往、世代延续的"胞波情谊"和亲情关系，以及缅北政治动乱对缅方边民生活的冲击及其导致的生计艰难，使得缅籍学生来华上学带有强烈的感情色彩。甚至可以说，来华上学是对他们视为生存根基的中国的"寻根"和"投奔"。而老挝籍学生来华学习汉语，则是出于对留学成本与收益权衡之后的理性选择。他们来中国边境学校学习汉语，是因为掌握汉语能帮助其在老挝获得更多的就业机会和更好的工资待遇。同时，中国边境地区离家近，往返方便，留学成本低。对绝大多数老挝籍学生而言，他们来华学习汉语，更多的是出于现实的经济目的，即对自身就业和经济收益的考虑。

如果再把越南的情况放在这里分析，差异会更明显：缅甸、老挝、越南都是中国近邻。相对而言，老挝籍学生人数不多，可能是因为老挝与中国的边境线不太长。而缅甸和越南都与中国西南地区有着漫长的边境线，经济和社会发展水平也都次于中国。但是，在我国西南滇、桂两省区与越南长达1000多千米的交界地带，没有越南籍学生自发来华上学。如前所述，我国境内中小学校的越南籍学生，都是跨境婚姻家庭子女，他们在越南出生，但长期在中国生活，因无法在中国落户、不能办理中国居民身份证而被称为"越南籍"；其余在华的越南籍学生，包括中职学校的越南籍学生数量不多，且都是通过正规的官方渠道来华留学。他们不属于本研究所界定的"自发来华上学"范畴。在中老边境地区，老挝籍学生确实是自发来到我方边境学校学习汉语，但他们持有正式的边境证，从正式的国门口岸进出中国，并且有着"我是老挝人"的清晰的身份认同。他们来华学习的目的也非常清晰，即学习汉语以便回国找到更好的工作。可以说，在来华上学这件具有极强的文化交流、地缘政治意义的事件上，中老、中越边界所呈现出来的是地理学和政治学意义上的国家边界：边界将民族国家区隔开来的同时，也把边民的文化心理区隔开来，使得各自分属于完全不相同的两个国家。

而在中缅边境地区，文化心理边界的属性却完全不同。缅北边民与中国的深厚渊源以及强烈的民族认同，形塑了他们"无隔阂"的文化心理空间。这一特殊的民族文化心理特征，导致了中缅边境地区在学生流入人数、方式（自发或是官方）、学段、往返频率、入境途径等方面呈现出与中老、中越不同的特征。

第五章　流入学生在华教育
境遇与面临的挑战

如前所述，在多种因素的综合影响下，缅甸、老挝籍学生自发来到我方边境学校学习。在我方学校，他们的学习、生活状况如何？本章将继续从"主位"视角，讲述流入学生在我国的教育体验，传达他们的声音，从而真实呈现他们的边界实践活动的内涵和性质，展现不同国别学生边界实践活动的差异。边界实践活动涉及边界两侧人们的行为和反应，因而具有互动性和双向性。本章所说的"教育境遇"，是指流入学生在我方教育场域中的处境、待遇和体验；"面临的挑战"则指流入学生给我国边境地区（尤其是边境地区学校教育）带来的影响或挑战。

需要说明的是，鉴于我国基础教育阶段不存在越南籍学生自发流入现象，本章不讨论越南籍学生在华教育问题。

一、缅籍学生在华教育境遇与面临的挑战

（一）缅籍学生在我方学校中的境遇

这里的"境遇"指处境和待遇，包括缅籍学生在我方边境地区学校中的受教育现状和他们的表现，以及面临的挑战。

1.缅籍学生大部分学习成绩优良,品学兼优

缅籍学生学习刻苦、态度端正、成绩优异。据老师们反映,缅籍学生学习态度非常好,边境学校各班级中成绩名列前茅的几乎都是缅籍学生。当谈及缅籍学生的学习情况时,绝大多数老师都认为缅籍学生学习刻苦,且成绩优异。例如 R 市 JX 中心小学副校长提到:

> 总体上来说缅甸学生(学习成绩)还是比较好的。特别是高年级段,四五六年级成绩好的学生(中)缅甸学生占的比例还是比较高的。(HX-JS, 2016-11-24)

该校一位班主任老师也介绍,缅籍学生学习态度积极,学习成绩好,且在艺体方面表现突出:

> 班里缅籍学生学习情况都挺好的。我们班的缅甸学生学习成绩基本上都是前十(名)。他们的年龄要比这边的学生大上一两岁,要懂事很多……组长是缅甸生,班长也是缅甸生……学习动机、态度、方法、学习习惯各方面都挺好。另外,跳舞、唱歌、体育也很好……大部分缅甸学生都很珍惜(学习机会),很努力,很上进,大部分(是这样)。也有个别缅籍学生不想读书,可能跟家庭的环境有关系,比如爸爸妈妈离婚了,或者是爸爸妈妈不重视教育,但大部分还是比较积极上进的。(LWS, 2016-11-24)

不过,也有例外的情况。据 R 市 J 国门小学校长介绍,该校就读的缅籍学生父母大多数都在 R 市经商,一般而言家庭条件较为优越,学生学习积极性不高。

调查发现,边境地区教师认可缅籍学生主要有两个方面的原因:

一是云南边境地区很多乡镇优秀生源转向城区学校,流失严重。前来就读的缅籍学生学习刻苦且乖巧懂事,成了本班和本校的优秀生源,对提升全校教学成绩和学习氛围有促进作用,也能够增强教师的教学成就感。

例如，R 市 JX 中心小学副校长说：

> ……我们的优秀生源流失到城里的很多，我们（市）城里边有一个民族小学，它的生源就是我们乡下的优秀学生……我们的优秀生源就很少，留下来的优秀生源，多数都是缅甸学生中的优秀学生。（HX-JS，2016-11-24）

二是部分缅籍学生来中国上学之前在缅甸上过学，其年龄较同班的中国学生偏大，担任班长、学习委员、小组长等职务，能较好地协助教师管理班级。例如，R 市 J 乡一位班主任老师告诉笔者，缅籍学生对教学工作和班级管理都起到促进作用：

> 班里的缅甸生对教学的影响，更多的是促进和推动……我们班上有两个缅籍学生，一个是班长，还有一个是语文科代表，都很能干。（LWS，2016-11-24）

M 市 Z 镇民族中学校长表示，在管理缅籍学生方面基本上不存在困难，且由于缅籍学生年龄偏大，在班级管理方面能力较强，能够起到很好的带头作用：

> ……他们年纪稍微大一点儿，稍微成熟一些，教学管理上不仅没有困难，他们还能在班级中起到模范带头作用。他们全部是汉族，纪律也好。你看，刚才举手的时候（注：笔者在开缅籍学生座谈会时，问哪些是班委）那么多班委，他们不会给班级管理带来任何负担，反而会帮班主任管理很多事情……（CXQ，2016-11-30）

该校一位教师也说：

> 缅籍生来我们这边读书，因为年龄偏大，比同年龄段的好沟通，好管理……不过现在缅甸生的年龄跟当地学生差不多了。（LL，2016-11-29）

缅籍学生尊敬师长，讲文明有礼貌。由于缅甸的风俗习惯、宗教信仰等原因，整体而言，缅籍学生在文明礼貌和言行举止方面的表现都很好，他们见到老师会主动问好、行礼，有的同学甚至行九十度的鞠躬礼。缅籍学生在礼貌、礼仪方面的表现，也给研究者留下了深刻的印象。访谈中校长和老师们都谈到这一点：

> 缅甸孩子到我们这里读书，不管是男生还是女生，都特别懂礼貌。（HCH，2016-11-25）

> 缅甸学生相当有礼貌……纪律也好。他们见到老师都会弯腰行礼……这些还是做得相当到位的。（CXZ，2016-12-05）

> 缅甸生是比较有礼貌的，见到老师会主动问好、行礼，上课也比较听话。（LRH，2016-12-06）

> 缅籍学生家长特别注重文明礼貌、礼仪礼节这些方面，中华民族传统礼仪教育这一块，我觉得他们做得比较好。（CXQ，2016-11-30）

> 缅籍学生……他在老师跟前会很有礼貌……我们这边的学生见面一般就是叫"老师好"，但缅甸学生问好的同时，他都会弯腰鞠躬。这是他们的习惯，也跟他们的信仰有关，他们父母普遍信仰佛教，对长辈、师长还是比较尊重的。（ZLS，2016-12-02）

除了边境学校的校领导和老师，德宏州教育局和 M 市教育局的工作人员均表示缅籍学生在文明礼仪方面做得比较好：

> 从渊源来说传统礼仪还在的，与我们国内相比，他们的传统礼仪还要多一点儿……（ZKZ，2016-05-02）

> 他们那边（指缅方一侧）信奉小乘佛教，说话要轻一点儿，走路要轻一点儿，在老师、长辈面前……传统礼仪还在的……（MJJ，2016-05-02）

R 市 JX 中心小学四年级的缅籍学生也表示，父母和长辈都要求他们注重礼仪和礼貌：

爸爸妈妈还有在缅甸的很多长辈,都告诉我说要尊重长辈,在学校尊重老师,跟同学好好相处,不要打架吵架。(MS,2016-11-24)

2. 缅籍学生的住宿情形不一, 但对学校食宿普遍满意

住宿问题是缅籍学生面临的一个现实问题。虽然跨境而居, 但仍然有很大一部分缅籍学生的家距离学校较远, 往返学校不方便。一些边境学校能满足缅籍学生的住宿需求, 但仍有一部分学校由于校舍有限无法满足缅籍学生的住宿需求, 还有部分边境学校为非寄宿制学校, 缅籍学生不得不自己解决住宿问题。因此, 他们一部分人选择投亲靠友, 另一部分距离学校较远且学校附近也无亲戚的缅籍学生便选择租住在学校附近, 有少数缅籍学生每天往返于学校和家（缅甸）之间。

M市Z镇的一位小学校长介绍, 受学校条件的限制, 该校连本地学生的住宿需求都难以满足, 更别提满足缅籍学生的住宿需求了:

缅甸生来了以后存在住宿问题。像我们中心小学,自己片区（的学生住宿）都解决不了,缅甸学生（的住宿）就更没办法了……来我们学校就读的缅甸生,（招生条件）一是要看他的年龄,二是他要有暂住的地方,这个是最起码的。因为学校没办法安排住处。(BYBW,2016-11-30)

在学校无法提供住宿的情况下, 有的缅籍学生便投亲靠友, 住在亲戚或熟人家里。正如两位校长所言:

……如果他这边有亲戚就直接到亲戚家里住着,也比较方便。现在,好多想来读的（缅甸生）这边没有亲戚,我们学校又不能安排住宿,他就来不了。(CXZ,2016-12-05)

根据我们学校的条件能住校的就住校,学校安排不了住宿,他周围有亲戚就住亲戚家。如果实在没办法只能去其他学校……(GCT,2016-11-29)

绝大多数缅籍学生表示非常喜欢就读学校，对校园环境和食宿较为满意，并且与周围同学相处较好。问卷调查显示，在填答问卷的688名缅籍学生中，对"你喜欢这所学校吗"这一问题，61.2%的缅籍学生表示"非常喜欢"，27.0%的缅籍学生表示"比较喜欢"。两项合计，共有88.2%的缅籍学生"喜欢"自己的学校。另有7.6%的缅籍学生觉得"一般"，只有2.2%的缅籍学生表示"不太喜欢"或"一点儿也不喜欢"。（见表5-1）

表5-1　"你喜欢这所学校吗？"

	非常喜欢	比较喜欢	一般	不太喜欢	一点儿也不喜欢	缺失	合计
人数	421	186	52	11	4	14	688
百分比	61.2%	27.0%	7.6%	1.6%	0.6%	2.0%	100%

在校园环境方面，48.1%的缅籍学生认为"非常好"，32.4%的缅籍学生认为"比较好"。两项合计，共有80.5%的缅籍学生认为校园环境"好"，另有15.6%的缅籍学生认为"一般"，只有2.3%的缅籍学生认为"不太好"或"一点儿也不好"。在住宿条件方面，36.3%的缅籍学生认为"非常好"，34.0%的缅籍学生认为"比较好"。两项合计，共有70.3%的学生认为住宿条件"好"。另有14.2%的缅籍学生认为"一般"，4.1%的缅籍学生认为"不太好"，1.2%的缅籍学生认为"一点儿也不好"。（见表5-2）

表5-2　缅籍学生对校园环境和住宿条件的感受

		非常好	比较好	一般	不太好	一点儿也不好	缺失	合计
校园环境	人数	331	223	107	11	5	11	688
	百分比	48.1%	32.4%	15.6%	1.6%	0.7%	1.6%	100%
住宿条件	人数	250	234	98	28	8	70	688
	百分比	36.3%	34.0%	14.2%	4.1%	1.2%	10.2%	100%

对"你喜欢食堂的饭菜吗"这一问题的回答，26.0% 的缅籍学生表示"非常喜欢"，31.4% 的缅籍学生表示"比较喜欢"。两项合计，共有 57.4% 的缅籍学生"喜欢"食堂的饭菜。另有 21.8% 的缅籍学生觉得"一般"，6.8% 的缅籍学生表示"不太喜欢"，只有 1.3% 的缅籍学生表示"一点儿也不喜欢"。（见表 5-3）

表 5-3 "你喜欢食堂的饭菜吗？"

	非常喜欢	比较喜欢	一般	不太喜欢	一点儿也不喜欢	缺失	合计
人数	179	216	150	47	9	87	688
百分比	26.0%	31.4%	21.8%	6.8%	1.3%	12.7%	100%

综合而言，由于缅籍学生与我国边境地区民族同根同源、同语同俗，因此在我方学校中生活适应无障碍。

3. 边境学校无专门针对缅籍学生的管理办法，但普遍重视安全问题

各个边境学校并没有出台专门针对缅籍学生的管理办法，通常将缅籍学生和中国学生共同管理。但是，从整体上来看，学校和教师都比较重视对缅籍学生的安全管理。

走访边境学校发现，学校对缅籍学生的学习和日常生活管理与中国学生一样，教师们也表示不会区别对待。例如，M 市 Z 镇一位小学校长说，教师在管理学生时一视同仁，不会区别对待：

> 在学校里面老师对所有的孩子都一视同仁，走读也好，住校也好，我们都是一样对待。住校了就以住校生来对待，走读的就以走读生来对待，都是一样的。（BYBW，2016-11-30）

各边境学校都比较重视缅籍学生的安全管理。M 市 Z 镇一位小学校长说，由于需要往返于边界两侧，且缅方一侧政局不稳定，学校对缅籍学生

的安全问题格外重视：

> 因为这几年缅甸局势也不是太好，有些山啊、地啊都被炸了，包括我们这一带，都会有地雷……我们学校的缅籍学生，还被炸到过两个人，重伤……（LXZ，2016-12-06）

除了关注缅籍学生上学路上的安全问题，校内安全也受到我方教育主管部门的重视。德宏州教育局的一位负责人就表达了她对缅籍学生安全问题的担忧：

> 这些缅甸孩子过去过来，安全是我们要考虑的一个因素……他们来读书我们接收是好事情，如果在学校出现安全事故……碰伤这些，缅甸的家长还是包容的，也能接受。但是，如果说缅甸的孩子在我们学校宿舍里出了意外那就比较麻烦了……所以我们都要求学校加强安全（管理），就是说，学校没有条件你就不能招收，招收了你就要负责好安全。（ZKZ，2016-05-02）

M市Z镇民族中学校长表示，学校对于缅籍学生的安全问题非常重视。例如，在缅北军事冲突期间，学校会为周末留校的缅籍学生提供住宿和餐饮，以确保缅籍学生的安全。他说：

> 学校针对缅甸学生有一些管理（措施）……比如说，那边发生武装冲突的时候，我们会提供条件让他们留宿。现在那边不稳定，上个星期我还打电话，要给他们开个会，了解他们周末到底去哪里，不行就不要回去，学校提供住宿……如果周末回不去，学校会把所有的后勤准备好，把学生的住宿、伙食安排好，让他们安心待在这里。（CXQ，2016-11-30）

这位校长出于个人情感对缅籍学生抱有同情和爱护心理，非常欢迎缅籍学生来校就读。作为一所乡镇民族中学，该校多年来一直有缅籍学生在读。

除此之外，边境口岸对缅籍学生管理宽松，便于其来华上学。中缅两侧边民进出口岸需要办理正规的边民通行证（简称边民证），定期更换，进出时两侧边防都要求进行登记。但缅籍学生一般不需要这些"过关"手续。L 县统一为缅籍学生办理优先候检卡，方便缅籍学生进出国门；在其他县 / 市，对一些往返口岸非常频繁的缅籍学生，边防人员已经非常熟悉，他们可以直接"刷脸"过关。缅籍学生来华上学现象已经成为边境口岸日常管理中的常态。德宏州教育局一位科室负责人曾表示，缅籍学生"过关"时，边防会为其提供便利，方便其出入境：

> 边防对我们还是非常支持的。如果是边民，办理一个边民证，过去盖个章，回来盖个章。但是孩子呢，就发一个卡，他天天要出来进去，就很方便。（ZKZ, 2016-12-07）

L 县的边防管理人员也谈到，他们确实为缅籍学生"过关"提供了便利：

> 给他们办一个卡，类似学生证那种，只要出示就可以了，不用登记。我们一看是学生，就允许他们自由地出入，……大人是要查的，我们边防一定要制约一些人（出入境）。（HX-BF, 2016-11-24）

调研时发现，M 市 M 镇的边防人员已非常熟悉每天往返边界两侧的缅籍学生，通常看一眼就让其过关了。边防人员解释道：

> 他们每天都是固定时间上学、放学，来来回回就是他们几个……有时也有拿不准的（指不能确定其学生身份——笔者注），又没穿校服的话，就让他说老师的名字，打电话确认后，就让他们过了。（MSBF, 2016-05-03）

4. 部分边境学校限于办学条件，招生限制严格

近些年来，德宏州把"敞开国门办教育"作为特色工作之一推进。政府部门（含教育主管部门）对缅籍学生的招收采取默许态度，鼓励各边境学校"在学校接收能力范围内"尽量招收缅籍学生。每年开学，学校上报招生名额，县、市教育主管部门统计后再上报或备案。但对于招多少、如何招，教育主管部门并无明文规定。对此，各边境学校基于各自的办学传

统（如多年来一直有缅籍学生在读）和容纳条件，积极接收缅籍学生。但部分边境学校（尤其是国门学校）因办学条件有限，无法招收大量缅籍学生，甚至不招收缅籍学生，这些边境学校往往通过设置各种条件限制缅籍学生入学人数。有的限制条件（如年龄限制）比较合理，有的限制条件（如需要本地暂住证）则比较严格。

首先，边境学校的招生都是优先满足本地学生入学需求，有空余名额再招收缅籍学生。德宏州虽然没有出台专门针对缅籍学生的招生或管理文件，但大多数学校都是在满足本地学生入学需求的前提下，有空余招生名额（或有接收条件）时再招收缅籍学生。

M 市教育局的一位负责人表示：

> 我们 M 市每年都要出台招生计划的通知，就是遵循划片招生、就近入学的原则。在学校学位充足的条件下，学校可以接收外籍适龄儿童平等接受义务教育。我们全市各个学校，只要学校能够容纳，有条件接收，那么只要他们提出申请，我们都接收他们。（MJD，2016-05-02）

M 市 Z 镇一位校长也谈道：

> （招生时）要先看我们这一边，宿舍床位还有教室各种设施……首先要满足我们自己本地学生，在满足我们本地学生的前提下再来考虑他们。条件允许就招，条件不允许那就没办法了。（GCT，2016-11-29）

其次，学校自行决定招生条件，要求不一。由于德宏州教育主管部门并未出台专门的招生办法或管理办法，缅籍学生的招生条件、人数、方式等均由各学校自行决定。总体而言，各边境学校的缅籍学生招生情况，大致有以下三种类型：

类型一："来的我们都收"

R 市 S 中学始建于 2002 年，是一所城郊完全中学。2017 年 9 月，全校共有 28 个教学班，学生 1369 人，其中缅籍学生 76 人；高中从 2017 年 9 月开始招生，目前有 2 个班，共有学生 93 人，其中缅籍学生 2 人。2017 年 9 月学校的招生名额约 1500 个，但最后只招到 1369 人，还空余 131 个名额，所以"缅籍学生来读书都是可以接收的"。R 市 S 中学教务处一位老师说：

> 我们学校接收缅甸学生没有任何的限制，只要他来我们就招……因为从学校现在可容纳的学生数来看，他可以进来。当然，如果容纳不了，他就进不来，因为我们首先要保证这边的学生进来……只要可以容纳，他们就都可以来，我们基本上是没有任何限制的。（XJ，2017-10-22）

M 市 Z 镇民族中学在基础设施和硬件配置等方面均能满足缅籍学生的入学需求。学校愿意招收缅籍学生，除了学校有接收缅籍学生的能力，还与校长个人的态度和情感有关。该校校长说：

> ……他们小小年纪就在这边读，然后又这么优秀，当他来到你跟前说想读书的时候，你心里面也是非常难受。从感情上来讲，就觉得不管以后怎么样，把自己能做的这一步做好，做好之后，能为他们的人生打一定的基础，提供一定的条件。从任何一个老师、任何一个教育工作者的角度来讲，都是割舍不下的。我就是个做教育的，考虑我个人的情感，我是很热衷于这份事业的。所以，我就觉得不管是哪边的学生，他们需要的一些东西，能为他们提供的我会全力把它做好，给他们提供条件。但有些我不能决定的事情那就没有办法了，我能做的、我能提供的我可以尽最大努力去做，不管是（为）本地学生还是缅甸学生。（CXQ，2016-11-21）

> 现在我们学校的基础设施、硬件配备还是能满足（缅籍学生入学需求）的。他们小学就在这边读，小学毕业以后就直接来上初中。（CXQ，2016-11-30）

该校长出于个人的教育情怀及对缅籍学生的同情，认为应该为这些孩子提供教育机会，并且学校也有招生条件，因此积极接收缅籍学生。

M 市 Z 镇的另一位校长也表示：

> 基本上,我们这边没有什么限制。他们有的在那边(缅甸)读过书,年龄有点儿偏大,所以来到这边以后简单地测一下,看他能够跟得上哪个年级。一般刚来就让他从低年级开始读起……没有什么其他的条件和限制,住校基本上是按照报名的先后顺序安排。（GCT, 2016-11-29）

这些能够招收缅籍学生的边境学校一般都会对新报名且非起始年级的缅籍学生进行简单测试，再根据其知识掌握情况安排到相应的班级：

> 我们没有什么入学要求,就是来了之后测试一下,看他们在那边学到了什么程度,适合去哪个年级,我们就直接安排到哪个年级。他们有些人在缅甸学了两年,也学了一些汉语,但(学得)很不系统。他们说上到四年级了,可能我们只安排他们到三年级,其他过多要求也没有。（CXZ, 2016-12-05）

M 市的一位小学校长也谈道：

> 他们是年龄大一点儿,比如说,我们这边正常的是六岁就要读一年级了,但是他们在那边(上过学)然后又过来,很多都七岁八岁了……但叫他们写字、做题他们也不会,那么我们只能安排他们从一年级开始学。所以与同班同学比起来,他们年龄是偏大一点儿,学习成绩肯定就好。他们来了以后……我们先初步地看一下,就是报到的那天,看一下年龄有多大,简单测试一下适合哪个年级。（HJX, 2016-11-29）

类型二：要求适龄且在我方学校接受过学前教育

缅籍学生与同班的中国学生相比年龄偏大，这一直是缅籍学生群体的一个典型特征。边境学校普遍关注该问题，在招生年龄上有一定的限制，尽量把缅籍学生的入学年龄控制在适龄范围内。

R 市 J 乡位于 R 市南段，毗邻缅甸。J 乡有 1 所中心小学、5 所村级完全小学、2 个校点，[①] 共有缅籍学生 356 人。其中，中心小学有缅籍学生 266 人。中心小学从建校开始就陆续有缅籍学生在读，近年来缅籍学生越来越多。学校建校之初，在教育资源充裕的情况下，只要缅籍学生来上学，学校就无条件接收。从 2016 年起，为了便于管理，学校开始控制缅籍学生的年龄，在入学条件中规定，缅籍学生必须先就读本地的幼儿园或学前班后才能顺利升入小学。此外，缅籍学生必须持有接种疫苗的相关证明才允许入学。R 市 JX 中心小学副校长说：

> 现在学校招收缅籍学生有两个条件：一个是年龄，要基本适龄，不要超龄两岁以上，比如说我们一年级是六岁半招，那么他不能超过八岁；第二个条件就是他要接受过当地学前教育，符合这两个条件的都是无条件接收。关于缅籍学生招收的文件和规定是没有的，刚才讲到的那两个条件是我们学校自己经过讨论初步决定的……（HX-JS，2016-05-05）

不过，学校有时也会根据实际情况，适当放宽"必须在本地接受过学前教育"的要求：

> 当然我们有时也要看他的情况，举个例子，如果孩子十岁，怎么可能再从学前班读，那么就从一年级开始读，让他从拼音开始学，我们一般是这样。但是太大了我们就不收了……一般来说就是（要）在我们的适龄范围内，六到十岁都是可以的。（HCH，2016-11-25）

M 市 Z 镇的一位小学校长也解释，学校规定必须接受过学前教育，是

---

① 完全小学指该小学招收一至六年级学生；校点或不完全小学指学校仅有某几个年级，通常只有中、低年级学生。

因为边境两侧都属于少数民族地区，学生入学都需要通过学前教育实现从民族语言向普通话的过渡。对于中缅双方的适龄儿童来说，都要有这个过程。

> 他们来（小学）报到，报到的时间和正常的幼儿园大班是一样的，为什么呢？因为他（缅籍学生）也是要读学前班、读幼儿园后才能够正常升入一年级的，我们这边每个孩子都是这样要求，我们民族地区要通过学前教育实现语言的过渡，这样到了小学才跟得上……对此我们的要求都是同等的。（BYBW，2016-11-30）

对招生"适龄"的考虑，在其他边境学校也存在类似的情况。例如，M市Z镇的一位教师说：

> 一般情况下我们是接收的，他们（缅籍学生）有亲戚在这附近的基本上都招……中间（插班过来）的有，从学前班读上来的也有。（从中间插班过来的缅籍学生）一般从一二年级（开始读）……首先问一下他（缅籍学生）在缅甸读到哪个年级，我们会拿一份试卷让他做一下，测评一下他到底适合上哪一个年级。其次，就是根据他的年龄，年龄太大的就不招了。（LL，2016-11-29）

边境学校对缅籍学生的年龄限制，是出于教育教学及管理方面的考虑。如果年龄超过适龄学段的范围，就不宜与其他学生一起接受教育管理。

一些学校在招生时，依循对我方学生的招生要求——接受过学前教育，做好入学准备才招收。如M市Z镇一位小学校长说：

> 读过幼儿园的（缅籍学生）我们才招，没读过幼儿园的我们不招……说明还没做好入学准备。现在包括县里面，包括所有的小学，都要求先接受过学前教育……在那边（缅甸）上过（幼儿园）不算，他们上的……只是像托儿所那种性质……没有做好入学的准备。（LXZ，2016-12-06）

R市JX中心小学副校长也谈道：

> （缅籍学生）报名的很多。你要来读一年级，必须读过学前班，

接受过学前教育……理论上是（学前班）要（读）一年……也就是两个条件：一个是要接受学前教育，一个是要满 6 周岁。每年九月份报名的时候都会有想来这边上学但没有接受过学前教育的,我们都是劝他先读学前教育,读完以后再来读（小学）。如果他没有接受学前教育,我们就不收……一个学期下来可能会有七八个入不了学。因为他不知道这项政策,没有接受过学前教育……他们知道这个要求以后,有条件的就去上（学前班或幼儿园）,没有条件和能力的,就只能回家了。(HX-JS, 2016-11-24)

据了解, 由于我国的学前教育不是免费教育,且没有住宿条件,有一部分缅方家长由于费用和接送不便等原因,未能将孩子送往中国边境的幼儿园或学前班接受学前教育。

类型三：为控制招生数量设置严格的招生条件

有的边境学校,尤其是边境两侧适龄儿童比较多的国门学校限于办学条件,对缅籍学生的招生限制日趋严格,招收的缅籍学生也越来越少。

例 1：缅籍学生招生限制越来越严格的 M 镇九年一贯制学校

M 市 M 镇九年一贯制学校是 M 市唯一的一所国门学校,靠近缅甸勐古地区,距离 M 市约 84 千米。学校与对面的缅甸寨子仅一河之隔,到国门的距离只有 500 米。该乡镇与对面的缅甸勐古地区村寨相连,鸡犬相闻,常住人口只有数千人,而勐古地区常住人口有 3 万人之多,缅方一侧适龄儿童很多,入学需求强烈。

M 镇九年一贯制学校是该乡镇唯一的一所学校,设有幼儿园、小学和初中三个学段,每个学段都有缅籍学生就读。2011 至 2016 年,每年在 M 镇九年一贯制学校就读的缅籍学生平均为 336 人,具体人数分别为 312 人、299 人、355 人、368 人、326 人和 356 人。随着时间的推移,学校办学资源与缅籍学生入学需求之间的矛盾日益突出。从 2013 年开始,学校不得不根据自身的实际情况,设置缅籍学生的招收和入学门槛,即只在起始年级

（幼儿园小班、一年级）招收缅籍学生，不接受中途插班的缅籍学生。2016
年5月，调研组第一次到访该校时，该校校长说：

> 以前是来多少我们就接收多少,当然那个时候还没有免学费,
> 要交几百元借读费,来的人也不多。免费以后,来报名的人数迅速
> 增加。从2013年以后,我们学校一方面考虑校舍问题,一方面考虑
> 师资流动,就对缅甸学生入学进行了控制,设了一个限制的门槛。
> 就是说我们……不再接收缅籍学生的转入,只接收来读一年级的,
> 还有幼儿园小班的,就是只在起始年级(招生)。招生分两步,第一
> 步是录我们本镇的。本镇适龄儿童全部入学以后,根据班级的容纳
> 情况,再来决定接收缅籍学生的数量……(DXZ, 2016-05-03)

对于无法容纳的缅籍学生，学校则采取抽签的方式决定其去留：

> 学校原先制订了一个缅籍学生的招收办法:我们首先要保证
> 我们本镇学生的入学……如果招收完以后还可以容纳,才考虑收缅
> 籍学生。因为我们要把一个班的班额控制在50人内。按照这个顺
> 序招收,如果还可以容纳,我们根据他们(缅甸学生)的报名择优录
> 取。每学期开学,一年级因为没有办法考试,就采取抽签的形式。
> 就是你有意向来这边读的,你先来报名,到时候我们要几个,就把人
> 叫来抽签,全凭运气来决定……我们都是把报名时间提前到七月
> 份。(DXZ, 2016-05-03)

该校对缅籍学生的招生，采取小学一年级和七年级提前报名的办法。
根据当年招收人数的实际情况，一年级通过抽签来决定其入学资格，七年
级则根据成绩择优录取。

2016年9月，面临义务教育均衡发展评估的压力，为了控制班级规模、
避免大班额，该校再次压缩了缅籍学生的招生名额，尤其是在初中阶段，
只有极个别成绩优异的缅籍学生才可以升入该校的初中部。这次"限招"
的影响面非常大：2016年5月调研组到该校时，该校有缅籍学生300余人；

到了同年9月，缅籍学生人数骤降至161人。该乡镇是该市最偏远的一个乡镇，到相邻乡镇都有数十千米的山路，该校又是该乡镇唯一的一所学校。该校对面村寨的缅籍学生家庭大部分比较贫困，生活环境相对闭塞。笔者了解到，缅籍学生从该校失学后，由于种种原因，基本上都处于失学回家的状态。该校的一位领导这样解释：

> 控制缅籍学生来的主要原因是义务教育均衡发展评估要求控制大班额，就是每个班的人数不能突破50人，所以他们就不能来了。要想通过评估验收，我们就必须要控制这个大班额，所以只能从这个方面来控制了。本校小学毕业的缅籍学生，今年初中部的录取也发生了变化，七年级只录取了6个（缅籍学生），其他的没有录取。因为今年我们的初中部只招收2个班，录取这6个以后每个班都已经达到51人了，已经超了上级要求。所以，一个班只录取了3个人。从我们的硬件设施、班级数额来考虑，只能这样了。现在学校的缅籍学生减少，主要是因为我们学校在控制缅籍学生的招收名额。如果我们敞开大门来招，每个年级都会招到四五个班。（TGZ，2017-11-02）

义务教育均衡发展评估要求严格控制班级规模，该校在办学条件有限的情况下，大幅减少缅籍学生的招生名额，例如，仅在2016年下半年，该校缅籍学生就减少了100多人，约占上一学年在读人数（300余人）的一半。

例2：只招收有本地暂住证的缅籍学生

R市J国门小学要求缅籍学生持有本地暂住证才能入学，原因是该校属于本地的优质小学，办学声誉较好，本地生源入学需求强烈，但办学条件非常有限。J小学一位老师解释道：

> 原来只要他们来，我们就收了。我们学校是国门小学，就是为了方便他们学中文……但是，今年我们入学人数增加了，我们本来

预计是（一共招）两个班的，但是仅中国这边的学生，就超过了三个班，教室也不够，老师也不够，所以就控制了，要求他们（缅籍学生）必须在附近住，要有暂住证……（JG, 2016-11-25）

综上所述，德宏州并没有出台专门针对外籍学生的招生政策，各学校在招生过程中都是根据自身情况自主招收。一部分办学资源比较充裕的学校（一般来说离边境线有一定距离，或两侧人烟稀少）对缅籍学生采取开放、欢迎的态度，但也有相当一部分边境学校（尤其是边境国门学校）因校舍、师资等办学条件不足，对缅籍学生的招生限制越来越严格。实地调查发现，边境线两侧村寨距离较近、人口分布较密集、边民往来较为方便的地区，缅籍学生来华上学的人数就比较多。换言之，缅籍学生的入学需求取决于缅方一侧的人口分布及国界两边的交通便利程度。但是，我国边境地区的学校布局是根据我方适龄儿童人数安排的，没有考虑到教育对外开放的需求，因此，那些缅籍学生入学需求旺盛的边境国门学校招生条件往往更为严格。如 M 市九年一贯制学校、R 市 J 小学、L 县 L 小学等，就是这样的状况。在校舍、师资一直非常紧缺的情况下，学校对缅籍学生的招生限制一年比一年严格，甚至不再招收缅籍学生。

（二）缅籍学生来华上学对边境教育的影响及面临的挑战

显而易见，缅籍学生来华上学能够促进跨境民族的教育和文化交流，增进中缅边民的友谊，有利于传播中华文化，促进边境社会和谐稳定。但是，缅籍学生来华上学也使边境教育面临着许多挑战。

1.边境学校办学资源紧张，缅籍学生的入学机会难以保障

德宏州地处云南边境地区，当地的教育资源有限。虽然各级政府以项目建设（如"薄弱学校改造项目""校安工程"等）的方式先后投入大量资金，但边境地区的学校不论在硬件还是软件上均与内地学校存在较大差距，

边境乡镇学校与县城学校差距明显，不少学校师资不足。缅籍学生来华上学，加剧了部分边境学校教育资源紧缺的局面。

例1：M市M镇九年一贯制学校

在2016年之前，M镇九年一贯制学校每年都会招收大量的缅籍学生，在校缅籍学生的数量曾达到450人。那时候没有控制大班额的要求，每个班可以容纳60个人，一个班的缅籍学生有24—25个。2016年9月开始，为达到义务教育均衡发展评估验收的要求，将班级人数控制在50人以内，[①]德宏州采取各种措施消除大班额现象，在没有多余的教室和师资的情况下只能减少缅籍学生的招生数量，导致很多想来或者想继续在该校就读的缅籍学生失去就读机会，只有少量成绩优异的缅籍学生能留下来。该校的教务主任说：

> 以前学校每个班级都是大班额，会招收50到60个学生，其中就会有20个左右缅籍学生就读。最近几年，出于义务教育均衡发展评估的压力，学校开始逐步控制班额。（HCX，2017-11-20）

M市M镇九年一贯制学校原来共有27个教学班，其中幼儿园设4个班；小学部设17个班，除一年级2个班之外，其他年级都是3个班；初中部每个年级2个班。该校教务主任谈到，在学校没有实施小班化教学之前，每个班的总人数有50—60人。其中，缅籍学生就达到了20人左右。现在学校需要将班级规模控制在50人以内，限于校舍和师资不能增设班级，只能减少每个班的人数，于是每个班大约需减少十几名缅籍学生。实地调查发现，M市M镇九年一贯制学校办学资源紧张。

一是因扩建功能室而减少了教室数量。学校将部分教室改造成了功能室，分别建有钢琴室、舞蹈室、理化生实验室、科学实验室、实验器材室各1间，电脑室、图书室各2间，共有11间，因此没有更多的教室接收缅

---

① 《云南省人民政府办公厅关于印发云南省义务教育优质均衡发展实施方案的通知》提出："小学、初中所有班级学生数分别不超过45人、50人"。

籍学生。随着可利用教室的减少，这所多年来缅籍学生招生人数一直在 M
市名列第一、以"敞开国门办教育"为办学特色的边境国门学校，不得不
逐年减少缅籍学生的招生数量。2017 年 9 月，学校缩减了小学和初中的招
生名额。在小学阶段，减少了一年级 1 个班的招生名额，空出来的教室用
作美术教室。学校原本就只在起始年级招收缅籍学生，在一年级减少一个
班级招生名额，等于一共只为缅籍学生开放 10 个名额。在初中阶段，由于
小学六年级有 3 个毕业班，而学校初中部只招收 2 个班级，且义务教育均
衡发展评估要求每个班不得超过 50 人，学校就规定小学毕业班的缅籍学生
只能由班主任和任课老师从成绩、品德、生活习惯等方面进行综合考评之
后，择优录取 6 名缅籍学生升入初中部，其他缅籍学生只能回家。还有一些
四五年级的缅籍学生觉得升入初中无望，选择了提前退学。

如今，学校部分功能教室虽然已经建立，但是依旧难以满足正常的教
学需求。例如，学校只有 1 间音乐教室，所有种类的乐器都放在那里；全
校初中和小学所有学生只能在仅有的 3 间音体美教室进行相应课程的学习，
这些功能室的器材使用非常紧张。

二是学校办公条件差，目前仅有 2 间投入使用的教师办公室，在校教
师时常无处办公。学校有 1 栋办公楼，共有 3 层 14 间办公室。其中，除去
财务、校办、工会、教务、总务等行政办公室之外，只剩 3 间作为医务室、
教师办公室和会议室。3 栋教学楼中只有初中部每层（共三层）留有 1 间约
15 平方米的教师办公室。这 3 间教师办公室中，1 间用来做画室，1 间用来
堆放教学器材，真正用作教师办公室的只有 2 楼的一间。换言之，初中部
所有老师都挤在一间 15 平方米的办公室办公，小学部的全体教师也只有 1
间办公室。有限的办公室座位，只能轮流提供给需要批改作业的教师，一
般的教师没有固定的办公座位。

三是学校师生宿舍紧张，教师宿舍严重不足。学校在岗教师 79 人，但
教师周转房只有 36 套，无法满足所有教师的住宿需求，只能优先考虑夫妻

双方都在学校或者已怀孕的女教师，没有分到住房的单身教师住在学生宿舍，每间宿舍住2—3人。这也进一步影响了现有教师队伍的稳定和新教师的招聘。对部分新招的教师和实习教师，学校无法提供宿舍，只能占用学生宿舍解决部分教师的住宿问题，且均已住满：有9位女教师每3人1间，共占用3间女生宿舍；15位实习女教师每5人1间，共占用3间女生宿舍；3位实习男教师占用1间男生宿舍，总共占用7间学生宿舍。

四是学校地处边远，交通不便，师资紧缺。M镇九年一贯制学校共有教师79人，全校学生除去幼儿园之外共有学生971人。该校一位领导表示：

> 按照现在的编制核算标准，[①]小学是1:19.5。教师方面，多一个班我们的教师就要增加4个。如果敞开大门来招的话，每年都会有400多的缅籍学生（到我们学校来）。这400多人都过来的话，我们的教师、教室、设备等各方面都容不下，所以只能适当地进行控制。

（TGZ，2017-11-05）

师资紧缺一直是学校面临的一个棘手问题。幼儿园教师没有编制，学校只能从中小学教师中抽出4位教师对幼儿园的4个班进行教学，导致中小学的师资力量更加紧张。校方保守估计，如果学校敞开大门招生的话，每年来上学的缅籍学生至少会有400人。相应地就会多出10个班级，每个班级按照4位老师来计算，还需要40位教师才能够满足正常的教学需要。

例2：R市J乡小学

R市J乡共有8所小学，教师65人，学生1087人。其中，有13位教师在编不在岗，师资明显不足。其原因主要有两个方面：首先，该校的编

---

① 2017年云南省委编办、云南省教育厅、云南省财政厅和云南省人力资源和社会保障厅联合下发了《关于全省中小学统一编制标准和创新管理的若干意见》，规定全省城乡中小学教职工的编制标准为小学1:19，初中1:13.5，高中1:12.5。同时考虑到边远农村学校的分布及实际情况，编制应当向边远地区适当倾斜，对校点和学生规模较小的学校实行生师比和班师比（1:2）相结合的方法来核定编制。见云南省委编办、省教育厅、省财政厅、云南省人力资源和社会保障厅：《关于全省中小学统一编制标准和创新管理的若干意见》，2017年。

制核算除了专任教师，还包括学校的工勤人员，导致分配到教学岗位的教师数量不足；其次，学校校点分散，有的校点学生人数比较少，但是各个年级设班之后，该乡中心学校就要分配出更多的老师到校点教学。该乡中心小学的一位副校长谈道：

> 学校如果大规模招收缅甸学生的话，面临的第一个困难就是师资不足。如果不招缅甸学生，我们起码要少四个班……规定的师生比是1:19，我们学校达不到。我们学校现在有1087个学生，在编在岗的专任教师就只有40多个，超编2个……编制核算是把职工也算到了教师岗位里面。还有，我们的校点……人数最少的一个校点是坝别小学，有27个学生，两个年级，分别是一年级和三年级。分了2.5个老师，有一个老师是跑校，在两个学校教学，主要是我们这个地域情况特殊。（LFM，2017-10-15）

因后勤人员也算在学校师资的编制数内，造成学校专任教师紧缺。从学校师资的编制来看，处于超编状态，无法再招聘新教师。另外，学校所处乡镇只有中心校一所完全小学，其他学校都属于不完全小学，学生人数少且分散在各个年级，只能按照班级数来分配教师，而非按照规定的师生比分配，教师数量不足的问题更加凸显。该乡中心小学另一位副校长进一步解释道：

> 学校共有专任教师65个，在职在岗的教师只有51个，但有23个教学班。师资非常短缺，还要开足开齐所有课程……（HX-JS，2017-10-16）

此外，在农村义务教育阶段的学校中，教师除了教学工作之外还要负责学生在校期间的一切管理工作。学生数量增加，必然会增加教师的工作量。有教师表示：

> 每个老师都是身兼多职的，工作压力非常大。教学只能说是工作量的一半。另外很大的一半是管理学生的安全和生活……如果

没有这 200 多名缅甸学生的话，肯定会减少很多的负担。这 200 多
人里面大概有 100 多是在这里吃，在这里住，无形当中就增加了教
师的工作量。（WT，2017-10-29）

在学校师资本来就紧缺的情况下，大量缅籍学生入学无疑加剧了师资
紧缺的局面，增加了教师的工作负担。

例3：L县L国门小学

L县L国门小学紧邻缅甸"洋人街"，边民往来便利且非常频繁。两
侧边民甚至隔着篱笆边界，就可以完成农产品的交易。缅籍学生的入学需
求也一直非常强烈，L国门小学在校缅籍学生人数在L县居于首位。但从
2013年开始，缅籍学生的招收人数开始下降。到2015年9月，学校只新
招收了1名缅籍学生。该校校长解释，限制缅籍学生招生，一方面是因为
学校规模较小，学生的住宿问题一直难以解决，部分在校生长期借住校外；
另一方面，学校现有校舍和师资条件只能满足本地学生的入学需求。

> 我们这里原来也一直在打造国门学校，所以面向缅籍学生招
> 生。但是由于我们的实际情况只能限招，一个是校舍不足，一个是
> 师资短缺。现在我们学校里面住着141个学生，外面还住着30多
> 个，借住在我们旁边一个幼儿园……我们和这家幼儿园协商，借住
> 着。今年是住着39个，去年是住着40多个，最多的（时候）是住
> 着50个……我们（学校）就（只）有一栋宿舍楼……有14间，一间
> 住10个人，也就是住了140个。住宿比较困难……计划明年也不
> 招（缅籍学生），因为明年教育局要求我们从6岁就要开始招生。如
> 果6岁招的话我们这边孩子就比较多，因为我们现在是招6岁半
> 以上不到7岁的。有些家长就去反映，说6岁就到入学年龄啦，为
> 什么我们不招，局里面也就下了要求……但这样的话（适龄学生人
> 数）就太多了，光容纳我们这片的学生都很紧张……再加上我们的
> 教室相对要小一点儿，50个人就相当拥挤了，容不下那么多了……

（LXZ，2016-12-01）

今年发了一个文，我这里有一篇：加大对 L 国门小学的建设，不断增加缅籍学生的就学人数。可能有一点儿难，一个就是现在的师资、人事编制的问题，我们去年 21 个老师，今年九月份退休了一个就少了一个，因为退一个之后又没进人来，人员就非常紧缺……

（LXZ，2016-12-06）

例 4：R 市 J 国门小学

R 市 J 国门小学仅有一幢 2236 平方米的教学楼，生均建筑面积 2.9 平方米，离国家最低生均 6.6 平方米的办学标准还差 3.7 平方米，校舍十分拥挤。该校紧邻国门，又在交通要道上，缅籍学生入学需求特别强烈。该校的缅籍在校生人数一度接近 200 人，占全校学生总数的 23%，但 2016 年和 2017 年逐年减少。到 2017 年下半年，只有 127 人，占 18%。学生人数减少的主要原因是学校校舍无法容纳。

2. 缅籍学生流失现象严重，原因复杂

缅籍学生群体的一个典型特征是流失现象严重。一般来说，小学低年级缅籍学生人数较多，也较为稳定，但年级越高，流失越严重，到了高年级（四、五、六年级）缅籍学生人数逐渐减少；初中阶段的缅籍学生非常少，也相对稳定；而高中阶段的缅籍学生则屈指可数。

M 市教育局的工作人员谈到缅籍学生流失问题时表示：

生源的稳定是一个问题。开学时是送来了，可能读几个月有些就走了，下个学期也不一定会来了。有的想来就来，想走走走，所以说生源不稳定……这就对我们的工作提出了更高的要求，他今天来了我帮他建立了学籍等，他说走就走了。好一点儿的，还会跟学校说一声，说他下学期因为什么不能来了，比如要转去哪里读，有些来的时候倒是说的，走的时候一声不吭就走了……（MJJ，2016-05-02）

L 县 ML 小学的校长也谈到缅籍学生的人数很不稳定。

> 缅甸生来了以后也不稳定，他们想什么时候回去就什么时候回去了。前几年多数都会读到毕业。这两年，特别是从去年开始，逐渐就有些读不到毕业了。去年走了十五六个，今年也走了七八个……（CXZ，2016-12-05）

调查发现，缅籍学生离开中国学校，很少是由于转学的缘故，而几乎都属于"辍学"。根据现行学籍管理办法，缅籍学生可以在中国学校之间"互转"。R 市 JX 中心小学 H 老师表示，只要缅籍学生有学籍号，如果因为父母工作变换，需要转到国内的其他学校，也是可以的，只需要学校开具相应的证明即可。但实际上转学的很少，几乎都是辍学。

> 转学到别的学校的很少。如果是转学，他（缅籍学生）只要有学籍号，没有任何困难。举个例子，他要转到另外一个学校，我这里只要开一个转出手续，写上他的姓名，注明是缅籍学生，他的学籍号是多少，学校盖一个章，转过去，那里一接收就行了。不过转学的情况很少，几乎没有。（HCH，2016-11-25）

在管理上，德宏州的边境学校一般视离开学校、不在学校读书的缅籍学生为转学，按照转出本学校、转回缅甸的程序处理。学校不会将转出的缅籍学生视为辍学，控辍保学率的考核也不包含缅籍学生。

德宏州教育局一位科室负责人认为，对于缅籍学生的流失，我方学校能做的很少。

> 缅籍学生的这个流动性……确实跟我们国内的孩子是不同的……国内的孩子我们有义务教育控辍保学这些政策管着，有父母、有地址，我们随时可以联系，再不行老师就到家里去。但是缅籍孩子就有点儿麻烦了……（ZKZ，2016-05-02）

M 镇九年一贯制学校校长也谈到，对于缅籍学生流失，学校无法控制。

> （缅籍学生的）流失学校是无法控制的。有的走的时候也不告

诉你,不打招呼就走掉了……我们最多就是电话联系下家长。有的
家长电话号码也更换得频繁,孩子不来上学,我们联系以前的号码
也联系不到,我们又不能去(他们的)家里。所以说,缅籍学生的流
失还是有,但是学校这边能做的事很少。(DXZ,2017-11-06)

R 市 JX 中心小学 H 老师也谈到,缅籍学生的学籍与我方学生不同。我
方学生必须完成九年义务教育,但缅籍学生则不同,不读"转出去就行了"。

> 缅甸学生如果说他不读了,要回去了,我们按照学籍管理政策
> 办一下手续,把他转出去就行了……他一般就跟老师说一声,就说
> 老师我不读了,我回家了,然后就回家了。因为缅籍学生的学籍和
> 我们这边的学生不同,对于中国的学生,必须完成九年义务教育,必
> 须读到初中三年级毕业,没有读完的话就叫辍学了,就必须把他找
> 回来。缅籍学生他不读了,就让他转出去就行了……(HCH,2016-
> 11-25)

实地走访调查发现,缅籍学生流失的原因可以归为以下三个方面:

一是年龄和家庭原因导致高年级缅籍学生流失。来华上学的缅籍学生
普遍年龄偏大,在思想和心理上比同班同学更为成熟,受家庭经济条件、
父母观念等的影响,小学高年级缅籍学生流失严重。

例1：年龄大了不想在学校待着

由于入学时年龄偏大一至两岁甚至更多,小学高年级的缅籍学生自我意
识逐渐增强,会出现害羞、自卑等心理,也会出于多种考虑选择不再继续读
书。M 市教育局的相关工作人员表示:

> 缅籍学生在低年级还是比较优异的,他来我们这边读的时候都
> 八九岁了,但他之前没有接受过教育,那么就要从我们的一年级开始
> 读起,随着年龄的增长就会产生自卑的心理。(MJJ,2016-05-02)

R 市 JX 中心小学副校长和教师也谈道:

> 比如说 7 岁想来这边读一年级,但是没有经过学前教育,我

们会让他读一年学前班,到了8岁再过来。但是,这样会导致后面年龄大的学生读到四五年级,就比较害羞,读不下去了。(HX-JS,2016-11-24)

一般来我们这边读书的缅甸生年龄都比较大,所以说他读到高年级的时候,有些就不想读了。这种情况是男生比较多,女生比较少,女生会一直读。(LL,2016-11-29)

例2：为了打工赚钱以减轻家庭负担

进入高年级,缅籍学生及其父母认为已经到可以出去打工赚钱减轻家庭负担的时候,一部分缅籍学生就不再上学了:

缅籍学生年纪大了以后,觉得他可以自己打工赚钱了,可以到社会立足了,就自动地离开了。(HCH,2016-11-25)

流失的问题,四年级、五年级基本还没有,到六年级就有了。他年龄大了,可能有14岁左右了……中学他不打算读,觉得读完小学就够了。然后他就可能回去缅甸找事情做,或者来中国这边打工,就会流失了……(HX-JS,2016-11-24)

年龄大一点儿以后,他会想、会思考以后的事情,他可以在家里帮父母做很多事情了,就可能会流失。(SSX,2016-11-23)

例3：父母不重视子女教育或由于居所变动导致流失

缅籍学生的家长及其家庭,对缅籍学生的流失有着重要的影响。一些家长不重视子女的教育,导致学生流失严重:

缅甸生走……是因为他们家庭的原因,他要随着父母流动,或他们的父母要求他们回去干活务农,帮家里面减轻负担。所以说,他们流失的原因还是在于家庭……他们父母执意要他们走……(LFM,2016-11-24)

父母工作变动也会加剧缅籍学生的流动,其中R市区最为突出。德宏州教育局一位科室负责人谈道:

像我们 R 市，来做生意也好，来打工也好，可能（来的时候）就领着孩子。生意好做的时候人就多，生意不好做的时候他就回去了，小孩也就领着回去了，流动性主要是这一块。前两年我们这边玉石非常热，旁边都是缅甸人，这些人把小孩也带来了。这两年玉石降温了，很多人就又回去了，孩子也领回去了。（ZKZ，2016-05-08）

二是缅甸战乱等不稳定因素导致缅籍学生的流动性较大。缅北政治局势不稳定，也造成了缅籍学生流失严重。M 镇九年一贯制学校校长介绍：

……山区经常有摩擦发生，一有摩擦边民就往这边跑，等稳定一点儿了又回去。这也导致了一些缅甸学生生活环境、家庭住址的不稳定。今天在这个地方，明天马上又要搬到别的地方了……离得远了又考虑孩子往来的安全问题……多种原因导致了我们学生的流失。（DXZ，2016-05-03）

L 县一位初中班主任也谈到，由于缅北社会不安定，一些缅籍学生父母根据局势变化不断搬家，这在一定程度上导致了缅籍学生较高的流动性：

缅甸边境很多家庭是要被征兵的，一家里面至少要有一个人去当兵。如果他家里面没其他人去，他（缅籍学生）可能就要回去抵。还有一些会受到家里面的影响，他家要搬去另一个地方，他（缅籍学生）在这里读书就不方便了……（ZLS，2016-12-02）

三是升学无望导致成绩优异的缅籍学生提前退学。缅籍学生流失严重还有一个重要原因，就是大部分缅籍学生升学无望。他们在中国读完初中后，很难进入中国的普通高中和大学继续读书。很多小学高年级的缅籍学生觉得读再多的书也没有出路，从而不再继续读初中。正如德宏州教育局一位科室负责人所言：

缅籍学生……去年统计（全州）有 4000 多个，主要集中在我们的小学还有初中，小学最集中，越往高学段人数就越少……高中他们几乎上不了，因为没有身份证，没有身份证高考他就报不了名，也就参加不了考试，他只能考那个华侨大学……而且，高中要收学费，很多（缅甸）家庭承担不了，所以一般就是小学或初中毕业就跟着父母回去了……（ZKZ，2016-05-02）

走访发现，缅籍学生读到初中的人数也很少。他们到了小学高年级以后，随着年龄的增大，自我意识增强，便会思考和打算以后的生活，考虑到升学无望、家庭经济困难等问题，他们中的一些人会认为读书这条路走不通，因此选择早早离开学校。

一般缅籍学生到我们这儿（就读），大多数是读到小学毕业。由于缅籍学生没办法参加高考，只要他掌握了汉语，为下一步在这边打工、经商（做好准备），他觉得可以了，就回去了。（MJJ，2016-05-02）

流失率比较高的就是五年级到六年级，一至四年级几乎没有流失的。我以前教的那个六年级的学习委员，还有这些（缅籍学生），成绩都（名列）班上前几名，六年级后直接不读了。他们也和我说，老师，以后我上高中也没有机会，上大学也没有机会，最多就读个初中……因为他们年龄大点，想得就会更长远，想到以后机会不是那么多，就直接不读了。（HX-JS，2016-11-24）

我国学生都有一个固定且唯一的学籍号，缅籍学生没有中国户口，所以就没有正式的学籍号。学校会在他们入学时替他们办一个临时的学籍号，用于日常教育教学管理，但是他们在升学时就会遭遇困难。他们的家庭大部分比较贫困，考虑到高中和大学阶段的学费问题，就会对后续的学习望而却步。M镇九年一贯制学校校长说：

缅籍学生来这边读书，初中毕业以后不可以上高中，所以，有一部分孩子从小学到初一初二成绩还是相当不错。到了初三，一下子就松懈下来了，学习成绩也就跟着下来了，有的就走掉了。（DXZ，2017-11-12）

3. 升学渠道不通畅:"他们在我们的教育系统中就像'黑户'一样"

基础教育阶段结束后升学渠道不通畅,极大地制约着高年级缅籍学生的学习积极性,导致流失率高等一系列问题。M镇九年一贯制学校一位教师表示:

> 他们确实条件艰苦……很多学生(在这边)上到初中毕业是没有问题的,但到了高中,就没办法了。读高中要交学费,读了以后也没有毕业证,只给一个结业证或者是什么证,就是一个读书的证明而已……很多学生看不到前途,看不到希望,会识字了就不再继续读了。另外,读高中肯定要去到更远的地方或者去县城,很多家长无法支付(费用),再加上家长也没有这个意识,所以他们中途就退学了。(CH, 2016-05-03)

由于缅籍学生在中国的高中上学需缴纳学费且不能正常参加高考,绝大多数缅籍学生在小学或初中毕业后会选择提前结束学业,上高中的人数屈指可数。多年求学而没有出路,这对缅籍学生而言是一个巨大的制约,对我方的一些老师而言也是一种深深的遗憾。如L县M中学的一位班主任就表达了他的惋惜:

> ……现在的缅籍学生连上高中的资格都没有,他在中国是没有档案的。所以说,就觉得(他们)像一个"黑户"一样……初中毕业之后,他们要么回到缅甸去学缅文,要么只能去中职学校,这是可供他们选择的两种最好的出路……这是对学生以后的前途、他的信心的一个制约,他的发展受到了阻碍。因为每个人都是要有希望、有目标的,这样他才有学习的动力、信心,目标没有了……他就真的没有希望了。(WH, 2016-12-05)

M市Z镇民族中学校长也表示,该校的缅籍学生都很优秀,但是由于国籍的限制,他们报考大学时无法与其他同学公平竞争,选择范围有限:

其实他们（缅籍学生）都很优秀。无论是成绩还是个人习惯，各方面都很优秀，也非常能干。但就是因为国籍的问题，读大学的时候就不能和别人真正地去竞争。从老师的角度来讲，心里还是有点儿可惜……（CXQ，2016-11-30）

从德宏州教育局了解到，缅籍学生可以和中国学生一起参加中考，达到普高的分数线可自费就读普通高中，也可以选择就读职高：

我们出台了一个外籍学生可以参加本地中考升学的文件，就是缅甸学生可以跟我们的学生一起参加中考，分数达到普高分数线就可以读。但是高考就不是我们州上能决定的了。还有一个就是去读职高，只要你愿意读，我们职高也是可以接收的。（ZKZ，2016-05-02）

对于中考成绩达标的华侨子女，也可以到畹町的华侨高中继续读书：

……省侨办支持办了一个华侨班，招收华人的子女，招了二三十个吧，像高中肯定是要有一定的条件的，成绩至少要达标。因为招收的是华人子女，高中毕业后他参加高考就考华侨大学了。（ZKZ，2016-05-02）

M市教育局的一位负责人也谈到，M市为缅籍学生就读职高提供了优惠政策，面向缅籍学生开设了实用性的专业：

在中国完成义务教育的（缅籍学生），都可以到我们的职业高中来就读……享受减免学费……市级补助金每年200元的优惠政策。外籍学生的专业方面，开始有一个旅游外语专业，一个缅语专业，专门面向缅甸旅游导游这一块。2014年还专门开设了面向外籍华人子女的班，招收了21人，今后还要拓展这一块的人数。普通高中主要是自费读了……（MJD，2016-05-02）

德宏州教育局一位负责人介绍，缅籍学生因为没有身份证，高中毕业不能像我国学生一样正常参加高考，只能以华侨身份报考我国福建的华侨大学。M 市 Z 镇民族中学校长也介绍道：

> （缅籍学生初中毕业后）有两条路可走：第一条路，读完初中之
> 后到畹町，畹町中学有一个华侨班，从这个华侨班毕业之后可以直
> 接考到福建的华侨大学；第二条路，读国际中学，国际中学毕业后也
> 可以考福建的华侨大学。（CXQ，2016-11-30）

这位校长介绍，虽然他所在学校非常欢迎缅籍学生，并且常年有几十
名缅籍学生在校就读，但是他目前还没有听说缅籍学生毕业后去读华侨中
学或国际中学的，仅仅因为学费、路费，就使得他们的家庭望而却步了。

4. 缺乏专门的管理办法，招生和待遇都存在"两难"

云南边境地区义务教育阶段经费由中央、省、地方政府按比例分担。M
市 2015 年义务教育阶段教育投入总额达到 27407.2 万元，其中，中央财政
承担 12643.6 万元，省级财政承担 3582.25 万元，德宏州财政承担 137 万元，
县级财政承担 11044.35 万元。[①]边境地区经济发展总体上比较落后，缅籍学
生来华就读客观上要求增加教育投入，这对本就薄弱的地方财政而言是巨
大挑战。德宏州的缅籍学生全部享受"两免一补"政策，与中国学生一样
免收相关费用，且寄宿学生在小学阶段每生每年享受 1000 元、初中阶段每
生每年享受 1250 元的寄宿生生活补助；同时，缅籍学生每天享受 4 元的营
养餐补助，一年共计 800 元；同样，生均公用经费也按人头划拨。由此推
算，缅籍学生在华就读期间所占用的教育经费是一笔不小的数字。

德宏州的田野调查点（3 个县市，每个县市各选取 1 个乡镇中的 1 所
学校[②]）共涉及小学缅籍学生 449 人，初中缅籍学生 102 人，中小学寄宿生
共 413 人。小学和中学阶段的缅籍学生公用经费拨款分别为 269400 元和

---

① 李芳：《边境地区义务教育阶段来华留学生教育政策困境与创新——以云南省德宏傣族景
颇族自治州为例》，《云南民族大学学报》（哲学社会科学版）2016 年第 6 期。

② M 市 M 镇只有一所学校，R 市 J 乡小学属于一所中心校下辖若干办学点之一。

81600 元，寄宿生生活补助拨款分别为 449000 元和 127500 元。除此之外，义务教育阶段缅籍学生"营养改善计划"拨款也达 440800 元。这几笔拨款的总额达到 1368300 元，这只是一年内对三个乡镇缅籍学生的教育投入。

以 M 市某学校 2017 年的补助发放为例：2017 年春季，M 市拨给学校的助学金款项，初中部为 22725 元，可分配金额为 20475 元；小学部为 19050 元，可分配金额为 17150 元。学校各班级按照"多困难多补助，少困难少补助，不困难不补助"的原则，将全校的贫困学生分为三个档次进行补助。例如，小学一、二、三档次分别为 75 元、50 元、25 元每学期，学校把缅籍学生也纳入了该补助的范围之中。同时，"少小民族补助"也没有对学生的国籍作出区分，只要他的族别符合，就能享受到每学期 250 元的补助。可以说，凡是中国学生能享受的优惠政策缅籍学生都可以享受。M 镇九年一贯制学校一位老师谈到该校缅籍学生享受助学金的情况时说：

> 那个市级助学金，缅籍学生也享受。根据"多困难多补助，少困难少补助，不困难不补助的"原则……缅甸学生和中国学生是同样享受的。因为文件上也没有说缅甸生不给发。还有个针对景颇族的"少小民族补助"，不管他是不是缅籍学生，只要是景颇族，每学期就有 250 元的补助。（YXY，2017-10-23）

德宏州给予缅籍学生与中国学生同等的教育优惠政策，是出于人道主义和两侧边民深厚情谊的考虑。德宏州教育局一位科室负责人表示：

> 从营养餐方面来说，（缅甸）孩子和这边的孩子在一个班级里面读书，语言交流、文化习惯这些都没有什么区别，唯一的区别就是国籍。我们让中国的学生吃，而让缅籍学生看着，这样不人道。
> （ZKZ，2016-05-02）

有校长也谈道：

> 比如营养餐，如果不给他享受，他们坐在教室里看中国孩子吃，让人感觉很……所以就都一样对待了。（YR，2016-05-07）

不过，由于缺乏国家或省级层面的政策依据，德宏州教育局一位科室负责人也担心这样做会存在风险：

> 外籍学生进来以后，从2012年开始和中国学生一样享受"两免一补"的政策，但是没有文件作为依据。我们学校现在……在做事上很矛盾。如果从高度上来讲……缅籍学生接受完中国教育回去以后，对边境地区的发展和稳定是有利的。从这边读书出去的，就算他不能为我们中国做什么，但至少不会主动破坏和平，所以这也是稳定边境治安的一个措施……但是，我们担忧的一个问题是没有文件和政策的支持。这些娃娃挤占了我们的资源……而且是很大一部分资源，这些都是要我们来背负的……（ZKZ，2016-05-02）

在这位负责人看来，当地在缅籍学生的招收及待遇上面临着两难困境："一视同仁"缺乏依据，区别对待则又不人道。有校领导也谈道：

> 没有文件作为我们做这个事情（指缅籍学生享受同等待遇——笔者注）的依据，所以我们现在在这件事上很矛盾。这个事虽然一直在办着，但是你要让我找依据，这样做的政策依据是什么，我们没有，没有相应的文件，到时候谁也说不清楚，没法负责，我觉得这是一个大问题。（TGZ，2017-11-01）

无论是全省范围内还是德宏州境内，都没有专门针对境外自发流入我国的学生的招生管理办法和管理条例。边境学校对于缅籍学生的招生、管理各行其是，缺乏统一标准。正如R市某小学校长所言：

> ……缅籍学生进来以后，管理方面我们还是缺少政策依据。虽然现在他们都到我们这个地方读，但是上面没有给我们出台任何文字性的招生政策。所以，在我们平常的管理中……万一学生发生什么情况，处理起来就比较困难……（LLG，2016-11-29）

L县某校校长也表达了他的困惑：

> 之前也有一些调研组、专家来过，有人说，我们是国门学校，招

收缅籍学生是我们的一个特色；但也有人说，缅籍学生的数量要控制，只能收一部分。所以，我们也很困惑。（JGXX, 2016-05-03）

M市教育局的一位工作人员说：

就我们边境的这种情况，不接收是不现实的。因为这么多年一直这样……（MJJ, 2016-05-06）

5. 卫生防疫和边防管理面临的挑战

卫生防疫部门和边防管理部门较为关心传染病的问题。缅甸的卫生条件和医疗基础差，疟疾、登革热等热带传染病高发，而中小学校又往往是人员密集、疾病容易传播的场所。缅甸学生频繁往返于边境两侧，一旦缅甸暴发疫情，很有可能传播到我方学校并在我国境内扩散。因此，卫生防疫部门的工作人员担心，学生来华上学会为边境传染病防治和防控带来很大风险。德宏州教育局下发的《登革热和寨卡病毒防控方案》要求全州的各个学校高度重视疫情传播，建立及早发现、及早报告、及早隔离和及早治疗的防御机制。学校常年需要做一些疫情防控工作，最常见的措施就是监督和检查学生的疫苗接种情况。例如，J乡中心小学逐一检查缅籍学生疫苗接种情况，并帮他们补种疫苗。这些工作需要多部门联合开展，主要是学校配合防疫部门为缅籍学生做疫苗接种的筛查，组织学生补种疫苗等。而且，学校会专门针对一些病症进行重点监护。J乡中心小学的一位副校长介绍：

学校招收大量的缅甸学生，风险之一就是传染病，如登革热。从这个学期开始，学校配合医院疾控清查缅甸学生的疫苗接种情况。如果没有接种，就给他们补种通知书，让他们去补种。第二个就是对他们的体温进行重点监测，比如说他发烧回去了，又回来，我们就要给他再量一次体温。他要是还发烧，一般不允许留校。缅甸学生在缅甸接种了疫苗之后，也是有缅甸的疫苗接种证的。但是我

们看不懂,只能拿去给医院看,然后医院拿去鉴定,医院检查了哪

个没有接种,就下发补种通知,然后学生拿着补种通知去补种……

（LFM，2016-11-28）

此外,缅籍学生的就医基本上都在缅甸的医院或是诊所里完成,在中国没有相关病历档案或者就医记录。缅籍学生一旦在中国就读期间生病,学校和医院无法第一时间获得该学生的病历档案或者病史情况,诊断起来比较耗时,有可能会出现一些危险状况,这也令一些校长很担忧。

在边防管理上,主要是学生和一些接送孩子的家长习惯于走近路和便道,而不走正式的边防通道。在走访 L 县 LY 边防口岸时我们了解到,就疾病控制和免疫方面而言,口岸有针对登革热和疟疾等疾病的检疫设备。但是该国门关卡的开放时间是早上八点,晚于学生的上学时间,因而大部分学生会选择直接从便道上学和回家,这就存在安全隐患。边境口岸管理人员解释道:

（安全检疫通道）已经启用了,但是现在绝大部分的（缅籍学生）都不从这边（正式通道）过,他们都从便道走。因为小道更方便、更近一点儿……小学生早上来得早,我们这边开关时间是 8 点,如果 8 点才过的话,他到学校已经迟到了,所以绝大部分都是走便道……中午的时候还行,他们都从这边过。（ZFKA，2016-12-07）

学校方面最为关注和担心的,是缅籍学生往返学校时的安全问题。缅籍学生来学校的交通工具一般都是摩托车,许多缅籍学生和自己的兄弟姊妹在一所学校就读,一般情况下,都是年龄大的孩子骑摩托载着年龄稍小的孩子前往学校。所以,往返学校途中的交通安全问题突出。

缅籍学生来华上学带来的挑战,一方面反映了我国边境地区的教育生态,存在教育底子薄、基础设施不足、师资紧缺等问题;另一方面,说明我们的教育系统本身,包括国门学校在内,并没有做好教育对外开放的准备。对缅籍学生来华上学这一现象,更多的是从"打造教育特色"的现实

目的出发。边境学校招收缅籍学生，一方面由于这些学生学习刻苦，成绩较好；另一方面，也是由于招收这些学生对学校无实质影响。一旦有风险或压力，学校就可能停招缅籍学生。

如前所述，出于跨境民族或华人华侨与我方边民跨界交往的惯常性，缅籍学生跨越国境，自发到我方边境沿线学校就读。然而，学校教育是一个有着明晰边界的系统。即便是在远离国家行政中心的边境地区，我方学校同样具有鲜明的"国家属性"。如果说他们能够轻松跨越边界进入我方学校，是源于模糊的文化边界、心理边界和语言边界认知，以及同根同源、同语同俗的便利，那么，在他们跨越边界进入我方学校后，中国现代学校制度及教育政策以一种正统的、官方的形态呈现在他们面前——中国学校保障的是中国孩童的入学机会，他们的入学机会，则要看学校是否还有空余学额。他们来华上学既得益于文化相同、语言相同的便利，同时，也受制于正式的国家边界对他们身份的区隔。

在缅籍学生的招收与教育管理过程中，各方处境及态度清晰显现：政府及教育主管部门从打造边境地区"教育对外开放"的地方教育特色出发，默许边境学校在条件许可的情况下招收缅籍学生。之所以是"默许"，很大程度上是出于地方财政的考虑——无法投入更多的人力（如增加教师人数）和财力（如扩建、新建校舍）。因此，他们把主动权交到了边境学校手里，默许学校根据自身条件决定。

实际上，地方政府和教育主管部门对招收缅籍学生的默许态度，还出于对边疆稳定、边境地区人力资源开发的考虑。德宏州 M 市教育局一位工作人员的话让笔者印象深刻：

> 我们德宏这个地方(边境上)没有铁丝网,都可以这样过去的。
> 我们来来往往,我们所讲的"胞波情谊",都是有历史原因的。如果
> 说我们力所能及地帮忙了,可能会更好……我们州边境线 500 多千

米，义务教育阶段有那么多（缅方）孩子来上学……这些孩子如果
能够多受点儿教育，多学点儿文化，他来到中国……对我们当地也
是一个好事。现在一些缅甸人来打工还是存在一个治安问题，因为
语言不通，沟通管理上都不方便……还有，我们本地上过职高的这
些劳动力很多到沿海（地区）了……我们也需要劳动力。如果说他
的文化水平再高一点儿，对我们本地的企业用工、治安来讲也都是
好事情。（MJJ，2016-05-02）

这段谈话反映出教育主管部门对于招收缅籍学生的态度：第一，双方
边民一直友好往来，现在孩子来求学，边境学校如果有能力接收，就应该
接收；第二，边境线漫长，从维护社会和谐稳定的角度来看，接收这些孩
子上学，他们对中国会更为认同，从而不会做有损两国边民利益及边境安
全的事，有利于边境安全与稳定；第三，边境地区人力资源有限，且本地
人口存在外流现象，我方学校接收缅籍孩子入学，实际上也是在为本地培
养合格劳动力，即在进行边境地区的人力资源开发。不过，鉴于教育政策
和教育经费的考虑，是否招收缅籍学生，主动权在学校：有学位就招收，
没有学位就不招收。

再来看边境学校。在教育主管部门的默许下，边境学校招收缅籍学生
主要基于以下考虑：第一，也是最重要的一点，缅籍学生身上有诸多优点，
如年龄稍大，听话懂事，最关键的是学习刻苦，成绩优异。在很多班级，
缅籍学生不但是学习标兵，更是老师的左膀右臂。缅籍学生常常让班级乃
至学校的学习氛围更浓厚。不少边境学校地处偏远，在城镇化背景下，难
以留住优秀生源和优秀教师，一些学校缺乏生机与活力。而这一群为求学
而来的学生所显示出的勤奋好学与强烈的求知欲，让教师们获得了成就感，
更深刻地感受到教育工作的价值与意义。在一些班级和学校，缅籍学生是
名副其实的优秀生源。他们无论是在学习、尊敬师长方面，还是在班级管
理、学生活动等方面，都能起到领头羊的作用，客观上对边境学校的教育

教学具有促进作用。这是一些边境学校愿意招收缅籍学生的重要原因。第二，出于同根同源、同语同俗所引发的民族情感和教育情怀。一些边境学校的校领导和老师出于民族情感和教育情怀，对缅籍学生发自内心地同情和接纳。当然，在招收缅籍学生的过程中，也难免存在双方边民之间的人情请托（请学校招收），这一情况虽不普遍但确实存在。

总体而言，在这个区域，学校是否招收缅籍学生、招收条件、招收人数等，很少基于民族文化心理来考虑，更多的是基于自身利益和教育政策的考量。"软"而模糊的文化心理边界和"硬"而清晰的国家教育边界，在缅籍学生招收问题上发生了碰撞；在边境地区脆弱的教育生态环境（基础薄弱、师资紧缺、硬件不足）之下，两者碰撞的结果，必然是民族文化心理让位于我方教育政策。正如 R 市某边境学校校长所言："当然，我们之所以收（指招收缅籍学生——笔者注），是因为上面（指教育主管部门——笔者注）没有说不允许。如果政策变化了，不允许招，全部都要清退，我们也就一个都不招，都清退……"再如，M 市 M 镇九年一贯制学校鉴于义务教育均衡发展评估的压力，为了班级规模能够达标，一学期劝返了 100 多名缅籍学生，这些缅籍学生因此而失学。我方学校依据我国教育政策办学，服务对象是我方适龄儿童，在"招收还是不招收"的权衡中，很难反映缅籍学生及其家长的声音。中、缅作为两个不同的主权国家，关于我方招生的问题，属于我方学校的事务。

缅籍学生来华上学的境遇与挑战，折射出西南边境地区的教育生态。首先，西南边境地区远离国家政治经济中心，经济社会发展水平较低，教育投入长期不足，基础建设薄弱，教育资源紧缺。不少边境学校（即便是其中作为对外开放窗口的国门学校）都无力承载数量较大的缅籍学生群体。因此，不得不想方设法限制招生；其次，边境学校在我国教育政策的统一管理下，有着专门的管理系统，如学籍、中考、高考等，这套系统未做好"对外开放"的准备，导致缅籍学生学籍管理困难，升学渠道不通畅。

尽管如此，在教育优惠政策上，所有在华上学的缅籍学生都与我方学生享受"同等待遇"。换言之，由于分属两个国家，缅籍学生来华上学的机会取决于边境学校的条件，很多孩子的入学机会得不到保障。但是，一旦缅籍学生获得入学机会，即可享受与中国学生同等的待遇，包括"两免一补""营养改善计划""少小民族补助"以及奖助学金等。为此，地方财政投入了大笔资金。这是我国国家形象、综合国力的集中体现，是云南边境地区在招收缅籍学生事务上最值得书写的一笔。

二、老挝籍学生在华教育境遇与面临的挑战

（一）老挝籍学生在华教育境遇

老挝籍学生来华上学的目的非常明确，就是学习汉语，为将来的升学和工作做准备。

1.老挝籍学生学习目的明确，学习劲头足

受访的老挝籍学生对未来都有明确的规划，他们毕业后主要有两种打算：一是回国当翻译；二是继续在中国上大学。M县职业中学的一位领导介绍道：

> 他们有一部分人会继续上大学，因为我们国家现在的政策非常好。他们可以申请奖学金，条件好的人也会继续读书，还有一部分……特别是老挝的苗族，家庭条件其实挺差的……他们基本上在我们学校毕业后就要出去工作了……（HXL，2017-03-27）

老挝籍学生从M县职业中学毕业后，回国找工作还是继续在中国上大学更多取决于家庭经济状况。很多老挝籍学生表示，他们毕业后就回国从事翻译或导游工作：

　　我来这里最重要的目的就是学汉语,然后回老挝找工作,学汉语之后能找到更好的工作……我最想做的工作就是当翻译,因为工资高。如果汉语说得流利,他们（每月）能给三四千。（YN,2017-03-29）

　　最重要的目的就是学好汉语,然后回国工作,做翻译,更好一点儿……我高中毕业如果不来中国的话,就会在老挝读大学,做律师。爸爸妈妈让我来,我就来了。（ZK,2017-04-04）

　　现在老挝有很多中国人,如果你不懂中国文化和中国字什么的,未来找工作就有点儿麻烦。现在就是想把汉语学好,然后回去找个工作,自己的未来才会好一点儿。（LX,2017-03-27）

　　……学好汉语当翻译,现在当翻译很好;当导游也行,中国人来了带他们去玩。如果不来这边学习是找不到好工作的,要会英语或者中文,如果不会的话找工作很难……（LFY,2017-03-30）

　　另一部分老挝籍学生则表示，从职业中学毕业后将继续在中国上大学。这一部分学生打算在 M 县职业中学打好汉语基础，通过汉语四级或者五级水平考试，达到申请中国大学的条件就在中国读大学：

　　我来这里先学习两年汉语,再继续读大学,这是我的目的,但是不知道能不能申请到。他们说条件好的就是云南大学,想学农业（专业）,学完之后就回自己的家乡、自己的县那里去找工作,就是办公室职员。如果找不到,自己也可以种地……（AZ,2017-03-29）

　　我来这里就是要把汉语学好,回老挝找一份好工作。如果学得好,就去政府部门当翻译。最好自己能开一个培训学校。毕业以后,我打算留在这个学校两年,就是留在这个学校当老师,赚一点儿钱,再继续去读大学,去学汉语言文学。我准备去云南师范大学,因为我朋友介绍我到那里学汉语言。（MLD,2017-03-30）

　　我来这里最重要的目的就是把汉语学好,再回老挝找工作是很容易的。我觉得学汉语能找到更好的工作,当翻译也可以……毕业以后还是想在中国读大学,打算申请苏州大学,苏州很好。我已经报名去苏州大学,填了申请表,我想学的专业是贸易……(XD,2017-03-30)

我来这里最重要的目的就是学习汉语,学好汉语回国找工作容易,也可以跟中国人做生意。毕业以后,我还是想留在中国读大学,想学电气专业。我已经申请了苏州大学,大学毕业以后,回老挝跟中国人一起工作或做生意。(DM, 2017-04-01)

毕业以后我打算继续读书,我已经填了云南师范大学的申请表,专业就是汉语国际贸易。不知道有没有机会,四级我也考了。学完之后,我想回老挝,当翻译、教汉语都可以。因为学汉语的很多,但汉语学校很少,教汉语的也少。如果有机会就留在中国,我在这里可以教老挝语。(SF, 2017-03-27)

从学生们申请大学的地点可以看出,老挝籍学生在申请大学时考虑较多的是昆明、苏州、济南、贵阳等地,所申请的学校也集中于固定的几所学校。据了解,他们不了解中国的大学,申请大学基本上都是在老师的指导下进行的。其中,云南大学、苏州大学、贵阳职业学院每年都会招收 M 县职业中学毕业的老挝籍学生,老师指导他们申请这些学校的成功率也比较高。有学生说:

我想去济南读大学。去远远的地方,有水有海的地方,因为老挝没有。我也想去冷点的地方,因为老挝是很热的。是老师指点我们去那里的,有奖学金,所以才选那里。想学的专业就是经济、外贸。我以后想去大使馆工作,因为大使馆会出差、旅游,什么地方都去。如果大学成绩好的话,我还想在中国读研究生。(DY, 2017-03-29)

我来这里学习汉语最重要的目的是,两年毕业后继续申请读大

学……我想去山东那边，就是想去北方。（YHN，2017-03-29）

从学生们选择的专业看，许多学生都会选择汉语言文学、经济贸易、医学、电气等专业。这是根据老挝国内就业的热门程度确定的。例如，LY因为家乡当时正在建设高铁，就想学习跟火车有关的专业，认为这样更容易就业：

> 我毕业以后想去大学读书，贵阳的，想学火车。因为还有四五年就有铁路了，回去老挝就好找工作了。现在我们那里开始修（高铁）了，这样就有很多工作（机会），我上完大学准备回老挝的……（LY，2017-03-29）

BE因为父母与中国人做茶叶生意，所以她想学习汉语，在卖茶叶的时候能自己翻译：

> 我来这里最重要的目的，就是学习汉语……中国人去买茶叶的时候方便交流。（BE，2017-03-31）

在M县职业中学，老挝籍学生学习汉语比较刻苦。从学校的作息时间安排来看，他们每天集中在教室学习的时间为9个小时。下午4点半放学后，仍有很多学生会留下来继续学习，或者是晚上提前到教室自习。一位老师也说：

> 学习上，他们都是过来学语言的，大部分比较上进，学习劲头也比较足……（CD，2017-03-31）

2. 老挝籍学生认为汉语难学，学习和经济压力大

多数老挝籍学生没有学过汉语，基本属于零基础入学，在学习上存在困难：

> 我在这边上学最大的困难就是学汉字。汉语太难了，因为中国汉字太多了，有很多汉字都不认识。我觉得世界上最难学的就是汉语了。（ZZR，2017-03-30）

我觉得在这边上学最大的困难是学习,因为词汇量不够,老师讲课的时候还有些听不懂。(YHN,2017-03-31)

我们刚来的时候,汉语水平不高,学习有点儿麻烦,老师教了还不理解,语言交流有困难。(CXP,2017-03-29)

部分学生虽然已经考过汉语HSK四级,但是在口语表达上仍然存在困难:

我和这边的老师同学在交流沟通上还是有一些困难,因为我的口语还不太好。(LY,2017-03-27)

老挝籍学生在语言学习中存在的困难,主要是词汇量和口语方面。就词汇量而言,中国汉字繁多,且有多音字、同义词等,老挝籍学生辨别、理解和积累起来有难度;在口语方面,老挝籍学生虽然在中国学习汉语,但课下多使用本民族语言或老挝语与伙伴交流,口语练习不足。

大多数老挝籍学生认为汉语不仅是交流的工具,也是谋生的工具,学好汉语并拿到汉语等级考试证书对其具有重要意义。M县职业中学的老挝语翻译班学制为两年,要在两年内熟练掌握汉语并达到翻译水平,对他们而言是极大的挑战,部分老挝籍学生表示学习压力较大:

在这边学习,压力是有一点儿大的,而且现在快要考试了,晚上也要读一下、看一下课文。(KS,2017-03-29)

学习压力太大了,虽然我在万象考过四级了。……但是还不会说多少汉语,要多学一点儿,接下来要考HSK五级。(DM,2017-04-03)

我的学习压力也是特别大……在这里如果你学得不好,老师会批评你不努力,自己也会有很大压力。(LX,2017-03-29)

现在学习压力有点儿大,作业多还要准备考四级,我们是一定要考到这个证书的。因为申请大学必须要用,这次我是打算同时考四级、五级。(DL,2017-03-31)

一些老挝籍学生想要在学好汉语后申请中国的大学。一位班主任介绍：

> ……有高中毕业证，在这边通过等级考试 HSK 之后，才可能在这里申请大学。老挝籍学生的汉语等级考试是从三级开始，然后是四级、五级。虽然考过三级就可以申请中国的大学了，但是很多大学还是很看重老挝籍学生的汉语等级水平的。例如，云南大学要求取得五级证书的学生才可以申请，四级就只能去（云南）民族大学了……还有专业，我也给他们讲过大学选专业要看自己是否能够跟得上，而且得是那种会特定招收外籍学生或者是老挝籍学生的专业才行……（WN，2017-03-31）

由于毕业后规划不同，M 县职业中学二年级的老挝籍学生呈现出两种不同的学习状态：第一种为了能够获得申请中国高校的机会积极备考汉语等级考试，频繁模拟考试，学习压力大；第二种是准备回国做翻译。学校也据此进行了分班。大部分老挝籍学生由于家庭条件较差，面临着较大的经济压力：

> 我家里有十口人，六个兄弟姐妹，还有父母和爷爷奶奶，我是家里的老二。因为我们六个都在上学，爸爸妈妈要挣钱供我们六个读书，压力比较大。（YHN，2017-03-31）

> 我们老挝发展不是很快，我家的经济压力有点儿大，我一般都是去食堂吃饭，因为省钱。虽然我爸爸妈妈都是公务员，但是我和弟弟两个人在这边，学费是他们工资的两倍，所以压力有点儿大。我和弟弟还有表弟三个人在这里，家里一个月给我们 4000 块（人民币）。（DY，2017-03-29）

另一位学生说，希望自己的妹妹今后也能来中国留学，但是由于家庭经济条件不好，不能满足其留学愿望：

> 我家里有五口人，爸爸、妈妈、哥哥、妹妹和我。家里一个月给我 1000 块（人民币）生活费，还是够用的。我和哥哥都在这边上学，

我希望我妹妹以后也能过来,但是应该不可能了,因为家里条件不好。(PW, 2017-03-29)

我家里有四口人,爸爸妈妈,还有一个姐姐,姐姐自己开小卖铺。我面临的最大困难就是钱不够花,我在这边没有向他们要过(生活费)。我知道跟他们要,他们也会送来。但是,他们也有困难,如果都给我了,他们就没有了。(YWK, 2017-03-31)

我家里有七口人,有爸爸、妈妈、哥哥、姐姐和弟弟、妹妹。我哥哥在老挝上学,姐姐和妹妹已经结婚了,我在这边上学,生活费要省着用……(DM, 2017-03-31)

我高中毕业后没考大学,在家两年帮爸妈做事情,自己挣钱来这边读书。那个时候哥哥来这里了,我就来不了,我还要给哥哥挣学费。我还有3个妹妹……现在妈妈在家,爸爸是医生,但是工资很低的,一个月只有1000元。如果两个一起读爸爸妈妈会受不了的,现在哥哥在贵州学医,不交学费,只是吃饭、买东西要花自己的钱。我想去读大学,但是像哥哥那样就不去了……因为没钱。(LF, 2017-03-31)

因为家里比较困难,我高中毕业后就出去打工了,供我妹妹上大学。打了三年工回家后,知道这边可以学汉语,我就自费来这边学习。但是,我现在不打算继续在中国读大学了,爸妈年龄也大了,家里也没钱。(LX, 2017-03-28)

实地观察也发现,M县职业中学的部分老挝籍学生生活节俭,经济压力较大。

3. 学校的教育教学管理严格,尤其注重安全管理

M县职业中学对老挝籍学生的管理主要参照国内中等职业学校学生的管理规定,注重对老挝籍学生的考勤和安全管理。如学校会对老挝籍学生

的请假进行严格把控，在班主任同意的情况下，必须由校长亲自批准；晚上学校会安排教师查寝等。

学校的一位教师谈到，由于老挝籍学生属于外籍学生，其在中国读书的安全问题是学校首先需要保证和重视的。对于那些违反纪律的同学，学校会予以严厉的处分：

> 学校对老挝学生的管理依据的是中职学生的管理规范，主要就是加强他们的考勤管理……因为涉及国际事务，学生的外出、归国以及返校等，学校都比较关注。因为一旦出了问题，就牵扯到国际关系的问题了。（LLS，2017-03-28）

为了加强老挝籍学生的安全工作，学校每天都会安排宿舍管理人员、班主任、科任教师值班，确保老挝籍学生在学习、生活、出行等方面的安全：

> 学校比较重视安全问题，对于老挝生我们都是按时查夜，十点半必须归校，不归校的会受到严厉的处罚。如果查夜的时候你在，查完夜你又跑出去，只要发现了就会被开除。（LLS，2017-03-31）

对于打架斗殴等违纪行为的处分也较严厉：

> 如果出现打架斗殴，一年级的新生直接会被开除。不是说不对他们进行教育，是为了不耽误更多同学的学习。因为我们师资力量有限，这两年招的（老挝生）又比较多，为了让老师更好地管好他们的学习，抓好教学质量，可能有的（违纪的）就直接劝退了。多次违纪就会被开除劝退，因为这个不是义务教育，学校有更大的处理权限……（LLS，2017-04-03）

此外，学校还严格管理学生的健康和饮食。对老挝籍学生的生活管理，主要侧重于食品、防火、防盗、出行等方面，相关措施包括：一是建立老挝籍学生体检制度。每学期入学体检一次，每个学生建立体质健康卡，发现疾病及时治疗。有传染性疾病的学生，严重者劝其回国治疗。二是加强饮食卫生管理，实行校长负责制，配备专人负责食堂伙食，建立健全各项卫生管理制度及从业人员岗位责任制度。学校食堂符合有关卫生、防疫等要求，食品采购人员严禁采购无卫生许可证单位的食品，对每天采购的食品、场所、卖主等必须有原始记录，以便备查。此外，加强饮食卫生教育，禁止学生购买街头无照（证）食品等。三是管理老挝籍学生伙食费，按照每月420元（含每天一日三餐）、一年10个月计算，收取每生每年生活费4200元人民币，然后每月将420元返还到学生卡上。学生伙食费当天结小账，按月结清账，定期公布伙食账目，学生放假、回国退还伙食费。

在作息和纪律方面，学校对老挝籍学生也有严格要求。正如 M 县职业中学的一位领导所言：

> 我们学校抓得比较严，把他们当作我们中国学生来管⋯⋯他们自己学习也比较认真，基本上晚上（都）看书。有些时候我们说要听写，晚上路灯底下看书的都是老挝籍学生，看到12点、1点、2点的都有，每天都有⋯⋯这个风气已经养成了。但现在人多，可能也会出现两极分化。乖的、听话的他好好学习，但是调皮的也有，再加上人也多，各种原因导致教学质量就不像以前那么突出。但是到第二年，我们抓等级考试还是很严的，因为不严他就考不过。我们带他们考的话，他们都不考三级，直接就是四级、五级。一年半考五级证是非常吃力的，一般研究生才要五级。我教的这个班共46个人，有12个要考五级的，所以他们自己动力也比较强，目的性也很强。他必须会说、会写，才能考过，将来才能够找到工作⋯⋯（HXL，2017-03-21）

老挝籍学生的教学时间安排紧凑，除了周一到周五正常的上课时间以外，周六还有半天（一上午）的课程。在正常的上课时间，老挝籍学生有严格的早、晚自习。我国大部分节假日老挝籍学生都不放假，因此任课教师也放弃休息，为老挝籍学生上课或与他们共度节日。老挝籍学生都住校，除了泼水节和国庆节等节日以外，只有寒暑假才回家，其余时间都住在学校。老挝籍学生班的教师假期也相对较少：

> 小假是不放的，就放两次大假，一个就是我们中国的国庆节，还
> 有一天是他们的国庆节，12月2日那一天他们可以休息，我们学校
> 会组织活动，比如说升他们的国旗、唱他们的国歌，让他们自己搞，
> 然后还组织一些活动，比如说跟中国学生的篮球比赛、藤球比赛、足
> 球比赛等，就是那天我们会组织活动，其他的节假日就都不放了。
> 星期六是上半天（课）。（HXL，2017-03-25）

大部分老挝籍学生都认为学校管理较严格，但他们能很好地接受这种
管理方式，认为严格的管理既有利于提升他们的学业，也有利于保障他们
的安全。

4. 老挝籍学生重礼仪懂礼貌，对学校较为满意

调研组在学校期间，每次碰到老挝籍学生他们都会弯腰，问一声"老
师好"。有时候在走廊上遇见了，他们问好后会低着头侧着身子从我们身边
经过。上课的时候，他们对老师都很尊重。如果迟到了，会征得老师的同
意才进教室。此外，集体活动时他们很有仪式感，穿戴整齐，每个班或者
一个小组的学生会穿相同的服装。如果是学校举办很正式的活动，他们还
会穿上自己的民族服饰。有一个学生告诉笔者，自己从家里带了两套苗族
的服装，在老挝的国庆节那天他们都会穿自己的民族服装。汉语班的老师
在谈到老挝籍学生时，就说到给她留下的最深刻印象就是比较有仪式感，
文明礼仪好：

> 让我感触比较深的一点儿，就是老挝籍学生很有仪式感……他
> 们只要参加一些稍微正式一点儿的活动，比如说一些比赛，哪怕是
> 小型的，也会很重视。我们学校组织比赛、活动、晚会，他们都很重
> 视，特别是着装方面。男生一般都是西装、领带、皮鞋；女生都会穿
> 她们老挝的服装，她们都会带一到两套来，头发盘得整整齐齐的，化

着妆,很有仪式感。我觉得这一点儿很好,是值得我们学习的地方。
（CD, 2017-03-31）

老挝学生是非常尊敬老师的,像我们在这站着,他们会从我们旁边过去,不会直直走过去,都是头低低地从你旁边过去的,非常有礼貌。（LMH, 2017-04-03）

老挝籍学生认为,M县职业中学有宿舍,有学生食堂,生活比较方便,因而喜欢学校。调研发现,由于M县职业中学的食堂很小,她们都会把饭菜带回宿舍吃,几个人围在一张小桌子旁,有说有笑,气氛非常融洽。他们觉得学校非常不错,正如一位学生所言:

我很喜欢学校,因为学校里宿舍也有,教学楼也有,有水用,有电用,有食堂,我觉得都很方便。在老挝我们是不住学校的,住在外面,吃饭也是外面的。如果离家近,就回家吃饭,如果离家远,就在外面的饭馆吃饭……我觉得在这里更方便……（LY, 2017-03-25）

下面是笔者与一位老挝籍学生的对话:

研究者: 你觉得在中国学习与在老挝学习最大的不同是什么?

SF: 最大的不同就是在这里我不用做饭,在老挝那边就是自己做饭自己吃,我们不在学校住,回自己的家,早上4点半就要起来做饭吃。

研究者: 那中午呢?

SF: 中午12点才下课,下课之后回家,到家就12点半了,就赶快做饭吃。（SF, 2017-03-27）

除了觉得学校很方便之外,有学生会因为这里的老师而喜欢学校:

因为学校的老师认真讲课,我们都喜欢。学校虽然不像大学那样,但是没关系,老师在努力,我们在努力,就可以了,这是最好的。
（LMY, 2017-03-30）

老师很关心我们,像我们平时生病了老师会带我们去医院看病。

> 去年我们班有一个同学离家特别远，在这里生病了，老师还给他煮了汤送到宿舍，老师特别关心我们，爱我们。（LX, 2017-04-03）

也有学生是因为学校管理严格而喜欢学校：

> 我喜欢学校，因为这里很好，管理比较严格。（LFY, 2017-03-30）

总体而言，老挝籍学生对学校比较满意。他们认为只要教师认真教学，自己能学好汉语就足够了。虽然生活上也有不方便的地方，如宿舍、卫生间拥挤，但是均在可以接受的范围之内。

（二）老挝籍学生来华上学面临的挑战

1. 风俗习惯差异导致老挝籍学生的生活适应困难

虽然老挝与中国山水相依毗邻而居，民族文化上也有相通的地方，但两国人民的风俗习惯存在较大差异。这些差异导致老挝籍学生在中国学校的生活和学习存在一定的困难。

第一，一些老挝籍学生表示对中国的饮食民俗不适应。饮食民俗是指有关食物和饮料，在加工、制作和食用过程中形成的风俗习惯及礼仪常规。[①] 饮食民俗的形成、发展和传承与民众生活的自然环境和人们的生理需求密切相关。虽然中老边境地区跨境民族较多，但因分属两国，跨境民族受所在国家经济、政治、地域、气候、宗教信仰等影响，在饮食民俗方面存在较大的差异，导致老挝籍学生来到中国后，出现了明显的饮食不适应现象，主要体现在口味、食材、烹饪方式等方面：

> 在饮食方面，老挝和中国不太一样，我们喜欢吃辣、吃甜，但是在这里，吃的有点儿淡。而且我们喜欢喝汤，每顿饭都有汤。（GX, 2017-03-25）

---

① 陈光新：《中国饮食民俗初探》，《民俗研究》1995年第2期。

我不太喜欢中国的食物,因为这边的味道比较重,油比较多,比较辣。我们那边吃的,都是比较清淡的。(YHN, 2017-03-31)

这边和我们老听族吃的还是有区别,我们那边喜欢吃植物,比如竹笋。在做的方式上,更多的是煮和蒸。这边是烧烤的、炒的。我还是更喜欢吃老挝的食物。(PW, 2017-03-29)

来之前不知道这边的民族风俗,也不知道吃的东西是什么样的。我们不怎么吃糯米饭,我们苗族大多数吃米饭,老龙族、傣族就吃糯米饭。我们在家吃饭用的是勺子,来中国才学着用筷子……有时候会去外面吃,外面有老挝人开的餐厅。中国和老挝的食物有的是相同的,有的相差比较大,这边的菜油比较多,辣椒比较多,吃不惯。(YHN, 2017-04-03)

老挝籍学生介绍,老挝和中国在食材、用餐习惯以及烹饪方式等方面存在较大差异。下面是笔者和一位一年级老挝籍学生的对话:

研究者:你们在吃的方面和这里有不同吗?

WDW:有不同的。

研究者:怎么不同呢?

WDW:老挝人喜欢用勺子不喜欢用筷子。

研究者:还有别的不一样吗?

WDW:如果是炒菜、炒饭中国人喜欢放油,老挝人不喜欢。

(WDW, 2017-04-01)

不过,有学生表示,随着时间的推移,在饮食上已经习惯了:

我刚来中国的时候,觉得这边的菜太清淡了,我们那边更辣一点儿、咸一点儿,但是现在我已经习惯了。(AZ, 2017-03-28)

刚过来的时候不怎么习惯,但现在已经生活了一年多了,就习惯了。在这里吃的东西和我们那里有很大区别,在我们那里很少吃油,在这里吃油特别多。刚来的时候真的不习惯,菜都吃不下,现在

可以了。（ZRZ, 2017-04-06）

还有老挝籍学生表示在中国虽然已经生活一年半载，但在饮食方面还是不习惯：

> 老挝和中国吃的不一样，在老挝早上吃的东西会更多一些，在中国就是吃米干①、面条什么的。口味上我也不习惯，老挝的口味淡一些，中国的辣一些。（DY, 2017-03-29）

老挝班的班主任老师也反映了老挝籍学生在饮食上适应困难的问题：

> **研究者**：老挝人吃的东西和这边不一样吧？
>
> **WN**：对，他们吃的是甜的辣的……他们的米干要放白糖，还要挤柠檬。一个老挝学生去吃早点，一碗米干他就放白糖、挤柠檬，然后放其他的调料才吃，看着很好吃的样子。后来我就试了一次，放了一勺白糖，吃了一口就不要了，吃不惯。相对来说，他们也吃不惯我们的，像食堂的菜，用油和辣椒炒，而他们的饭菜都是拌的，像青木瓜之类的，没有油，就是拌的，大部分的菜都很清淡，很少有肉。不像我们这边食堂都用油炒菜……

由于接受访谈的老挝籍学生来自老挝不同的地方，受地域和个体偏好的影响，老挝籍学生在口味方面回答也不一致；在食材方面，老挝更倾向于以植物为主要食材，肉类偏少；在烹饪方式上，老挝更多是蒸、煮，而中国更多是烧烤、炒；在用餐习惯方面，老挝人喜欢用勺子，不太会用中国的筷子；在食礼方面，中国人在外聚餐时，喜欢热闹，而老挝籍学生更喜欢安静。此外，在学生用餐期间观察发现，少部分学生喜欢去学校外小卖铺买烤鱼，配着糯米饭就是一顿午餐。由于吃不惯中国食物，大部分学生从家返回学校时，会携带很多泰国产的方便面。当然，也有一部分老挝籍学生表示随着时间推移，慢慢习惯了这边的饮食。

---

① 当地的一种食物，类似于其他地区的米粉——笔者注。

对大部分学生来说，学校出于食品安全考虑，生活费直接发放到饭卡，实际上是要求学生在食堂就餐。但如果可以自由选择，他们表示更愿意在校外就餐。他们喜欢去外面吃而不喜欢食堂饭菜，因为食堂的饭菜更新频率低，而外面有更多选择：

> 我星期一到星期五在食堂吃，星期六星期天是去外面吃。我更喜欢在外面吃，因为在外面想吃什么就吃什么。（XD, 2017-03-31）

> 选择去外面吃饭，是因为我们食堂的饭菜每天都是一样的，吃多了也会腻。外面饭菜种类很多，随便挑，想吃哪种都可以。所以，如果可以选择的话，我肯定是在外面吃。（LX, 2017-03-29）

> 食堂的饭菜跟我们那边是不一样的，我现在已经习惯了，但是因为每天都一样，有时候就不想吃了。（LY, 2017-03-27）

> 如果可以选择的话，我更愿意在外面吃。虽然在食堂也吃得饱，但是每天的饭菜都是一样的，就不怎么喜欢吃了。（ZM, 2017-4-1）

> 在学校食堂吃得不习惯，而且每天都是一样的，所以吃得不太好。（YS, 2017-03-28）

第二，部分老挝籍学生认为宿舍拥挤，条件较差。受宿舍条件的限制，老挝籍学生在 M 县职业中学是集体住宿，按面积大小每间宿舍安排 6 至 12 人。部分学生认为过于拥挤，且部分宿舍是中老学生同住，不同的生活习惯给老挝籍学生带来困扰。

> 生活方面尤其是住的方面不习惯，一间宿舍住 12 个人，太多了。因为在老挝没有住过学校。现在有点儿习惯了，但还是不太满意。（DL, 2017-03-31）

> 在老挝上学从未住过校，刚来中国时并不习惯中国学校的住宿生活，但我要求自己必须习惯。不习惯怎么办啊，这里花钱不多，吃穿不太贵。我们家又不是有钱人家，就劝自己努力去适应。（LMY, 2017-04-03）

在老挝上学的时候我是住在家里的,离学校很近,刚来这边住宿舍就不习惯。因为一个房间有那么多人,去年有 10 个人,今年有 8 个人,不是觉得挤,只是我不习惯很多人住在一起。(LYH, 2017-03-30）

在老挝上学我并没有住过学校,我们家离学校只有五六公里。来中国住校刚开始并不习惯,睡不着,早上三四点起来坐在外面看星星。现在就没事了,习惯了。刚来到这里（时)特别不想读……因为不习惯,吃的不习惯,住的也不习惯……但是学费交了,只有坚持。大概读了两个多月,才感觉习惯了一点儿。(LX, 2017-04-04）

我们宿舍住了 8 个人,有一些拥挤,因为每个人的东西都太多了。我希望宿舍条件能改善一下,因为现在来这边学习的老挝人也越来越多了。(DY, 2017-03-29）

我们宿舍住满是 8 个人,现在住了 6 个人,但我还是觉得人太多了。虽然在里面也舒服,但能改成 4 个人就更好了。(ZM, 2017-04-01）

M 县职业中学作为县级职业中学,既招收老挝籍学生,也招收中国学生,因此,部分老挝籍学生与中国学生同住一间宿舍。由于生活习惯方面存在较大差异,这部分与中国学生同住的老挝籍学生存在一定程度的困扰。访谈中有女生说:

我们女生宿舍有 8 间,其中老挝生宿舍有 3 间,剩下的 5 间就是老挝和中国学生混在一起住。我们（宿舍)住了 10 个人,共用一个卫生间,不怎么好。(LX, 2017-03-29）

我不喜欢,特别是我们宿舍的卫生间,那么多人一起用,有点儿受不了……(LMY, 2017-03-28）

可见,老挝籍学生对住宿环境适应不良,主要有以下原因:一是宿舍人数过多,按房间大小,每间宿舍住了 6 至 12 个人,且铺位为上下铺,较为拥挤；二是宿舍供水不足，由于 M 县职业中学地理位置稍高，且 M 县属北热带湿润季风气候，气温较高，用水量大，春夏两季的供水难以满足需求；三是多人共用卫生间，卫生条件有限；四是部分老挝籍学生和中国学生同住一间宿舍，生活习惯存在差异。

第三，部分老挝籍学生存在人际交往和学习适应方面的困难。一位老挝籍女学生说道，由于之前对中国不了解，来了以后没有朋友，不太习惯：

> 来之前并不了解中国，我也不想来。爸爸骗我说中国有很多好吃的食物、好玩的地方，后来来了，一个朋友都没有。来这里上课的时候班里的同学都比我大，不太习惯。（我）在老挝那边有很多朋友，当初就是因为没有朋友，所以不愿意来。（YBL，2017-03-31）

一位老挝籍学生谈到他刚到中国学习时，学习适应存在困难：

> 在老挝的时候我没学过汉语，什么都不懂，来了从拼音开始学，觉得很复杂、很麻烦。刚来一个月我就打电话给我爸爸，说我是不是学不会，都一个月了老师讲什么也不知道，我就想回家。（LYH，2017-03-30）

一位老挝班的班主任也谈到老挝籍学生因生活节奏慢而难以适应中国学校快节奏的学习生活：

> 刚来的时候老挝籍学生时间观念较弱，比如 8 点上课，他们总要晚几分钟才能到，说简单点儿就是老挝籍学生的生活节奏比较慢，是慢性子。他们会说，老师不急，刚才我还没洗好脸，还是会说出理由。不过他们也不会拖太长时间，就三五分钟，陆陆续续地来。跟生活节奏慢有关，后面一般都会改。（HJ，2017-03-31）

有老挝籍学生还谈到中国人说话声音大的问题：

> 我接触过中国人，中国人的性格比较外向……他们说话声音都特别大，声音小的很少。第一次来的时候我感觉很怕。（LX，2017-03-28）

在老挝饭店吃饭，我们不会大声说话。但是在中国，饭店都很

吵闹。（LYH，2017-03-30）

2.边境地区中职学校缺乏对外汉语教学的专业师资

M 县职业中学虽然长期开设老挝语—汉语翻译班，但并没有专门的老挝—汉语双语教师。学校一年级的教学由一名中国教师和一名老挝语教师共同完成。但中国教师不会老挝语，老挝语教师也是该校两年制老挝班的毕业生，汉语水平不高。到二年级时，则仅由中国教师独立教学。随着学校老挝籍学生招收人数的快速增长，老挝—汉语班的师资明显不足。考虑到汉语班主要以学习语言为主，学校要求老挝—汉语班教师为汉语言文学专业毕业即可。由于师资不足，也会安排其他科目的教师进行汉语教学：

（汉语教师）不够，没办法，只能将教其他科目的老师借过来用。特别是第一年，基本上都是这样的。因为一个班要配两个汉语老师，你看我们 7 个（老挝）班，就要 14 个（汉语老师），我们学校总共都没有 10 个教语文的老师……这是最大的问题了……（LMH，2017-04-04）

我们刚开始那几天是这样的，来一个登记一个，然后根据（学生）人数分班。来了 260 个，严格说可以分六个班，但是真的没有（老师），汉语老师严重不足，没办法，就只能分四个班。所以，就变成一个班 65 个人。（HXL，2017-03-27）

为了解决师资短缺的问题，学校不得已从毕业生中聘请品学兼优、有意愿留校任教的老挝籍学生，对学校老挝语教师进行补充。学校的一些教师和校领导谈道：

开展汉语和老语双语教学，老语师资主要是往年毕业的品学兼优的学生，如果他们没有继续去大学深造，又过了 HSK，由班主任

推荐以后就有几个留下……有四五个，就是应届毕业生留在校内任教，开展双语教学。（WZF, 2017-03-30）

在人才这块，老挝籍应届毕业生可以留下来任教，愿意留下来的，由我们校内来聘请，给他们发放劳务费，他们就留下来了。……他们应该属于在外务工的人员，跨国籍、跨国界的。当然，前提是他们自己愿意留下来。（LLS, 2017-03-28）

虽然这一举措在一定程度上缓解了学校老挝语教师短缺的情况，但是这些聘请的毕业生其自身的汉语水平还有待提高，且缺乏教学经验：

……老挝籍学生太多了，真的是没办法，学校领导也知道，学语言一个班最好不要超过30个人……以前人少，第一年我教的那个班只有20个人。但是，现在一个班五六十个……如果人少一点儿的话，老师更有精力，或者是更有时间去一对一地辅导……但是我们学校老师真的是不够。（DFH, 2017-03-27）

由于班级里老挝籍学生人数多，给教师的课堂教学带来了挑战，最大的问题是没有时间对学生进行针对性辅导。班级里老挝籍学生的汉语基础和学习能力参差不齐，教师会为学生补习汉语，但是由于人数过多，教师也觉得有心无力：

人少的话就可以天天盯着他，交没交作业啊，什么地方没做啊，哪儿不懂我教你呀……但是60个人，你还没辅导一半就下课了。我们上晚自习，八点上到九点，有时候会延长半个小时，我们会在那里守着他们，但解决不了几个人的问题，一个晚上就过去了。（HXL, 2017-03-27）

大多数老挝籍学生表示中国老师很关心他们，但由于班级人数太多，老师精力有限，做不到针对性地辅导。中国的班级管理主要是班主任负责制，一个班主任管理五六十个学生，工作量大。

3. 中职学校招收外籍学生的相关政策缺失

M县职业中学领导认为，目前在招收老挝籍学生的过程中，最大的问题就是管理政策上的空白。国内目前还没有针对中职学校招收外籍学生的相关管理办法。M县职业中学是一所中等职业学校，按规定它的服务对象只是国内的中职学生，学校可以参考的招生和学生管理、收费及资助标准，也只是针对国内的中职学生。如何对老挝籍学生进行收费、资助和管理既无先例，也没有政策上的支持和指导，学校在此方面一直处于摸索状态：

> 有留学生的管理（规章），但是它是针对大学，没有针对中职这块的。中职学校招收留学生的管理办法，目前还是空白，处在一个摸着石头过河的阶段……没有政策就没有办法明确职责，也无法明确这些到我们国内学习的外籍中职学生的待遇等问题。大家都只是走一步看一步，摸着石头过河，不做越级的事情，也不做更多的突破，就慢慢摸索……（LLS，2017-03-28）

该教师认为，目前中职学校招收外籍学生缺乏政策依据，学生的教学与管理也是参照国内中职学生的管理，针对外籍学生的管理政策目前处于空白状态。

作为与中国毗邻的内陆国家，中国经济的高速发展已经影响到老挝百姓生活的方方面面。例如，中国人在老挝做生意、开公司，需要大量掌握汉语的翻译人才。在国内就业形势严峻、读大学费用高昂的情况下，一些老挝高中毕业生，尤其是与中国临近的老挝北部地区高中毕业生通过亲朋介绍，得知毗邻的中国边境县M县职业中学老挝班汉语教学质量高，学校管理严格，教师教学认真负责，能真正让学生掌握汉语。出于地理位置近、留学成本低而预期回报高的理性考虑，他们选择来中国这所边境学校学习汉语。他们属于自发来华上学，是有着正式国民身份的"老挝人"，拥有个人身份证件和高中毕业证书，手持过境证件，从正式的国门通道入境。虽然他们中有不少人是跨境民族，与中国边境地区同源民族具有相同的文化渊源，但关系疏远。老挝籍学生对中国知之甚少，甚至可以说在来中国之前对中国一无所知。对于他们而言，中国是一个人地生疏、生活习惯差异大、饮食难以适应的陌生国度。他们面临的是语言难学、饮食不习惯、住宿不适应等几乎所有跨文化交往中（或留学生到异国留学）都可能遇到的难题。

虽然老挝北部与我国边境地区边贸往来、通婚互市频繁，民族文化上具有同源性。但是，边界在区分领土疆域和政治经济制度的同时，也划分了清晰的文化心理边界、语言边界。至少在老挝籍学生来华上学这件事上，中老边界无论在地理意义上还是在政治、经济和文化意义上，都是重合的。老挝籍学生来华上学，是文化心理边界区隔下学生跨国留学的常规形态。对这些学生而言，中国是一个陌生的国度。老挝籍学生清晰地知道自己是自费留学生，来中国留学，是出于成本和收益的理性抉择。

第六章　结论与思考

本书聚焦 2007—2017 年与我国毗邻的缅甸、老挝、越南三国适龄儿童自发进入我国西南边境地区的中小学就读的现象（不包括境外学生通过官方渠道进入我国境内大中专院校留学现象），借助边界和边境研究的相关理论成果，将西南边境地区周边国家学生来华上学作为边界实践活动加以考察，比较不同国籍学生来华上学的动因及在华教育境遇，揭示中缅、中老、中越边界特征及学生边界实践的差异，以阐释周边国家学生来华上学现象背后深层的文化意义。

一、研究结论

（一）2016—2017 学年，周边国家适龄学生在我国西南边境地区学校就读人数有近万人，其中 90.3% 来自缅北地区

2016—2017 学年，西南边境地区共有在读流入学生近万人。流入学生主要来自缅甸、老挝两国。其中 90.3% 为缅籍，8.4% 为老挝籍，越南籍学生（占 0.6%）人数少且基本上是居住在我方的中越跨境婚姻家庭子女，另有 0.7% 为其他国籍。2016—2017 学年，流入学生人数最多的四个边境县

市分别是瑞丽市（1796人）、镇康县（1388人）、沧源县（1205人）、芒市（1182人），都处于中缅边境。流入学生主要集中在小学阶段，占70.1%；初中阶段占11.7%；学前阶段和中等职业教育阶段所占比例分别为8.5%和8.3%；普通高中阶段人数最少，仅占1.4%。在我方学校就读的流入学生大都为边境外侧的跨境民族和华人华侨。流入学生中，汉族占29.3%，佤族占24.6%，傣（掸）族占16.7%。此外，90.6%的流入学生家庭以务农为生，13.8%的流入学生是跨境婚姻家庭子女。

1. 云南边境地区缅籍学生群体特征

云南边境地区的缅籍学生大都是缅北地区的边民，是与我方边民同根同源的跨境民族和华人华侨。这些缅籍学生的家庭与中国有着深厚的渊源和较多的联系，他们的祖辈很多是从中国边境沿线迁到缅甸的，与中方一侧边民有着共同的语言和风俗。缅籍学生的家长大多讲本民族语言或汉语，其语言使用情况与我方边民一致，学生入学后在语言交流上没有障碍。

从家庭背景来看，大部分缅籍学生来自农民和商贩家庭，家长受教育程度低但重视子女学习。云南边境地区的缅籍学生，其父母半数以务农为生，还有相当一部分在边境沿线经商或打工。相应地，家庭的经济来源也主要是务农、经商和打工，家庭经济条件比较差，加之子女众多，家庭负担较重。例如，流入云南省德宏州上学的缅籍学生父母文化程度为"小学"或"从未上过学"的，占被调查对象的60%以上。可见，其父母的文化程度普遍较低。不过，大部分缅籍学生认为父母比较重视自己的学习。尤其值得注意的是，在我们所称的"缅籍学生"群体中，有相当大一部分学生既没有缅甸户口和身份证，也没有中国户口和身份证，是长期游离在中缅边境一带的"无国籍"儿童。数据显示，来华上学的"缅籍学生"中，39.2%的学生没有缅甸户口，51.9%的学生没有缅甸身份证，69.8%的学生没有边民证。这反映出中缅边境地区边民身份的复杂性。不过，几乎所有的缅籍学生都非常清楚自己是本民族的一员，并为自己的民族身份而自豪。他们更愿意用民族身份而非国别身份来标识自己，反映出较强的民族认同。

部分在华缅籍学生年龄偏大，这一方面是由于受战争、家长意识和客观条件的限制，缅籍学生接受教育的历程较为波折；另一方面是由于他们中大部分人在缅甸上过学（流入我国的缅籍学生中，72.7% 的学生在缅甸上过学）。近年来，边境沿线学校出台种种措施，如限制入学年龄、规定只在起始年级招生等，促使缅籍学生的年龄趋于适龄化。

缅籍学生对边界国门的认识具有模糊性。由于长期往返边境两侧，有的学生甚至从幼年开始就因购物或拜亲访友跟随父母频繁往返中缅边境。因此，对他们而言，往返边境是一件很平常的事，边境国门只是一个生活、交往、上学的通道。通道使不同节点上的人和物得以流动，在地理空间上形成连通，进而促使文化发生互动，在文化形式上形成连续。[①] 这反映出国家政治地理意义上的边界和国门并未对缅籍学生产生阻隔作用。来华上学的缅籍学生中，只有少部分学生需要每天往返边境两侧。数据显示，每天中午、下午都往返边境两侧的缅籍学生，只占在华缅籍学生总数的 7.7%，这部分学生真正学在中国、吃住在缅甸；53.1% 的缅籍学生平时吃住在学校，只在周末往返边境两侧；还有很多缅籍学生跟随父母住在中国，或者寄宿在中国亲戚家。可见，缅籍学生来华上学现象，存在着多样性与复杂性；缅籍学生群体内部，有着相当大的异质性。

2. 云南边境地区老挝籍学生群体特征

来华上学的老挝籍学生主要集中在 M 县职业中学学习汉语。此外，景洪市职业中学、普洱市职业中学也有少量老挝籍学生，他们大多是老挝的

---

① 朱凌飞、马巍：《边界与通道：昆曼国际公路中老边境磨憨、磨丁的人类学研究》，《民族研究》2016 年第 4 期。

高中毕业生。这些学生以老挝北部地区的跨境民族居多，但是也有部分学生来自老挝中部地区。大部分学生及其父母都讲老挝语，民族语言及饮食习惯与我国边境少数民族略有差异。流入我国的老挝籍学生清晰地知道并认同自己是老挝人，喜欢以国别身份（老挝人）而不是民族身份来标识自己。此外，部分学生的家庭与中国有渊源，但与中国交往较少，几乎所有的学生都是在入学时第一次来到中国。老挝籍学生来云南边境地区中等职业学校学习汉语的手续比较简单，并且他们都是通过磨憨—磨丁口岸进入中国。由于离家远，他们只有在重大节日或寒暑假才回家，往返边境的频率并不高。

从家庭情况看，老挝籍学生大多来自普通农民家庭，家庭生活较为拮据，在学校很节俭，但也有少部分学生的父母是老挝的公职人员或专业技术人员，生活费充裕，没有经济压力。总体而言，老挝籍学生的家庭背景较为多样，且父母中文盲所占比例低，父母都非常关心子女的学习，经常联系督促他们的汉语学习。由于老挝高中及以下阶段的普通教育免费而大学学费昂贵，这些学生在高中毕业后，出于找工作或者是做生意的需要，选择到我方中职学校学习汉语。他们选择到我方边境学校就读，主要是因为地理位置近，学校管理严格，办学口碑好。

3. 中越边境地区未发现学生自发流入现象

中越边境地区义务教育阶段在读的越南籍学生人数较少，且都是跨境婚姻家庭子女，他们在越南出生，但长期在中国生活，因无法在中国落户、不能办理中国居民身份证而被称为"越南籍"。此外，基础教育阶段其余的越南籍学生均集中在我国边境地区的中等职业学校学习汉语或边贸专业，总数300余人，这些学生基本都是通过正规的官方渠道来华留学，严格意义上不属于本书探讨的对象。

（二）西南边境地区学生流入的国别差异，主要源于边界文化心理属性的差异

1.中缅、中老、中越边界的文化心理属性不同

缅甸、老挝、越南都是中国近邻，边境两侧居住着大量的跨境民族，自然地理和交通条件非常便利。研究发现，西南边境地区学生流入的国别差异，实质是中缅、中老、中越边界文化心理属性的差异及其所导致的边界实践的差异。

首先看中缅和中老边境的学生流入现象。从背景上看，缅甸和老挝都是中国的邻邦，都受到中国经济快速发展的影响，教育发展水平也都滞后于中国；从生源上看，来华上学的缅籍和老挝籍学生大都是跨境民族，而且大都来自普通百姓家庭，但缅籍和老挝籍学生来华上学的动因却存在差异。

缅籍学生来华上学，除了地理位置的便利和教育政策的吸引，还源于缅北边民同源文化交往的惯常性、边界认知的模糊性、对中国的向往和无隔阂的文化心理氛围。缅籍学生来华上学，受深刻的民族文化心理因素和艰辛的缅北生存环境的影响。中缅两侧边民习以为常的跨界交往、世代延续的"胞波情谊"，以及缅北政治动荡对边民生活的冲击，使得缅籍学生来华上学带有强烈的感情色彩。

老挝籍学生来华学习汉语，则是权衡留学成本与收益之后的理性选择。中国边境地区离家近，往返方便，留学成本低。他们来中国边境学校学习汉语，是因为掌握汉语以后回国更好找工作，待遇更好，这与一般中国家庭孩子出国留学的考虑并无二致，即对自身就业及掌握汉语后带来的经济收益的考虑。老挝籍学生有着"我是老挝人"的清晰的身份认同，他们持有边境证，从正式的边防口岸进出中国。

越南也与中国西南地区有着漫长的边境线，但是在我国西南滇、桂两

省与越南长达 1300 多千米的交界地带，没有越南籍学生自发来华上学。在该地区，战争创伤阻碍了中越教育交流，双方人员流动管理较为严格。中越边境地区义务教育学校有少量在越南出生的中越跨境婚姻家庭子女在读，中等职业学校在读学生则都是通过正式的官方渠道，如地方政府公派、校际合作等途径进入我国。

可见，在我国西南边陲数千千米的边境线上，唯有中缅边境的缅方一侧，无数边民想到中国寻求生存机会，或者落叶归根。他们一遇到灾荒和战乱就涌入中国境内寻求庇护，一了解到中国学校教育政策优惠、质量更好，就想把孩子送到我方学校就读。在西南边境地区流入的学生中，缅籍学生人数最多，覆盖地域最广，中缅边境地区几乎所有边境学校都能看到缅籍学生的身影。当然，当我们说"缅籍学生"这个词的时候，不能忘记我们之所以称他们为缅籍学生，仅仅是因为他们出生或居住在缅方一侧。他们中半数以上无缅甸户口和身份证，并不认可"缅籍学生"这个称呼。他们来华上学，除了生计和未来就业等现实考虑，更为深层次的，是文化心理上的作用。缅北边民的父辈及祖辈，要么是早年迫于生计或战争而迁入缅北居住，要么是因为国界划分而分居两侧的同源跨境民族。中国与他们的关系，不仅仅是卖了农产品再买电子产品的经济关系，也不仅仅是村寨相连、鸡犬相闻的熟稔生情，而是民族的归属感和身份认同：中国是祖先和亲人的居所，是根之所在。边境地区用"胞波情谊"和"根骨情结"这样带有极强感情色彩的词语来描绘两侧边民的关系，尤其是缅北边民对中国同源民族乃至整体意义上的中国都有着深厚情感和迫切向往。对他们而言，中国是根基，是庇护所。中国学校办得好，教育政策实惠，当然也就是自己孩子接受教育的理想场所。可以说，缅北边民把子女送入我方学校，既是出于现实出路的考虑，更是对他们视为生存根基的中国的"寻根"和"投奔"。这在缅北战争期间体现得尤为明显：隆隆枪炮声中，他们扶老携幼，不顾一切地奔向中国，似乎跨过边界，就是安全和希望。

由此可见，中缅、中老、中越边境地区学生流入动因的差异，实际上是边界文化心理属性的差异。中缅、中老、中越边界在地理意义、政治意义和经济意义上都异常清晰，但是，文化心理边界却因国别存在差异。虽然若干的人类学研究文本和我们的田野调查都显示，中老、中越边境地区跨境民族之间的边贸往来、拜亲访友、通婚互市等一直延续，但在与中国西南交界的老挝和越南境内，跨境民族的文化心理在各自国家的政治和经济生活框架下，与中国的同源民族差异日趋扩大。边界将中老、中越作为民族国家区隔开来的同时，也把边民的文化心理区隔开来，使他们分属于完全不同的国家。尤其是在中越边境地区，政治因素的影响巨大并阻碍着双方的教育与文化交流。然而，边界却未将缅北边民的文化心理和语言习俗与我方边民区隔开来。中缅边民跨越边界的互动使得边境成为一个"接触地带"，成为一个人群交流与互动的社会文化空间。这些跨界实践有着多样的形式与丰富的意涵，塑造出一个虽然在地理上为边界所分割但内部存在复杂有机网络的边境社会或者区域。[1] 边境不是一个封闭的"疏离边境"，而是"相互依赖"的边境。[2] 总之，正是边界属性的差异，尤其是边界文化心理属性的差异，导致了中缅、中老、中越边境地区学生流入人数、方式（自发或是官方）、学段、往返频率、过境途径等方面的差异。

2. 缅籍学生来华上学：模糊的文化心理边界下选择与机会的碰撞

如前所述，缅北边民强烈的文化认同及与中国的深厚渊源，形塑了他们"无隔阂"的文化心理空间；再加上两侧边民频繁跨越边界往返于国门，村寨相连的共同地理生活空间，最终形成了模糊的边界认知。缅北边民日

---

① G. C. S. Lin & P. H. M. Tse，"Flexible sojourning in the era of globalization：Cross-border population mobility in the Hong Kong–Guangdong border region"，*International Journal of Urban and Regional Research*，Vol. 29，No. 4，2005，pp.867-894.

② ［英］安德森等主编：《文化地理学手册》，李蕾蕾等译，商务印书馆 2009 年版。

常生活中所实践的边界，正是他们文化心理意义上的边界，它超越了具体可见的地理边界，正所谓"国有界而心无界"。跨境民族或华人华侨跨界交往的惯常性以及同源文化的亲近感，使得他们的国界意识呈现出模糊性。许瑞娟通过对中缅边境拉祜西（拉祜族）文化与族群认同的研究指出，"从生活水平、经济条件来看，缅甸境内的寨子不如中国境内的，但'国有界、心无界'，这并不妨碍中缅两国拉祜西之间频繁交流与互动，比如婚姻互通、贸易往来、走亲串戚、节庆慰问、探病悼丧等"①。这也回应了在中缅跨境民族地区，边界并没有对边境线两侧边民的往来产生实质性的阻隔效果。生活在缅甸的跨境民族频繁往来于中国边境的现象，已经成为中缅两侧跨境民族间稳定的社会交往形式。国门只是一个往返通道，缅籍学生与我方一侧学生语言相同、风俗一致，个别边境学校的领导和老师还会基于文化上的亲近感或自身教育情怀而对他们关照有加，他们的学习和生活都较为顺利。

然而，学校教育有着清晰的服务边界，中国学校保障的是中方儿童的入学机会，缅籍儿童的入学机会则要看学校是否还有空余学额。他们来华上学的机会受制于正式的国家边界对他们身份的区隔。在西南边境地区，学校是否招收缅籍学生、招收条件、招收人数等，很少基于民族文化心理来考虑，学校更多会基于自身利益和教育政策来考量。"软"而模糊的文化心理边界和"硬"而清晰的国家教育边界，在缅籍学生招收上发生了碰撞；在边境地区脆弱的教育生态环境之下，两者碰撞的必然结果，就是民族文化心理让位于我方教育政策。在"招收还是不招收"的权衡中，很难体现缅籍学生及其家长的声音。这是因为，中、缅是两个不同的主权国家，招生的问题属于我方学校的事务。由于我方学校的布局及建设针对的是我方孩童，在服务对象上存在"内与外"的区分，再加上边境地区教育生态系

---

① 许瑞娟：《流动的"理"与"礼"：中缅边境拉祜西的文化记忆与族群认同——以澜沧龙竹棚母寨与子寨拉祜西为例》，《中央民族大学学报》（哲学社会科学版）2017 年第 4 期。

统本身就非常脆弱，师资紧缺、基础设施建设不足的现象普遍存在，缅籍学生来华上学，面临着入学机会严重不足的挑战。不过，对于在校的缅籍学生，地方政府确保他们享有与我国学生同等的待遇。

3. 老挝、越南籍学生来华上学：边界区隔下学生跨国留学的常规形态

中国经济的高速发展辐射到周边国家，中国人在老挝做生意、开公司，需要大量掌握汉语的翻译人才。由于老挝国内就业压力大，一些高中毕业生出于地理位置近、留学成本低、就业前景好的理性考虑，来到中国边境的 M 县职业中学学习汉语。他们自发来华上学，从正式的国门通道入境，面临着几乎所有跨文化交往中都可能遇到的难题。

老挝学生来华上学是真疆实界下学生跨国留学的常规形态。边界在区分领土疆域和政治经济制度的同时，也将文化心理区隔开来。就学生来华上学这件事情而言，中老边界在地理、政治、经济和文化意义上都是重合的。对这些学生而言，中国是一个陌生的国度。他们清晰地知道，自己是来华学习汉语的老挝人，是自费留学生；而来中国留学，是出于成本和收益的理性抉择。

同样是到中国边境职业学校学习汉语，越南籍学生来华上学则更为"正式"：他们都是通过正式的官方渠道，如地方政府公派、校际合作等途径入境我国，到中等职业学校学习汉语，而且人数较少。

（三）我国边境地区基础教育未做好"敞开国门办教育"的准备

西南边境地区远离国家政治经济中心，教育经费长期不足，教育基础设施薄弱，师资紧缺。其中，不少边境学校（包括正式承担着对外开放窗口职能的国门学校）难以接收数量较大的缅籍学生群体。他们要么设置条件限制招生（如中缅边境地区），要么招进来以后因师资匮乏出现大班额问

题（如中老边境的职业学校）。

在缅籍学生的招收与教育管理过程中，各方态度及处境不一。

边境地区政府及教育主管部门为打造"教育对外开放"的地方特色，鼓励或默许边境学校在条件许可的情况下招收缅籍学生。之所以是"默许"，首先，鉴于捉襟见肘的地方财政状况，招收或不招收缅籍学生，都无法投入更多的人力（如增加教师人数）和财力（如扩建新校舍）。因此，他们把主动权交到了边境学校手里，让学校根据自身条件来决定。其次，出于边疆稳定、边境地区人力资源开发的考虑：第一，双方边民一直友好往来，互通有无。缅方儿童来华上学，边境学校在能力范围之内应该接收；第二，边境线漫长，从社会和谐稳定角度看，"接收这些孩子上学，等于在帮助这些孩子"。这些孩子会更认可中国，从而不会做出有损两国边民利益及边境治安的行为，有利于边境安全与稳定；第三，边境地区人力资源有限，本地人口存在外流现象。且本地一直存在大量的缅籍务工人员，我方学校接收缅籍孩子入学，实际上促进了边境地区的人力资源开发。可见，政府部门在招收缅籍学生的初衷上，不论是打造教育对外开放特色，还是稳定边疆与开发边境地区人力资源，都是出于国家或地方利益的考虑。

再来看边境学校。边境学校招收缅籍学生，也是基于多重考虑：第一，对一些学校来说，之所以招收，是因为上级允许招收，而且自身确实有条件招收（有校舍、有师资）；第二，缅籍学生有诸多优点：年龄稍大，听话懂事，最关键的是学习刻苦，成绩优异。缅籍学生的流入，为一些生源流失严重的边境学校注入了活力：在饱受城镇化浪潮冲击的边境学校，在优秀生源和优秀教师大量往城区学校流动的背景下，为求学而来的缅籍学生乖巧懂事、勤奋好学，能够提升学校整体的学习氛围和精神面貌，能够让教师们获得成就感，感受到教育工作的价值与意义。在一些班级和学校，缅籍学生是名副其实的优秀生源。他们无论是在学习上还是在品德上，无论在尊敬师长方面还是在班级管理、学生活动等方面，都能起到领头羊的作用。这是一些边境学校愿意招收缅籍学生、主动承担重任的真正原因。当然，这其中也难免掺杂着打造学校教育特色的功利性考量，还有因双方边民之间的人情请托等。然而，确实有一些边境学校的校领导和老师是出于民族情感和教育情怀，对缅籍学生发自内心地认可和接纳。

缅籍学生来华上学面临着现实挑战：首先，一些边境学校办学条件非常有限，难以接收数量较大的缅籍学生群体，只能设置条件限制招生数量，甚至拒收、劝返缅籍学生。其次，现代学校制度有着专门的管理系统，如学籍、升学、中考、高考等，这套系统对缅籍学生并不适用，导致缅籍学生在招生、管理上无据可依、无章可循；缅籍学生因学籍管理困难、升学渠道不通畅而大量流失。

缅籍学生在华受教育期间与中国学生享受同等待遇。由于身份的区隔，我国边境地区虽然无法为缅籍学生进入公立学校系统提供充分、均等的入学机会，但是，一旦边境学校招收了缅籍学生，捉襟见肘的地方财政会投入大笔资金确保在校缅籍学生与我国学生享受同等待遇。这是我国国家形象、综合国力的体现，更是对缅北边民"民族共同体想象"的回应，是云南边境地区在招收缅籍学生时最值得书写的一笔。

我国边境地区职业中学招收老挝籍学生，则是多种因素综合作用的结果：首先，和几乎所有县级职业中学一样，边境县职业中学长期面临生源不足、校舍闲置的状况，有招收更多学生的条件；其次，边境县职业中学对周边国家学生而言位置近、往返方便，留学成本低。除此之外，学校自身的努力也很重要。M县职业中学招收了众多的老挝籍学生是自身办学历史和办学特色共同影响的结果。这所学校曾因为紧靠边界与老挝北部省份有过正式的合作，为其培养汉语人才。在这期间，教师教学认真负责，管理兢兢业业。学校老挝班在招生时获得了良好声誉，并形成了"口碑效应"，吸引了大批老挝籍学生。但是，大批老挝籍学生前来使得学校在一定程度上陷入了"巧妇难为无米之炊"的窘境。如缺乏专业的汉语教学师资，只好"无论教什么科目的都来教了",而且宿舍不够,学生住宿非常拥挤,七八人甚至十余人一间宿舍,供水条件、卫生条件也很有限。[①]

边境地区中职学校招收外籍学生,同样缺乏政策依据和保障:招收或不招收、怎么招收、招收多少、招收来以后怎么培养,几乎都是边境学校根据自己的实际情况自主决定。中等职业学校对来华留学生的招生和培养,同样处于"无章可循"和"摸着石头过河"的探索状态。

二、讨论与思考

（一）"西南边疆"的异质性：基于边界文化心理属性的思考

在大量有关文献中,"西南边疆"被勾勒成一个同质性的区域:该区域无论是在自然地理特征还是在政治经济属性,乃至民族分布及文化心理上,都具有高度的相似性和同质性。尤其是在教育领域,"西南边疆民族地区"及"西南边疆民族教育"已经成为"约定俗成"的称谓,其中"西南边疆"所指的范围也非常清晰,即中缅、中老、中越交界地带。人们往往把这个区域作为一个同质性的整体,较少关注其异质性。

毋庸置疑,边界作为地缘政治中的硬性界线,不同地区有着"物质属性"的相似性。所谓"西南边疆"的异质性,是从边界的属性及两侧人民的边界实践（在本书中指来华上学）角度而言的。在一些学者那里,边界意味着政治、社会、文化和自然方面的中断和差异,[②] 但是,作为一种特

---

① 调研发现,虽然西南边境地区的中职学校招收周边国家学生的现象比较普遍（如景洪市职中、普洱市职中、陇川县职中、红河县职中、靖西市职中、凭祥市职中）,但这些学校人数少,没有遇到师资和校舍方面的问题。

② ［瑞典］乌尔夫·汉内斯:《边界》,肖孝毛译,《国际社会科学杂志》(中文版)1998年第4期。

殊的人文地理空间，边界是"一个存在于两者之间的地区，一个双方可以相互接触、一个群体间的断裂有所弥合的地区"①，是不同的社会与政治实体接触和交流的场所，跨边界的日常生活流动是长久和普遍的社会事实。② 而边界的这种"中间性"和"媒介性"又需要通过行动者的具体实践方能得以展现，③ 并在边民丰富的社会实践过程中不断发生着有意义的重构。④

"西南边境"的异质性主要体现在边界治理及文化心理属性上。保障安全与引导流动是最重要的边界治理内容，安全与流动的关系随着时代的变迁大致呈现出"低流动—低安全""低流动—高安全""高流动—低安全"以及"高流动—高安全"四种类型，不同类型之间既可相互替代也可以共存，从而构成了一幅复杂的跨界流动关系图景。⑤ 从该意义上而言，"西南边疆"的异质性体现为流动与安全关系的多样性，中缅边界实践表现为"高流动—高安全"，中老边界实践表现为"低流动—高安全"，而中越边界实践在两侧边民眼中则呈现为"低流动—低安全"的图景。笔者研究发现，中缅、中老、中越边界的文化心理属性及两侧人民的边界实践确实存在较大差异。

从地缘政治角度而言，与缅甸、老挝、越南接壤的西南边境地区，边界具有清晰且相似的地缘政治属性和经济属性。但从边界的文化心理属性上看，中缅、中老、中越边界存在明显差异。在中缅边境地区，由于历史

---

① ［美］麦克尔·赫兹菲尔德：《什么是人类常识》，刘珩等译，华夏出版社 2005 年版，第160 页。

② 唐雪琼、杨茜好、钱俊希：《流动性视角下边界的空间实践及其意义——以云南省河口县中越边境地区 × 村为例》，《地理研究》2016 年第 8 期。

③ 朱凌飞、段然：《边界与身份：对一位老挝磨丁村民个人生活史的人类学研究》，《云南师范大学学报》（哲学社会科学版）2017 年第 2 期。

④ J. R. V. Prescott, *Political Frontiers and Boundaries*, London: Routledge, 1987.

⑤ 赵萱：《当代边界治理中的安全与流动——以霍尔果斯口岸为例》，《云南师大学学报》（哲学社会科学版）2022 年第 5 期。

的原因，同时受缅北政治环境的影响，缅北边民在缅甸人地生疏、语言不通、交通不便，而与中国则村寨相连、近在咫尺、同语同俗。他们的身份认同更多的是民族身份认同。国民身份是法理性的政治认同感，而民族身份更多是建立在情感、血缘、语言、习俗等基础上的群体约束和共同态度。① 边民基于共同的地理和文化生活空间，构建出一个特殊的、无隔阂的文化心理空间。其中，边民的边界认知具有模糊性，跨界行为具有惯常性。在我方学校优惠的教育政策、更好的办学条件的吸引下，缅北边民纷纷把子女送入我方学校。由于缅北跨境民族及华人华侨与我方边境地区人民同根同源、同语同俗，我方学校中很多所谓的"缅籍学生""不是外国人，跟我们本地民族都是一样的"，他们学习刻苦，成绩优异，生活适应无障碍。他们在我方学校中确实体验到了与其心理期待一致的"与我方学生同等待遇"的善意。但同时，他们也不可避免地面临着入学机会不足的问题。我国边境地区的学校教育在校舍、师资等几乎所有方面都是为服务本国学生而设计的，并且长期面临教育资源分配不均、教育投入不足等问题，没有为"敞开国门办教育"预留太多空间，这就导致缅籍学生的入学机会严重不足。不少边境学校出于校舍、师资条件考虑而不得不严格限定缅籍学生的招生人数，国家教育政策（如义务教育均衡发展评估）也没有顾及边境学校教育中存在大量缅籍学生的事实。于是，在教育政策出现变动（如要求严格控制班级规模、消除大班额）的情况下，在读的缅籍学生不得不失学回家；即便一直顺利读到高中毕业，他们也不能与中国学生一样报考中国的大学，从而"对他们的信心形成一种制约"。

老挝籍学生来华上学的情形则完全不同。边界在区分领土疆域和政治经济制度的同时，也将文化心理区隔开来。结合一些民族志文本及笔者

---

① 柳谦、梁丽玲、梁顺意等：《西南边陲的教育国境线——云南边境国门学校现状研究》，《广西师范大学学报》（哲学社会科学版）2011 年第 6 期。

的观察，发现老挝边民与我国边民之间的民间互动一直存在，但是，学校教育不同于民间机构，至少在老挝籍学生来华上学这件事上，中老边界无论在地理意义上还是在政治、经济和文化心理意义上，都是重合的。中国（即便是紧邻老挝的中国边境地区）对老挝籍学生而言，异常陌生。老挝籍学生清晰地知道，自己是来华学习汉语的老挝人，是自费留学生；而来中国留学，是出于成本和收益的理性抉择。无论是老挝学生自发来华上学的抉择过程，还是我方兢兢业业的教学培养过程，都没有产生中缅边境地区那种充满向往的投奔以及难以割舍的感情。

中越边境地区同样有着漫长的边境线，边界两侧同样居住着大量跨境民族，很多区域同样村寨相连、鸡犬相闻、语言相通，民间同样存在着如通婚互市、跨境务工、拜亲访友等交往互动活动。中国经济的高速发展及资本涌入所带来的对汉语人才的需求，也促使一些学生来华学习汉语。但是，在这个区域，边界的政治属性凸显，与地理边界、经济边界完全重合，并严重挤压着文化心理边界。双方出入境管理机关、相关部门按照各自国家的法律法规和边境管理办法进行统一、规范的空间管治，① 这种空间管治既是维系社会有序发展的重要条件，同时又将带有国家政治意志的空间秩序附加于边民的日常生活，在某种程度上阻滞了中越边民的流动。② 中越边境地区没有自发来华上学的越南籍学生。该区域所谓的"越南籍学生"，实际上包含了两个完全不同的群体：一是跨境婚姻家庭随迁子女，长期生活在中方一侧，人数极少；二是通过官方渠道作为交换生或留学生在我国边境学校学习汉语及边贸相关专业的越南留学生。严格说来，这两类均不属于本书所限定的"自发来华上学"的对象范畴。

由此可见，从边界属性及跨境民族（或边民）的边界实践来看，我们

---

① 唐雪琼、杨茜好、钱俊希：《流动性视角下边界的空间实践及其意义——以云南省河口县中越边境地区 × 村为例》，《地理研究》2016 年第 8 期。

② 同上。

所说的"西南边疆",并不具有同质性,而是异质性的"多元边疆"。"西南边疆"的异质性,最突出的表现就是在民族文化心理层面。虽然中缅、中老、中越边界两侧均居住着大量跨境民族,但居住在不同国家的跨境民族在经济、政治、文化等方面存在较大差异。"在经济政治交往密切与社会文化沟通频繁的地区,国界不再是藩篱与隔断,它更多的意义是作为一种生活空间,链接着不同群体间的社会交往、文化交流、节庆往来、交通通畅、商品交易、产权流通,并逐渐形成了跨越国界、超越国家间军事政治关系特征的共同生活地域;而在动荡不安的地区,作为国土、国民、权力分割线的国界是国家间军事与政治实力较量的前沿。"[1]中缅边境两侧边民同族同源、血脉相连,族群关系密切,地理和人文条件便利,民族人口流动非常频繁。[2]老挝跨境民族及边民与中国境内的跨境民族在风俗习惯和语言上差异逐渐变大,与中国的关系较为疏远。而在中越边境,人们(尤其是官方)在文化心理上筑起了高墙。中越边界不是"桥梁"而是"沟壑",不是促成流动的机制,而是实现区隔的介质。

笔者研究发现,无论是老挝高中毕业生自发自费来华学习汉语,还是越南籍学生"由官方派出来华学习汉语",大多是中国经济发展引起周边国家汉语人才需求增大的结果,而非中华文化向心力的影响。世代延续的"胞波情谊"和血浓于水的亲情关系,仅仅存在于中缅边境地区;视中国文化为自身根基的"根骨情结"以及中国文化的巨大向心力,主要存在于缅北跨境民族和华人华侨的心里,因此需要珍惜。

由此可见,已有文献中所指称的"西南边疆",很可能只关注到了边

---

① 罗柳宁:《民族·乡土领袖·边界——广西中越边境跨国民族发展新动向实证研究之一》,《广西民族研究》2012年第4期。

② 鲁刚:《中缅边境沿线地区的跨国人口流动》,《云南民族大学学报》(哲学社会科学版)2006年第6期;罗刚:《非法移民对人口安全、国家认同的影响——基于云南边境民族地区的调查》,《云南师范大学学报》(哲学社会科学版)2012年第4期。

界或边境地区的地缘政治属性，而忽视了文化人类学视角下西南边疆的内涵和差异。在政治意义上，如本尼迪克特·安德森所宣称："边界……发生在国家主权间的垂直接触面与地表交汇之处……作为垂直的接触面，边界没有水平上的宽度。"[①] 当边界不再被当作一条高度浓缩、极度符号化的分界线，而被视作一种具有丰富意义的地方时，其构造就具有了时间的长度、空间的广度和社会文化的厚度，其中充满了被讲述的"故事"和被阐释的历史。[②] 边界作为"沙中之线""不断变化的边界现实"和"多孔的藩篱"，[③] "不再是在地图上的一条线，而是一个独特的地方，因其与其他地方和事物的关系，也因其特定位置而表现出显著的特点。这样一个独特的地方，在物理维度和实际功能之外，还包含了其他想象的维度和情感的功能，其所具有的各种象征意义发生了根本的转换。"[④] 因此，对西南边疆的同质性建构，不仅会导致我们对西南边疆的片面理解，还可能会使我们对西南边疆的言说和解读存在前提假设上的错误。我们需要从边界属性的角度，尤其从边界的文化心理属性层面，重新思考"西南边疆"所包含的异质性和丰富内涵，揭示和阐释"西南边疆"的多样意义，从而深化对"西南边疆"的研究。

（二）迈向"教育共同体"：边境地区学校教育生态重建的思考

如前所述，我国边境地区基础教育阶段的学校师资力量薄弱，基础设施不足，预设的服务对象限定在国家边界之内。这不是某一所学校的

---

① ［英］多琳·马西：《保卫空间》，王爱松译，江苏教育出版社 2014 年版，第 13 页。

② 朱凌飞、陈滢至：《边界地方感与边民身份建构：以中缅边境猴桥口岸黑泥塘村为例》，《云南师范大学学报》（哲学社会科学版）2022 年第 2 期。

③ E. Wohlgemut, "Porous Borders: Maria Edgeworth and the Question of National Identity", in *Romantic Cosmopolitanism*, E. Wohlgemut (ed.), London: Palgrave Macmillan, 2009, pp.71–94.

④ S. Green, "A Sense of Border", in *A Companion to Border Studies*, T. M. Wilson & H. Donnan (eds.), Hoboken: Wiley Blackwell, 2012, pp.573–592.

现象，而是边境地区学校教育生态系统的常态；这也不仅仅是加大教育投入的问题，而是需要从"人类命运共同体""中缅命运共同体"①的视角重新思考的"教育共同体"问题。"边境地区，边民个体的命运与国家政策、国际关系、全球体系等因素密切相关。成功的国家政策、良好的国际关系、互联互通的全球网络也必然要通过每一个边民个体的命运而得以实际展现。"②"跨境人口流动是区域认同增强的重要纽带和桥梁，跨境流动的边境人口是命运共同体建设的基本单位。通过跨境流动而获得共同体搭建和巩固的可能，进而不断加强与周边邻国的相互理解与互动支持。"③毋庸讳言，学校教育具有鲜明的政治属性，我国基础教育阶段的学校教育是国民教育，预设的服务对象限于边界之内。受边境地区薄弱的教育条件限制，缅籍学生不具有与我方孩童同等的入学、升学机会，"中国"与"缅甸"，"中国籍"与"外国籍"的身份被凸显出来，国家边界的政治属性开始彰显。而且，在自上而下的教育政策实施过程中，来自国家或地方教育政策上的任何风吹草动，都可能影响缅籍学生的上学机会。缅籍学生在我方学校内，一方面享受着我国边境地区的种种优惠条件和待遇（与中国学生一视同仁）；另一方面，由于国籍身份的区隔，他们随时会因政策变动或条件限制而失学。

在滇缅边境地区，忽视缅北边民与中国的深厚渊源，限制缅籍学生来华上学，显然不符合两侧边民的文化心理与现实利益。它无视了该区域长期形成的文化心理特征，伤害了边民情谊，更不利于边境地区的建设与治理。合理的做法是在充分考虑边民文化心理的前提下，尽可能地重建我们

---

① 周灿、陈丽云：《中缅命运共同体建设背景下中缅边民流动治理研究——以德宏州为例》，《黑龙江民族丛刊》2022 年第 1 期。

② 朱凌飞、段然：《边界与身份：对一位老挝磨丁村民个人生活史的人类学研究》，《云南师范大学学报》（哲学社会科学版）2017 年第 2 期。

③ 尤伟琼、董向芸：《周边国家命运共同体建设背景下中缅边境跨境人口流动治理研究》，《思想战线》2020 年第 5 期。

的边境教育生态，打造更加开放包容的边境"教育共同体"。例如，加大教育投入，加强基础设施建设，让"国门学校"真正承担起树立国家形象、传承中华文化的使命；完善我们的教育管理，打通外籍学生招生、升学、学习管理、待遇享受等各个环节，真正"敞开国门办教育"，回应滇缅边民在久远的历史变迁中沉淀下来的珍贵情谊。因为"他们不是外国人，不要把他们看成外国人，他们都是我们本地的民族，和我们有着一样的语言，一样的风俗"。更何况，来华上学的缅籍学生一半以上在缅甸没有合法居留权，他们是家国命运交错中流落异乡的中国人后代。

　　最后，就西南边境地区学生来华上学现象对"一带一路"教育共同体建设做一些回应。在西南边境地区，缅籍学生"大量涌入"，老挝籍学生"小规模自发而来"，中越边境只有少量官方渠道的交换生和留学生。这种现象的生成固然是多种因素综合作用的结果，但最重要的是中缅、中老、中越边境地区文化心理的差异。这说明，在推进我国与周边国家教育交流与合作的过程中，文化所发挥的纽带作用不容忽视，"民心相通"可能比经济因素的影响更为重要。与中国有着深厚文化渊源的国家和地区，应该成为加强教育文化交流、扩大教育对外开放的重要区域。我们不能否认近些年来国家投入大量资金和人员，在世界各国办"孔子学院"以传播中国文化的重要意义和深远价值，但如果我们能把更多的目光投向那些原本就对中国怀有深切向往和强烈认同的地区和人们身上，投向那些想方设法来到中国学校门口的孩童身上，以及那些通过理性抉择穿越国门进入我国中职学校的学生身上，通过加大投入来改善我们的边境教育生态、改善办学条件、充实师资，通过制度创新来为他们提供与我国学生完全均等的教育机会，以及更好的学习和生活条件，那么，不仅可以改善和提升我国边境地区的教育环境，使边境地区各民族学生实实在在地享受我国富强的实惠、提升国家向心力，同时，对于中国文化的传播、对于睦邻友好、对于边疆治理和边境地区人力资源开发，也必将大有裨益。一个基本的事实是：大多数边境地区的生产生活条件都比较恶劣，边民世代居住在边境地区，本身就为维护边境安全作出了重要贡献，边民的存在是维护边境安全的原动力。① 增加边境地区的教育投入，让教育改革成果更多地惠及边疆，并同样惠及友邻孩童，是边境教育发展的现实诉求。

　　跨境民族子女出于对中国文化的认同和学好汉语后更好的就业前景考虑，跨越国界到我国境内学校上学。这是我国睦邻友好的重要体现，也是我国加强与周边国家教育交流与合作的重要契机。文明交往发展总的特点，是由自发性向自觉性的演进，是由自在走向自为，是由情绪化走向理智化，是由必然走向自由，是由对立、对抗走向对话、合作。② 跨境民族子女跨界学习从自发的交往向自由甚或制度化的交往逐步迈进，能够增强彼此交往的紧密性，在一定程度上也能增强民众基础，维护边境地区的和谐稳定。然而，这一现象还没有得到应有的重视。我国从国家层面到省级层面，均缺乏针对边境地区基础教育阶段（含中等职业教育）招收外籍学生的专门政策。云南边境地区极其有限的教育资源与外籍学生来华上学的强烈需求之间的矛盾日益突出，尤其是中缅边境地区，边境学校因校舍、师资不足而少收或不收缅籍学生的现象非常普遍；缅籍学生升学渠道受阻，不能像中国学生一样正常参加高考和升学，影响了其学习积极性，并造成边境教育资源的浪费。基于这些事实，迫切需要多部门协同努力，结合实际情况，认真研究，尽快出台既有利于睦邻友好，又有利于边境地区人才培养的教育政策，使跨境民族儿童来华上学实现规范化、常态化，造福沿线边民，促进跨境民族地区教育和谐发展。在这一进程中，对边界的区隔、中断、排斥意义的消解，以及对其连接、过渡、融合价值的强调，

---

　　① 边振辉：《开放边界视角下边民在维护边境安全中的作用》，《中国公共安全》（学术版）2015 年第 4 期。

　　② 巨永明：《文明交往：解析全球化的新路径——读〈文明交往论〉》，《世界历史》2003 年第3 期。

对于构建一种更具空间平衡性、社会包容性、经济可持续性、政治长期稳定性的全球化价值具有积极的意义。①

三、策略建议

（一）上移责任主体，强化政府责任，推进与周边国家的教育文化交流

由于边境地区资源配置能力有限，需要将责任上移。"边境地区义务教育资源配置涉及人、财、物、力的合理安排，呈现出站位高、头绪多、责任大、任务重、协调难的特点，依靠县级政府难以完成，必须将管理重心上移，使中央政府成为第一责任主体。由中央政府全面履行责任，通过政策建构与文化建构，有序引导、规范边境地区义务教育阶段来华留学生教育管理，最大限度地发挥出其正向功能。"② 构建中央与地方、政府与社会相结合的多边协同、外推内生投入体制。③ 例如，由云南省政府统筹制定边境学校招收缅籍学生的管理办法，制定边境民族地区教育发展战略规划，为边境民族教育事业发展提供依据，提高教育整体效益。④ 由云南省支持沿边州、市以地方教育文化交流的名义试点推行，待条件成熟后，再上升到更高层面。

对外籍学生的出入境管理要立足边疆特色，凸显人文性。加强与边检单位的沟通协调，实现外籍学生及家长信息共享，方便边检监管。加强防

① 朱凌飞、陈滢至：《边界地方感与边民身份建构：以中缅边境猴桥口岸黑泥塘村为例》，《云南师范大学学报》（哲学社会科学版）2022 年第 2 期。

② 李芳：《边境地区义务教育阶段来华留学生教育政策困境与创新——以云南省德宏傣族景颇族自治州为例》，《云南民族大学学报》（哲学社会科学版）2016 年第 6 期。

③ 张学敏、崔萨础拉：《多边协同与外推内生：新时代我国边境教育经费投入创生逻辑再探索——基于西南边境教育现状与云南省的数据分析》，《西南大学学报》（社会科学版）2020 年第 5 期。

④ 张进清、张宏宇：《边境民族地区县域教育发展规划研究——以广西边境民族地区 C 县为例》，《民族教育研究》2017 年第 6 期。

毒禁毒宣传教育，防范中小学生被社会不良势力欺骗利用。协调相关单位统一印制入境卡 / 通行证，突出防伪功能，并在全州各口岸、通道通用。对证件持有人员做好信息管理，实行黑名单制度。

出台相关政策，解决跨境婚姻家庭中随母亲嫁入中国并定居在中国的外籍孩子的户口问题。简化居留手续，解决长期居住在我国的其他国籍儿童的户籍问题，使外籍学生既能享受法律赋予的权利，又受到法律的约束，履行义务。针对跨境婚姻家庭外来子女接受教育制定相关政策，为其提供奖励和补贴。[①]

（二）将来华上学学生纳入边境地区教育发展规划，持续改善边境学校办学条件

随着"一带一路"建设的实施，云南边境地区教育治理在培养沿边建设人才、树立和提升国家良好形象、促进睦邻友好与文化交流等方面的作用日益彰显。[②]需要将来华上学学生纳入边境地区教育发展规划，从经费保障、基础设施建设、教师编制等方面给予保障，持续改进边境学校办学条件。

在经费保障上应上移责任主体，由中央政府全面保障跨境民族地区学校的资源配置，保障边境学校的教育投入。建立以中央财政为主的投入体制，明确中央、省市、民族自治县三级政府对义务教育投入的责任和分摊比例，使中央财政投入成为少数民族地区义务教育的绝对财源。[③]进一步改善边境沿线学校（尤其是国门学校）的办学条件，将云南边境地区作为我国教育向周边国家开放的"教育特区"，加大投入、加强建设，真正"敞开

---

① 熊威、杨海东:《中缅边境跨国婚姻子女教育问题及对策研究——以云南某德昂族乡 C 村为个案》,《民族教育研究》2016 年第 6 期。

② 李孝川、李劲松:《云南边境地区教育治理现代化的现实困境和变革路径》,《学术探索》2022 年第 1 期。

③ 张学敏、贺能坤:《边境民族地区义务教育经费投入调查报告》,《教育与经济》2005 年第 4 期。

国门办教育"，根据边民需求打造一批能够真正承担起提升国家形象、传承中华文化使命的"国门学校"。①

要坚持跨境基础教育的公益性，加大财政投入，不断完善教学设备、操场食堂、师生宿舍等基础设施，以满足当地儿童接受高质量教育的需要，提升边境教育开放水平和服务能力。随着边境地区教育发展水平的不断提升，对周边国家的教育影响不断扩大，跨境民族所处的边境地区日益成为不同文化持续交流和相互影响的公共空间和中心地带。② 为此，需要加大财政投入以保障基础教育的公共性，加大边境地区基础设施建设投资力度，进一步完善边境地区的校点布局，提高学生容纳量。对入学需求比较大的区域和学校，要加强软硬件建设，逐步扩大招生规模。

针对教师编制不合理的问题，在义务教育阶段，要根据学生在读人数，全部计入生均公用经费划拨和师资编制配置的范围。在流入学生达到一定人数或超过一定比例时，适当增设专职教师岗位，并根据生源情况进行动态调整。

（三）出台边境学校流入学生招生、管理办法，使周边国家学生来华上学常态化、正规化

要加强外籍学生管理的制度建设。在"一带一路"建设背景下，从构建国家命运共同体的角度出发，在政策法律、学籍管理、生活待遇等方面加强对外籍学生的管理。

首先，省、州、县三级政府应积极研究、制定专门针对周边国家中小学生来华上学的指导意见，出台相对稳定、切实可行的外籍学生招生管理办法，对外籍学生的就读条件、享受政策、毕业考试、出入境管理、禁毒

① 王艳玲：《来华就读缅籍学生的边界认知与教育境遇：来自云南边境地区的声音》，《民族教育研究》2019 年第 6 期。
② 陈时见、王远：《从"边境"到"跨境"："一带一路"背景下跨境民族教育的转型发展》，《华东师范大学学报》（教育科学版）2020 年第 4 期。

防艾等方面作出明确要求，为边境地区学校招收外籍学生提供政策依据。例如，从合作共赢、共享共建的角度，创新外籍学生的管理机制，夯实基础教育人才培育基础。[①] "将周边国家外籍学生单独划块管理，制定规范性措施；建立小学—初中—高中—大学贯通的学籍管理与升学制度，构建人才培养的连贯通道；建立边境地区各级各类教育质量保障及提升机制，构建多层次、多领域、立体化人才培养模式。"[②]

其次，使边境学校外籍学生的教育管理从无序变为有序，使义务教育阶段外籍学生来华上学合法化、正规化，真正做到外籍学生到我方学校就读有法可依、有章可循。教育主管部门应当制定针对外籍学生的具体管理措施，统一边境地区对外籍学生的招生工作和学籍管理，规范对外籍学生的日常管理。

最后，当务之急是要明确规定外籍学生享受与我国学生同等待遇，包括同等享受"两免一补"政策、纳入"营养改善计划"等以减少实践中的混乱和困惑。各级政府和教育主管部门应在管理办法中明确提出，外籍学生不在义务教育均衡评估、控辍保学的指标之列，以保护边境地区学校招收外籍学生的积极性。

（四）盘活教育资源，规范中职办学，满足周边国家来华留学生的汉语学习需求

物质资源的有效保障是跨境民族教育现代化发展不可或缺的条件，物质资源供给充分可以为扩大跨境教育的对外开放合作提供保障。[③] 要盘活

---

① 尤伟琼、董向芸：《周边国家命运共同体建设背景下中缅边境跨境人口流动治理研究》，《思想战线》2020 年第 5 期。

② 尤伟琼、张学敏：《云南边境地区周边国家跨境就读外籍学生管理问题研究》，《云南师范大学学报》（哲学社会科学版）2018 年第 3 期。

③ 陈时见、王远：《从"边境"到"跨境"："一带一路"背景下跨境民族教育的转型发展》，《华东师范大学学报》（教育科学版）2020 年第 4 期。

教育资源，大力促进中职学校对外汉语教学的发展。首先，各级政府应出台规范中等职业学校开展对外汉语教学的文件。其次，鼓励中等职业学校盘活并充分利用已有教育资源，搭建友好往来的交流平台，面向周边国家招收留学生。例如，在合作办学方面，云南省利用其面向"三亚"和肩挑"两洋"的独特区位优势，打造辐射澜沧江—湄公河经济发展带的澜沧江—湄公河国际职业学院，探索"一校多国、产教融合"的办学模式和人才培养机制，[①] 为中职办学提供了成功借鉴。再次，通过对学校信息化基础设施建设和管理信息平台的建设实现教育资源的广域整合，提高各个地区学校优质资源共享能力。[②] 充分发挥云计算与人工智能技术优势，在实现随需应变地从可配置计算资源共享池实时获取所需资源的基础上，进一步实现智能化教育资源实时共享，满足个性化的学习需求。[③]

最后，规范中职办学，多方面协同互助满足学生发展需求。要在充分研究的基础上，规范中等职业学校面向外籍学生的招生工作，明确招生条件、招生规模、招生专业及人才培养模式；要投入资金，对中等职业学校校舍进行必要的改建或扩建，为外籍学生提供良好的学习生活条件；要加强教师队伍建设，大力引进或培训对外汉语教学师资，保证对外汉语教学师资队伍的专业性；要在总结已有办学经验和不足的基础上，研究制定专门的外籍学生教育管理办法；从各个渠道筹措资金，为外籍学生提供奖、助学金资助；建立信息平台和管理系统，为外籍学生在我方学校的升学提供更多更好的服务。

---

① 陈时见、王远：《从"边境"到"跨境"："一带一路"背景下跨境民族教育的转型发展》，《华东师范大学学报》（教育科学版）2020 年第 4 期。

② 甘健侯、赵波、李艳红：《"互联网＋民族教育"的内涵、价值及实现路径》，《学术探索》2016 年第 2 期。

③ 杨澜、曾海军、高步云：《基于云计算的智慧学习环境探究》，《现代教育技术》2018 年第 11 期。

附 录 云南省德宏州缅籍学生
流入现象专题研究

此部分由三篇论文组成。为了保持研究的完整性，将原文收录，略有删改。

专题一 云南省德宏州缅籍学生流入现状分析 [①]

本文探讨的是与我国毗邻的缅甸适龄儿童自发跨越中缅边界，进入我国云南边境沿线学校就读的现象，这些学生未办理留学手续，自发跨越边界到我国学校上学，不包括境外学生通过官方渠道进入我国境内大中专院校留学现象。云南边境线长 4060 千米，其中中缅边境线长达 1997 千米，德宏傣族景颇族自治州（以下简称德宏州）的中缅边境线长 503.8 千米。近年来，随着我国经济的快速发展和一系列兴边富民政策的推进，[②] 以及我

[①] 王艳玲、殷丽华、董树英：《中缅边境地区缅籍学生跨境入学现象研究——基于云南省德宏傣族景颇族自治州的调查》，《学术探索》2017 年第 12 期。

[②] 尤伟琼：《中缅边境地区中国外流边民回迁现象研究——以中缅边境地区怒江段为中心》，《云南师范大学学报》（哲学社会科学版）2017 年第 1 期。

263

国教育优惠政策的实施，缅籍适龄儿童大量涌入我方学校就读。德宏州是缅籍学生最为集中的地区，同时，德宏州集边疆、民族、山区、经济落后"四位一体"，在缅籍学生的招生与管理中遇到的很多问题具有典型性。本文对德宏州缅籍学生流入现象进行分析，试图管中窥豹，为妥善处理我国边境地区缅籍学生流入问题提供素材与参考。

一、云南边境地区缅籍学生流入的兴起

20世纪90年代以前，由于边境管理以及军事对峙等原因，我国西南边境地区的中小学校不对境外学生开放；20世纪90年代中后期开始，随着正常出入境秩序的建立，云南省与周边国家边民的孩子开始出现在异国学校的教室里，但人数极少。[①]且直至21世纪初，西南边境地区的学生流动主要是我国学生外流。据云南省教育厅的数据，20世纪90年代末期至2002年，仅云南省思茅地区（今普洱市）就有583名学生到缅甸佤邦求学。他们中间很多是跨境而居的佤族和拉祜族。[②]

何跃的研究发现，西南边境地区最早的外籍学生流入现象是在边境口岸开放和边境贸易兴起的背景下，适龄儿童随父母入境经商务工、就近入学而出现的。随着区域经济一体化的发展，在地缘经济和地缘文化的推动下，跨境民族的交往日益频繁，跨境流动不断增多，随跨境民族家长到云南境内就读的子女也随之增多。这种跨境求学的现象最初出现在云南边境地区贸易口岸的中小学，后逐渐向县市的中小学扩散。[③]不过，我们的实地调查发现，在2005年少数民族地区中小学实施"两免一补"政策以

---

① 何跃：《云南省与周边国家跨境民族教育的兴起与发展》，《东南亚纵横》2010年第6期。

② 柳谦等：《西南边陲的教育国境线——云南边境国门学校现状研究》，《广西师范大学学报》（哲学社会科学版）2011年第6期。

③ 何跃、高红：《论云南跨境教育和跨境民族教育》，《云南民族大学学报》（哲学社会科学版）2011年第2期。

前，跨境民族子女跨国求学的规模相当有限。在 L 市某中心学校调研得知，该地在 2001 年时还没有缅籍学生，因为那时缅籍学生来中国就学需要交纳大约 400 元的借读费，对于一般的缅甸家庭来说这是一笔不小的费用。大量外籍学生流入我国西南边境地区，是在 2006 年我国义务教育法修订、义务教育全免费政策实施之后。尤其是"两免一补"和"营养改善计划"推行后，缅籍学生人数出现了"井喷式"的增长，2012—2015 年达到高峰。此期外籍学生流入已经不仅仅是外籍家庭子女跟随父母到中国开展边贸活动或务工而作出的被动选择（就近入学），有相当大一部分（超过一半）缅籍学生是单纯出于求学目的而跨越国界到我方学校就读，其父母并未到中国务工或居住。

　　云南德宏州是接收缅籍学生最多的地区，2007—2017 年缅籍学生人数逐年攀升。2007 年德宏州有外籍中小学生 977 人，[①] 2011 年上升到 1979 人，2013 年增长到 3019 人，[②] 2016 年为 4200 余人，这些学生绝大多数都在义务教育阶段。德宏州 L 县缅籍在校生人数的变化，能够清晰地显示缅籍学生流入快速增长的势态。L 县基础教育阶段缅籍在校生人数，2000 年为 14 人，2005 年为 25 人（小学 22 人，初中 3 人），2010 年为 277 人（小学 270 人，初中 7 人），2011 年为 543 人，2013 年为 685 人，2015 年为 718 人（幼儿园和学前班 102 人，小学 519 人，初中 89 人，高中 5 人，职高 3 人），到 2016 年由于边境学校无法容纳而开始有所回落，为 637 人（幼儿园 86 人，小学 450 人，初中 74 人，普通高中 3 人，职业高中 24 人）。（见图 1）

---

　　① 吕隽：《德宏傣族景颇族自治州跨境民族教育研究》，云南师范大学硕士学位论文，2008 年。

　　② 朱进彬、宋琨：《跨境民族地区发展基础教育的一些思考——以云南省德宏州为例》，《保山学院学报》2014 年第 6 期。

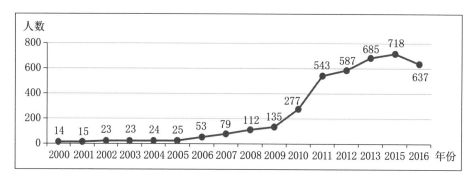

图1 2000—2016年德宏州L县缅籍学生人数变化趋势

二、德宏州缅籍学生的规模及分布

在德宏州的边境沿线学校，自发流入的缅籍学生主要有五种类型：第一种是边境走读生，这些缅籍学生早出晚归，每天往返边境两侧。第二种是寄宿生，他们和国内的学生一样，到学校寄宿，周末或节假日回家，待遇与国内的学生一样。对于这两类学生，边防口岸和地方教育主管部门一般都采取积极措施，帮其解决"通关"问题，如L县与当地公安部门联合为他们办了"就读卡"，缅籍学生凭"就读卡"出入国境到边境学校上学。第三种是寄宿在中国亲戚家的缅籍学生。第四种是父母（或其中一方）在中国做生意或务工，跟随父母住在中国的缅籍学生（以瑞丽市姐告口岸附近最为常见）。第五种是跨国婚姻中跟随母亲来中国的适龄儿童。德宏州边境地区在读的缅籍学生以第一、二种最为常见。

（一）德宏州境内缅籍中小学生共有4200多人，不少学校的缅籍学生占比超过20%

德宏州的四个边境县市中，缅籍学生最多的是R市。截至2016年上半年，R市基础教育阶段共有缅籍学生1871人，其中，幼儿园292人，小学1194人，初中282人，普通高中41人，职业高中62人。此期，M市有缅籍学生1161人，其中幼儿园98人，小学858人，初中164人，普通高中

7 人，职业高中 34 人。另外，L 县和 Y 县分别有缅籍学生 637 人和 559 人。（见表 1-4）①

表 1　R 市基础教育阶段缅籍学生人数统计表

	学前	小学	初中	普通高中	中职	合计
2013 年	420	1128	120	12	45	1725
2014 年	408	1264	206	41	33	1952
2016 年	292	1194	282	41	62	1871

表 2　M 市基础教育阶段缅籍学生人数统计表

	学前	小学	初中	普通高中	中职	合计
2013 年	109	837	149	12	14	1121
2014 年	116	791	167	14	12	1100
2016 年	98	858	164	7	34	1161

表 3　L 县基础教育阶段缅籍学生人数统计表

	学前	小学	初中	普通高中	中职	合计
2013 年	95	543	45	0	2	685
2015 年	102	519	89	5	3	718
2016 年	86	450	74	3	24	637

表 4　Y 县基础教育阶段缅籍学生人数统计表

	学前	小学	初中	普通高中	中职	合计
2013 年	82	518	23	0	0	623
2014 年	58	458	65	4	0	585
2015 年	40	404	82	3	0	529
2016 年	25	393	135	6	0	559

① 表中数据均由各县教育局帮助提供。

调研发现，德宏州边境沿线学校的缅籍学生所占比例都比较高。例如，L 县 L 国门小学 2013 年有缅籍学生 164 人，占在校学生总人数的 36.4%；2016 年有缅籍学生 114 人，占在校学生总人数的 27.34%；2013 年 9 月，R 市 J 小学共有 174 名缅籍学生，占在校学生总人数的 19.2%；2015 年 9 月，共有 140 名缅籍学生，占在校学生总人数的 18.16%；2013 年 9 月，R 市 J 乡中心学校共有 178 名缅籍学生，占在校学生总人数的 18.4%；2015 年 9 月，共有 234 名缅籍学生，占在校学生总人数的 22.35%。M 市 M 镇全镇总人口 6309 人，义务教育阶段适龄青少年为 1143 人。而相邻的缅甸勐古地区人口有 3 万余人，适龄学生也较多，该校招收缅籍学生的数量也一直居高不下：2010 年 289 人，2011 年 312 人，2012 年 299 人，2013 年达到 355 人，2016 年 5 月为 308 人，均占在校学生总人数的 25% 左右。目前该校学生容纳人数已经饱和，学校现有条件已不宜再招收更多的缅籍学生入学。

（二）缅籍学生以边境沿线的缅北边民为主，大多为同根同源的跨境民族

中缅边境地区是典型的跨境民族地区，生活着傣族、汉族、阿昌族、佤族、德昂族等 16 个跨境民族／族群；而且，两国边民历史上有很深的文化渊源，交往频繁，不分彼此，"你中有我，我中有你"。由于历史的原因，缅北地区实际上居住了大量的华人华侨，[1] 这些华人华侨超过半数祖籍在云南，如龙陵、腾冲、保山等地，他们都有寻根认祖的意愿，希望自己的孩子能回国求学。[2] 与此同时，随着中国国际地位的提升、政治的稳定和经济的迅速发展，中国边境也吸引了大量的缅甸边民，他们有的是缅籍务工人

---

[1] 何跃：《云南省与周边国家跨境民族教育的兴起与发展》，《东南亚纵横》2010 年第 6 期。
[2] 刘立伟：《扩大云南省缅甸留学生规模的态势分析及市场发展策略》，《临沧师范高等专科学校学报》2015 年第 1 期。

员，有的是随亲戚迁居来华定居，还有的是跨国婚姻——"缅甸新娘"嫁到中国来生活。此外，每天还有近 3 万缅籍边民出入口岸，他们早上到中国瑞丽工作，晚上返回缅甸家中。①

实地调查得知，到德宏州上学的缅籍学生主要是傣族、汉族和景颇族，这与德宏州的民族成分比较一致。以 R 市 J 乡中心学校为例，2016 年在校缅籍学生中傣族、景颇族共占 97.5%，汉族仅占 2.5%。该乡所辖的 Y 村跨越中缅两国，属于著名的"一寨两国"景区。素有"中国第一所边防小学"之称的 YJ 小学，就坐落在景区内。YJ 小学的缅籍学生所占比例一直在 43%—48% 之间，且基本上都是傣族，在语言、风俗等方面与中方一侧的学生没有任何区别。（见表 5）

表 5　R 市 YJ 小学学生基本信息

年度	学生总人数	傣族人数	缅籍人数	缅籍所占比例
2009 年	106	101	46	43%
2010 年	118	112	51	43%
2011 年	138	128	61	44%
2012 年	144	133	69	48%
2013 年	146	134	69	47%
2014 年	148	141	69	47%
2015 年	152	143	65	43%
2016 年	152	143	65	43%

数据来源：YJ 小学学生信息统计表。

中缅两侧边民的频繁交流与高度融合，语言相通，习俗相似，文化相融，不仅为缅籍学生流入提供了坚实的文化和心理基础，同时也为他们在中国的学习和生活提供了极大的便利。

---

① 付正强、黎尔平：《云南边境缅籍务工人员管理问题研究》，《云南民族大学学报》（哲学社会科学版）2015 年第 5 期。

（三）缅籍学生几乎都集中在义务教育阶段，其中以国门学校的小学生最多

尽管滇缅边境地区几乎所有边境沿线学校都有缅籍学生就读，但基础教育各个学段的缅籍学生人数却有较大区别，一个典型特征是：小学阶段缅籍学生人数最多，初中人数大幅减少，到了高中则只有极少数缅籍学生在读。R 市小学阶段缅籍学生占缅籍学生总人数的比例，2013 年为65.39%、2014 年为 64.75%、2016 年为 63.82%；2016 年 M 市小学阶段缅籍学生占缅籍学生总人数的比例是 73.90%；2016 年 L 县小学阶段缅籍学生占缅籍学生总人数的比例是 70.64%。随着学段的升高，缅籍学生人数越来越少。究其原因，一是缅籍学生家庭普遍贫困，来华就读主要是为了学习语言，小学毕业时，家长认为学习语言的目的已经达到，辍学务工的现象比较常见，也有的缅籍学生掌握汉语后便回到缅甸学习缅语；二是缅籍学生入学年龄普遍偏大，升入中学后难以融入班级；三是升学渠道不通畅，缅籍学生在我方学校完成义务教育阶段的学业后，因学籍无法正常转入高中，即便作为借读生上了高中，也无法正常参加中国的高考进入我国大中专院校就读，加上我国的高中阶段不属于义务教育，需要缴纳费用，多数缅籍学生家庭无力承担，因此缅籍学生一般在小学或初中毕业后便会离开学校。

从就读学校来看，缅籍学生大多集中在我方"国门学校"① 就读。一方面是由于"国门学校"往往是离边境线最近的学校，同时也由于"国门学校"具有特殊的政治和文化意义。"国门"有"门户""窗口"的含义，事关国家形象，它在招收缅籍学生时更加"名正言顺"。近年来，国家对"国门学校"的建设给予了很大的重视和支持，使得"国门学校"对缅甸儿童和

---

① 国门学校在学术界多被定义为处在边境线上的学校。云南省教育厅建设国门学校所适用的提法是"边境线三公里以内的学校"。

家长的吸引力逐渐增大，边境地区的"国门学校"成为周边国家学生流入的首选学校。实地调查也发现，这些学校中外籍学生所占比例较大，成为接收义务教育阶段外籍学生的主渠道。[①]遗憾的是，由于办学条件的限制，目前滇缅边境地区的"国门学校"已近饱和，只能采取限招甚至拒收缅籍学生的措施。

三、德宏州缅籍学生流入的原因分析

从实地调研可知，缅籍学生流入主要是基于以下几个方面的原因：

（一）中国相对优惠的教育政策吸引缅北边民子女流入

客观地说，与云南省毗邻的缅甸经济发展水平较低，教育基础比较薄弱，再加之这些地区没有实行计划生育，很多家庭子女众多，经济负担重，父母在国内不能为其提供较好的受教育条件；而且，近年来缅甸国内政局不稳定，战事频繁，缅甸边民的生活学习受到很大的影响。对于缅籍学生及其家庭而言，即使在云南边境地区，这个在中国相对贫困的区域，也有明显的经济优势。[②]同时，在云南边境地区，外籍学生在中国就读可以享受到和国内学生相同的优惠政策，这对他们产生了强大的吸引力。[③]调查显示，德宏州的外籍学生与中国学生享有相同的待遇：一是义务教育阶段全部实行"两免"，没有向外籍学生收取任何费用。幼儿园、附属学前班儿童同中国学生一样只收取保育保教费、生活费等费用，并严格执行收费公示制度；二是享受寄宿生生活费补助。义务教育阶段凡符合条件且就读学校住宿条件允许的情况下，外籍学生均可住宿，并给予寄宿生生活补助；三是纳入

---

① 李芳：《边境地区义务教育阶段来华留学生教育政策困境与创新——以云南省德宏傣族景颇族自治州为例》，《云南民族大学学报》（哲学社会科学版）2016 年第 6 期。

② 陇川县教育局：《缅籍跨境婚姻家庭学生入学工作情况（内部资料）》，2015 年 3 月 9 日。

③ 何青颖、刘寒雁：《云南跨境民族外籍学生教育现状分析》，《云南农业大学学报》（社会科学版）2013 年第 1 期。

"营养改善计划"。自2011年实施农村学生"营养改善计划"以来，农村缅籍学生全部纳入其中，补助标准为4元/天/人。[①]

（二）跨境民族地区独特的地缘文化对缅甸边民的影响

在西南边境地区，由于历史的原因或国家领土的变更，长期生活在传统聚居地的同一民族被国界分隔，形成跨居两个或两个以上国家的跨境民族，他们毗邻而居，具有共同族源、民族文化和民族认同。[②]中缅边境地区的边民大多是跨境民族，跨境民族在历史上有着地缘、亲缘以及血缘的联系，直到现在，跨境民族还有大量跨国通婚现象，而且跨境民族使用的语言也是相同的，加上地理位置的便利性——中缅两国一河相隔，甚至"一寨两国""一山两国"，很多边民到中国的学校要远远近于到缅甸的学校，缅籍学生流入就成为一种自然的现象和选择。调研中，德宏州各边境县市教育主管部门的工作人员告诉调研组，包括教育局人员在内，大家都或多或少有亲戚在缅甸。特别是近年来，缅甸国内局势动荡，很多缅籍学生都有过"炮弹落在家门前"的经历，他们直言来中国上学的原因是"中国不打仗，安全有保障，还有免费餐吃"。出于同宗同源、睦邻友好等方面的考虑，我方边防管理部门也为缅籍学生"通关"提供便利，如L县教育部门与公安部门协调，为边境缅籍学生办理"就读证"，作为缅籍学生出入境的凭证，方便缅籍学生的学习和生活。

（三）中方一侧经济的快速发展对缅甸学生未来就业的驱动

中缅一直是重要的经济合作伙伴。2013年中缅贸易额首次突破百亿美元大关，达到101.5亿美元，占缅甸对外贸易总额的44.3%，这已是

---

① 刘刚、龙微：《"一带一路"战略与云南教育对外开放》，中国职业技术教育网，2016年9月24日。

② 何跃：《云南与周边国家跨境民族教育研究现状述评》，《学术探索》2009年第6期。

中国连续第四年成为缅甸第一大贸易伙伴，而且双边贸易额增长势头迅猛。① 特别是近年来中国提出的"一带一路"倡议，进一步推动了中缅两国经济贸易的健康发展，具体表现为中国积极推进连接大湄公河次区域（GMS）各国的公路网络建设，积极推进孟中印缅经济走廊建设。② 这些经贸上的往来合作，必然吸引更多的缅甸人员来华发展。居住在国境线附近的境外民族出于发展的考虑纷纷来到中国境内打工，他们也希望自己的子女可以接受中国的教育。③ 对缅籍学生而言，掌握汉语、汉字是他们的主要学习目的，因为一旦掌握和熟练使用汉语，学生毕业后就可以直接从事边贸活动，部分回国的学生也能在本国找到就业的机会，而且工作环境和待遇都更好。④ 调查发现，由于边境两侧主要居住的民族是傣族，R市边境沿线学校多数缅籍学生刚来中国上学时只会说傣语，在中国读书几年以后，他们可以熟练地讲汉语以及写汉字，就业和发展空间也会更广阔。

四、云南边境地区缅籍学生流入面临的挑战

调查发现，缅籍学生流入能够促进双方边民的民间交往，增进中缅边民之间的友谊，有利于维护边境地区的和谐稳定，传播中华文化，弘扬中华文明，推动双边的文化交流，还能为边境地区培养经贸人才。但是，缅籍学生流入也面临一系列政策、制度、教育等方面的问题和挑战。

---

① 徐艳:《云南非政府组织面向缅甸发展的对策研究》，云南财经大学硕士学位论文，2015年。

② 刘宗义:《我国"一带一路"倡议在东南、西南周边的进展现状、问题及对策》，《印度洋经济体研究》2015年第4期。

③ 乔纲、王珏:《文化再生产视角下瑞丽市国门小学跨境教育研究》，《普洱学院学报》2015年第2期。

④ 李孝川:《云南边境地区民族教育的发展困境与出路——非传统安全的视角》，华东师范大学博士学位论文，2014年。

（一）边境地区学校办学条件不足，无法接收更多的缅籍学生就读

德宏州是典型的"少、山、边、穷"地区，财政普遍困难。由于缅籍学生没有中国户籍，不能享受生均经费中央转移支付，其全部费用由县级财政支付，无疑加重了边境地区的财政负担；从学校的角度看，边境学校建设缺乏专项经费保障，缅籍学生的涌入使得原本办学条件就不好的边境学校雪上加霜。[1] 近年来，虽然国家采取了多项措施改善边境地区办学条件，但由于基础薄弱，政策环境复杂，云南边境沿线学校的办学条件总体较差，教师数量严重不足，无法全面满足缅籍学生的就学需求。调查发现，大量外籍学生涌入云南边境地区学校就读，学校硬件明显不能满足需求，如活动场所、电脑室、图书室甚至教室容量不足；学生宿舍、食堂拥挤；缅籍学生的到来还使得教师的工作量大大增加，学校安全管理的难度也相应加大。

目前，由于办学条件的限制，德宏州边境沿线学校（尤其是"国门学校"）的在校生人数均已饱和，无法再招收更多的缅籍学生。例如，2015 年 9 月，到 L 县某国门小学就读的缅籍学生共有 132 人，另外 50 多名前来报名的缅籍学生由于学校无法容纳而被拒收。因校舍（尤其是学生宿舍）严重不足，该校从 2016 年 9 月开始，规定能够自行解决住宿问题的缅籍学生方可入校。再如，R 市 J 小学仅有一幢 2236 平方米的教学楼，生均建筑面积仅 2.9 平方米，比国家生均 6.6 平方米的最低办学标准小 3.7 平方米，但缅籍学生入学该校的需求特别强烈，因而不得不规定只有持暂住证家庭的华人华侨子女方可入校。调查显示，目前，边境学校因办学条件限制而拒收缅籍学生的现象比较普遍。

---

[1] 李芳：《边境地区义务教育阶段来华留学生教育政策困境与创新——以云南省德宏傣族景颇族自治州为例》，《云南民族大学学报》（哲学社会科学版）2016 年第 6 期。

（二）缅籍学生的招生和管理缺乏政策指导，目前处于摸索阶段

2014 年教育部颁布的《学校招收和培养国际学生规定》是指导我国义务教育阶段来华留学生教育管理的唯一法律依据，但该规定属于战略性、宏观性、全面性的部署，无法直接转换为实践中的制度安排；云南省也未针对边境地区专门制定相关的教育政策，使得很多现实问题难以解决。[①] 实地调查发现，边境县市在缅籍学生招生和管理上面临的最大困难，是实践中遇到的问题无法找到对应的法律依据。无论是在是否招收、招收条件方面，还是学生待遇、管理、学籍等问题上，均处于摸索阶段。边境学校各行其是，缺乏统一的标准。有的学校根据学校办学的实际情况，优先满足片区的国内学生入学之后，根据空余的"学位"数量来决定缅籍学生的招生名额；而有的学校考虑到当地的教育资源有限，直接拒收缅籍学生。在招收条件方面，大多数边境学校要求缅籍学生必须达到 6 岁的年龄条件，并在中国接受过学前教育，具备一定的汉语听、说、读、写能力；而有的学校由于校舍不足无法提供住宿，要求缅籍学生必须在中国有固定居所才可以来学校就读。在入学程序上，不同学校缅籍学生的入学程序也千差万别，各不相同，有的学校里的部分缅籍学生是靠亲戚托人才争取到入学机会。缺乏统一的管理规章，从小的方面看，给各学校的沟通与管理增加了负担，给缅籍学生及其家长带来了困惑；从大的方面看，不利于我国良好国家形象的树立。

（三）缅籍学生升学渠道不通畅，导致流失现象严重

由于缺乏专门的学籍管理办法和学籍衔接保障机制，缅籍学生在我国

---

① 李芳：《边境地区义务教育阶段来华留学生教育政策困境与创新——以云南省德宏傣族景颇族自治州为例》，《云南民族大学学报》（哲学社会科学版）2016 年第 6 期。

义务教育阶段仅有临时学籍号，学生一旦离开学校，只有按转回（缅甸）或辍学处理，学籍档案难以正常转出；而且，在现行政策框架下，义务教育阶段结束后，缅籍学生即使勉强上完高中，也仅可报考我国的华侨大学，无法像我国学生一样正常报考省内或国内的大中专院校。由于家庭贫困、中国的高中收费且上完高中后不能参加高考，绝大多数缅籍学生在义务教育阶段后期就早早结束了学业，上高中的人屈指可数。多年求学而没有出路，打消了缅籍学生的学习积极性，对边境学校来说也是教育资源的一种浪费。一些缅籍学生成绩优异却因升学无望而早早辍学，边境地区教师想为当地培养人才的梦想难以实现，很多老师向调研组表达了他们的惋惜。如 L 县 M 中学的一位班主任说：

> ……现在的缅籍学生……他们在我们的教育系统中就像一个"黑户"一样……他们不能正常升高中,也不能正常考大学……他们更多的是初中毕业之后,要么回到缅甸去学缅文,要么就辍学了……这是对学生以后发展的一个制约,一个阻碍。因为每个人都是有了希望、目标,才有学习的动力……（WH，2016-12-05）

五、关于妥善处理中缅边境地区缅籍学生流入的政策建议

跨境民族教育不是单纯的国民教育，它体现着国家间的利益和文化安全，体现着国家的外交形象和对外关系的维度。[①] 对于云南边境地区缅籍学生流入现象，需要上升到国家外交形象和对外关系的维度来看，上升到我国"一带一路"倡议和教育共同体建设的高度给予妥善处理。当前，针对边境教育实践中的困境，最为紧迫的是要做好以下几个方面的工作。

---

① 何跃：《云南省与周边国家跨境民族教育的兴起与发展》,《东南亚纵横》2010 年第 6 期。

（一）强化政府责任，保障财政投入，改善边境地区学校的办学条件，满足缅籍学生的入学需求

在中国大力推行"一带一路"倡议背景下，以缅甸为重点推动教育领域交流合作，可充分发挥地缘优势和文化优势，提高云南教育自我发展和对外开放能力。[①] 当前，鉴于县级财政困难的事实，对缅籍学生的财政投入保障应该重心上移，由中央政府和省级政府共同承担，加大对边境地区学校的扶持力度，改善边境地区学校办学条件，满足缅籍学生的入学需求。

（二）制定基础教育阶段专门针对外籍学生的管理办法，明确规定外籍学生享受与我国学生同等待遇

外籍学生来我国学习，体现了我国国际地位的提高和我国教育对外影响的不断扩大，应当予以鼓励和支持，同时由于接收外籍学生来华学习是一项涉外工作，政策性较强，应严格加强管理。首先，国家和云南省政府应完善各级各类学校招收外籍学生的政策法规，使义务教育阶段外籍学生入境就读这一现象合法化、正规化；其次，教育主管部门应当制定针对外籍学生的具体管理措施，统一边境地区对外籍学生的招生流程，规范对外籍学生的管理。

（三）启动学历互认、学籍衔接保障机制，破解外籍学生升学难题，为外籍学生升学、成才创造条件

政府及教育主管部门应尽快出台解决方案，破除外籍学生的升学"瓶颈"，鼓励部分高中特别是职中、中专院校敞开校门，接收学习表现优异的外籍学生，为外籍学生的发展提供出路和选择，为正常毕业的缅籍学生颁

---

① 刘静：《"一带一路"战略背景下推进滇缅教育合作的现状、挑战与前景》，《印度洋经济体研究》2015 年第 4 期。

发与中国学生同等的证书，以此为推动力，为边境地区培养一批实用、能干、有为的经济人才。

从目前的情况看，国家对边境地区跨境民族教育经费的投入和教育政策的完善，就是对边疆最有效的治理，而这种治理，恰恰是"一带一路"教育共同体建设的重要内涵。

专题二　云南省德宏州缅籍学生流入的影响因素分析 [①]

在我国"一带一路"倡议中，教育交流是民心工程。[②] 为此，习近平总书记指出，推进"一带一路"建设，"要坚持经济合作和人文交流共同推进，促进我国同沿线国家教育、旅游、学术、艺术等人文交流，使之提高到一个新的水平"[③]。目前，扩大来华留学生规模是我国加强国际教育交流与合作的重要措施之一，而在我国中缅边境地区，存在一种特殊的来华留学现象，即与我国云南省接壤的周边国家适龄儿童自发跨越国界，进入云南省内边境沿线学校上学。这一现象可以归为低龄留学或早期留学的范畴，[④] 但又具有特殊性：这些学生未办理留学手续，自发跨越国界来到我方学校就读。本文使用"自发流入"一词，以示区分。汇总各种统计资料，云南省几乎所有边境沿线学校均有邻国的适龄儿童就读。当前在云南省内就读的周边国家中小学生人数近万人，其中绝大多数是缅籍学生。在我国

---

① 王艳玲、苏萍：《中缅边境云南段缅籍学生跨境入学的影响因素分析——基于德宏傣族景颇族自治州的调查》，《民族教育研究》2018年第3期。

② 郑刚、刘金生：《"一带一路"战略中教育交流与合作的困境及对策》，《比较教育研究》2016年第2期。

③ 《加快推进丝绸之路经济带和二十一世纪海上丝绸之路建设》，《人民日报》2014年11月7日。

④ 王星星、殷棋洙、吕林海：《韩国低龄学生留学中国及其促动因素研究——基于政策、文化、家庭等的综合视角分析》，《比较教育研究》2014年第10期。

大力推进"一带一路"教育共同体建设的背景下，有必要对缅籍低龄学生大规模自发流入这一特殊现象展开深入研究，以便为推进教育对外开放提供启发。

一、引言

20 世纪 90 年代中后期开始，随着正常出入境秩序的建立，云南省与周边国家边民的孩子开始出现在异国学校的教室里，但人数极少。[1] 何跃的研究发现，西南边境地区最早的外籍学生流入现象是在边境口岸开放和边境贸易兴起的背景下，适龄儿童随父母入境经商务工、就近入学而出现的。[2]

已有资料表明，大量外籍学生流入到我方学校就读，是在我国农村义务教育阶段"两免一补"政策及"营养改善计划"实施之后。2007—2017 年，得益于我国经济的高速发展和一系列兴边富民政策的推进，西南地区在"边境线上的教育竞争"中处于优势地位，大量外籍学生（主要是缅籍）跨越国界，涌入我国边境地区的中小学就读，且数量呈不断上升的趋势。

对云南边境地区外籍学生流入现象，各级教育主管部门还没有出台相关政策，且只引起了极少数研究者的关注。根据笔者的检索，截至 2017 年底有 3 篇论文专门讨论了大量外籍学生自发流入给边境学校教育带来的挑战。如吕隽、朱进彬等先后撰文介绍了云南省德宏州接收外籍学生的基本情况和外籍学生就读存在的问题，[3] 包括外籍学生流动性大、管理缺失、受教育的前途有限及挤占国内教育资源等；[4] 何青颖、刘寒雁的《云南跨境民族外籍学生教育现状分析》一文将影响外籍学生教育选择的因素归纳为：

① 柳谦、梁丽玲、梁顺意等：《西南边陲的教育国境线——云南边境国门学校现状研究》，《广西师范大学学报》（哲学社会科学版）2011 年第 6 期。
② 何跃：《云南省与周边国家跨境民族教育的兴起与发展》，《东南亚纵横》2010 年第 6 期。
③ 吕隽：《德宏傣族景颇族自治州跨境民族教育研究》，云南师范大学硕士学位论文，2008 年。
④ 何跃：《云南与周边国家跨境民族教育研究现状述评》，《学术探索》2009 年第 6 期。

我国全免费的教育优惠政策、周边国家相对薄弱的教育条件、华人华侨对中国教育的信赖。[①] 但是，以上研究是经验性和描述性的，没有实证数据的支撑。而且，已有研究属于笼统的分析和介绍，没有针对"外籍学生为何自发流入"这一重要问题进行专门性探讨。鉴于此，本研究希望在这些方面做出有益的尝试。

二、调查问卷编制的依据

根据缅籍学生流入问题的研究脉络，本研究中调查问卷编制的依据主要从影响国际学生留学地选择的因素、中缅边境地区的特殊性这两方面来考虑。

首先看国际学生来华留学的影响因素。国内外学者一般采用推拉理论来分析国际学生留学地选择的影响因素，即生源国的推力和留学地的拉力两个方面的合力导致了学生的流动。[②] 例如，王星星等人认为，韩国低龄学生留学中国的推动因素主要包括来自政府、官方出台的能够促进海外留学的教育政策、制度等动力因素，以及来自韩国国内的家庭、社会、文化、经济因素；拉动因素指来自中国的吸引因素。[③] 杨军红从国际社会、政治经济、文化历史等方面分析了留学生来华读书的原因。[④] 陈文等人认为，东南亚华裔青少年留学中国的动因是多方面的，其影响力从大到小依次是：中国经济发展快速、中国传统文化的吸引、留学成本较低、中国高校的教学条件好、听从父母的安排、在中国有一定社会网络资源可利用、与中国文

---

① 何青颖、刘寒雁：《云南跨境民族外籍学生教育现状分析》，《云南农业大学学报》（社会科学版）2013 年第 1 期。

② 李秀珍：《论推拉理论在国际学生流动领域的重构——基于内外因互动的视角》，《洛阳师范学院学报》2013 年第 3 期。

③ 王星星、殷棋洙、吕林海：《韩国低龄学生留学中国及其促动因素研究——基于政策、文化、家庭等的综合视角分析》，《比较教育研究》2014 年第 10 期。

④ 杨军红：《影响来华留学生教育的综合因素分析》，《郑州航空工业管理学院学报》（社会科学版）2007 年第 5 期。

化习俗相似、中国政治社会稳定。[①] 陈奕容从社会学角度考察了影响来华留学生教育的因素，研究发现，政治稳定、经济运行态势良好、综合国力提升、市场潜力巨大、文化历史悠久等因素使得来华留学生教育呈现蓬勃发展的势头。[②] 王金祥认为影响来华留学生规模的因素主要有经济发展水平、政治稳定程度、对外开放程度、环境、城市建设、文化氛围等。[③] 综合起来看，影响国际学生来华留学的因素包罗甚广，囊括了政治、经济、文化、教育等各个方面。

其次是中缅边境地区的特殊性。缅籍学生流入，与中缅边境地区特殊的地缘政治、经济和文化因素关系密切。从地缘因素看，云南陆地边境线长 4060 千米，占全国 2 万多千米陆地边境线的五分之一，有 8 个边境州市、25 个边境县（市）的 129 个边境乡镇与缅甸、老挝、越南直接接壤。中缅边境云南段长 1997 千米，两国山水相连，田埂交错，边界线上没有天然屏障或地理障碍，两国边民交往频繁，"一寨两国""一街两国"的现象随处可见。从政治因素来看，我国奉行睦邻友好的外交政策，同时缅甸北部政治动荡，军事冲突导致边民大量进入中国，跨国人口流动更趋频繁。从经济来看，与云南接壤的周边国家经济实力弱于中国，中国改革开放后发生的巨大变化，激发了周边国家边民尤其是华人学习汉语的热情。[④] 从文化来看，缅北地区与中国有着特殊的历史渊源，中缅边境地区是跨境民族地区，境内外跨境民族同根同源，长期友好相处，关系十分融洽。[⑤]

---

① 陈文、李钊、邓禹：《东南亚华裔青少年来华留学的动因分析——基于两广地区 15 所院校的抽样调查数据与田野观察》，《世界民族》2013 年第 4 期。

② 陈奕容：《多重动因结构：华裔留学生来华学习影响因素分析——兼与非华裔留学生对比》，厦门大学硕士学位论文，2007 年。

③ 王金祥：《论区域经济发展对来华留学生教育的作用》，《辽宁大学学报》（哲学社会科学版）2005 年第 2 期。

④ 吕隽：《德宏傣族景颇族自治州跨境民族教育研究》，云南师范大学硕士学位论文，2008 年。

⑤ 乔纲：《从"和平跨居"文化模式看瑞丽市跨境民族地区教育现状》，《文山学院学报》2015 年第 1 期。

综合上述分析，结合实地调查获得的资料，本研究从地缘政治、经济、文化、教育以及学生家庭或个体因素五个维度编制问卷。除人口学变量外，问卷主体部分共37道题目，均采用李克特五点量表的形式编制，题项的表述方式为"我来中国上学是因为××（指具体原因）"，选项分为五个等级，从"非常符合"到"一点儿也不符合"，分别计分5到1分。调查问卷经专家论证和试测，信效度较高。问卷发放方式为研究者亲自到教室发放并回收。本研究还采用半结构式访谈来辅助调查，访谈提纲编制思路与问卷一致，访谈所获取的资料主要用于加深对问卷统计数据的理解。限于篇幅，本文主要呈现问卷调查数据。

三、调查范围与调查对象

本研究选取云南省外籍（主要是缅籍）学生最多的德宏州为调研地点，在德宏州又选取缅籍学生最多的R市、M市和L县，在这三县分别抽取一个边境乡镇，对乡镇范围内四至九年级的缅籍学生开展全员调查。本次调查共发放问卷517份，回收517份，回收率100%，有效问卷502份，有效问卷回收率为97.0%。本研究采用SPSS（Statistical Product and Service Solution）18.0进行数据处理。

在被调查的缅籍学生中，从性别上看，男生和女生所占的比例分别为43.4%和56.0%；从民族上看，傣族占58.2%，汉族占30.9%，景颇族占4.6%，缅族占1.4%，傈僳族占1.0%，德昂族占0.6%，白族占0.2%；从年级上看，四年级占40.2%，五年级占21.5%，六年级占14.9%，七年级占12.4%，八年级占5.0%，九年级占5.8%；从户口、证件情况看，有缅甸户口的占51.2%，没有缅甸户口的占43.0%；有缅甸身份证的占42.8%，没有缅甸身份证的占52.4%；有边民证的占22.1%，没有边民证的占68.5%。（见表6）

表 6　问卷调查的缅籍学生情况 ①

变量	类别	频数 / 人	比例 /%	变量	类别	频数 / 人	比例 /%
性别	男	218	43.4	缅甸身份证	有	215	42.8
	女	281	56.0		无	263	52.4
	缺失	3	0.6		缺失	24	4.8
民族	傣	292	58.2	就读年级	四年级	202	40.2
	汉	155	30.9		五年级	108	21.5
	景颇	23	4.6		六年级	75	14.9
	缅	7	1.4		七年级	62	12.4
	傈僳	5	1.0		八年级	25	5.0
	德昂	3	0.6		九年级	29	5.8
	白	1	0.2		缺失	1	0.2
	缺失	16	3.2				
缅甸户口	有	257	51.2	边民证	有	111	22.1
	无	216	43.0		无	344	68.5
	缺失	29	5.8		缺失	47	9.4

　　结合实地调查发现，云南边境沿线学校的缅籍学生有以下几种类型：第一种是边境走读生，这些缅籍学生早出晚归，每天穿越国境线来中国学校读书；第二种是离边境线稍远一些的学生，他们和中国学生一样到学校寄宿，待遇与国内的学生一样；第三种是寄宿在中国亲戚家的缅籍学生；第四种是父母在中国做生意或务工，跟随父母在中国居住的缅籍学生；第五种是跨国婚姻产生的，即母亲嫁入中国时跟随母亲来中国的缅籍儿童。②而且，由于特殊的历史原因，我们所说的"缅籍学生"群体中，有相当一

---

　　① 跨境入学的缅籍学生主要集中在小学低、中段。本表中年级越高样本越小的情况反映了缅籍学生随着年级升高而流失越来越严重的现状。

　　② 根据我国的现行法律，这类儿童不能在中国落户，没有中国户口和身份证。

部分既没有缅甸户口和身份证，也没有中国户口和身份证，属于无国籍、无户口人员。上表中"无缅甸户口""无缅甸身份证""无边民证"的缅籍学生大多属于这种类型。

四、数据处理与分析

（一）德宏州缅籍学生流入影响因素的探索性因子分析

首先来看项目区分度。采用题目总分相关法和内部一致性效标法来进行量化评定。题目总分相关法，即以项目分数与问卷总分的皮尔逊相关系数作为区分度指标，计算每道题与问卷分量表总分的相关系数，37 道题目的区分度在 0.44—0.90，都大于 0.3；内部一致性效标法，即把问卷总分最高的 27% 被试和最低的 27% 被试分成两个极端组，然后对两个极端组在每个题目上的评价得分进行独立样本 t 检验，两个极端组差异显著的题目被认为是具有鉴别力的题目，结果表明 t 检验值均达到显著水平 p=0.000，说明问卷的区分度很好。

再来看信度检验。采用克隆巴赫内部一致性系数（Cronbach's coefficient α）和 Guttman 分半信度系数（Guttman split-half coefficient）作为信度指标，经过计算得出本问卷 37 道题目的 α 系数为 0.910，分半信度系数为 0.936，说明本问卷具有较好的信度。

再对本问卷是否适合因子分析进行检验。计算得到 KMO 值为 0.902，达到 0.8 以上，说明适合进行因子分析；同时对各题目的相关性进行 Bartlett 球形检验，得到 X=5801.93，P=0.000，说明这 37 道题目之间存在共享因素，可以对这些题目进行因子分析。

最后进行探索性因子分析。根据分析框架的设定，采用斜交旋转法抽取固定数量的 5 个因子，但因部分项目存在于多个因子上，获得的因素旋转矩阵不清晰。在删除共同度较低的题目后，对剩下的 27 道题目进行因子分析，采用主轴因子分解法，抽取 5 个固定因子，采用斜交旋转法（直接 oblimin 法），获得了清晰的因素结构，此时累计方差贡献率为 53.14%。然后，根据旋转坐标后所得到的因素负荷矩阵，决定问卷各题项的归属，并根据题目的内容，对公因子进行命名。

第一个公因子包括 9 道题目，涉及中国学校提供的教育优惠政策以及学校的位置离家近等各方面的便利条件，如"学校可以住宿""学校不收钱""免费吃营养餐""学校离家近"等，因此该公因子命名为"入学的便利性与教育优惠政策"；第二个公因子包括 5 道题目，涉及"父母认同中国文化""父母让我学习中国文化""父母喜欢中国"等，因此该公因子命名为"对中国和中国文化的认同"；第三个公因子包括 3 道题目，主要反映的是缅籍学生对未来的打算，如"父母希望我以后找个好工作""父母希望我以后在中国工作""我以后想留在中国工作或做生意"等，因此该公因子命名为"未来就业与前途"；第四个公因子包括 6 道题目，主要反映中国学校的教学质量和教师态度、学校办学条件等方面的情况，如"老师教得好""校园环境好""学校条件好"等，因此该公因子命名为"中国学校条件"；第五个公因子包括 4 道题目，主要反映双方边民文化相通、同语同俗，因此该公因子命名为"习俗相近与民心相通"。各因子的均值得分如表 7 所示。

表 7　中缅边境德宏段缅籍学生流入各影响因子的描述统计分析

因子	N	M	SD	排序
未来就业与前途	502	4.07	0.83	1
对中国和中国文化的认同	502	3.84	0.82	2
中国学校条件	502	3.76	0.93	3
习俗相近与民心相通	502	3.21	1.08	4
入学的便利性与教育优惠政策	502	2.70	0.93	5

从上表可知，上述 5 个因子中，前 4 个因子的得分均值都在理论中值

3.0 以上，说明它们对缅籍学生流入的影响非常大。影响最大的因子是"未来就业与前途"，其均值高达 4.07；影响最小的是"入学的便利性与教育优惠政策"，均值为 2.70，低于理论中值 3.0。缅籍学生流入 5 个影响因子按重要性排序依次是："未来就业与前途""对中国和中国文化的认同""中国学校条件""习俗相近与民心相通""入学的便利性与教育优惠政策"。根据推拉理论，上述 5 个影响因子中，"未来就业与前途"可以看成缅籍学生流入的推力，而其余 4 个因子则是其自发流入的拉力。

（二）缅籍学生流入各影响因子的关系判断

如前所述，当前分析学生留学影响因素的典型理论是推拉理论。根据推拉理论，掌握汉语从而有利于就业是缅籍学生流入的推力，而我国学校办学条件和教育政策（包括"中国学校条件""入学的便利性与教育优惠政策"两个因子）则是缅籍学生流入的拉力。但实地调查发现，地缘文化因素（包括"对中国和中国文化的认同""习俗相近与民心相通"两个因子）对缅籍学生流入的影响更具有渗透性和弥散性：中缅两国边民习俗相近、民心相通以及缅北边民对中国和中国文化的认同，既为缅籍学生掌握汉语后的就业提供了更大更有利的空间，也为缅籍学生流入提供了便利。可以说，对于缅籍学生而言，中缅边境地区的地缘文化因素是其来华上学的保障条件。

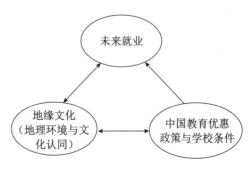

图 2　缅籍学生流入各影响因素的关系

1. 掌握汉语后的就业前景是缅籍学生流入的直接推力

由于中国经济增长迅速，在中国完成学业的缅籍学生较缅甸其他学生有较好的就业前景，而且掌握汉语以后，学生个体的成长空间更为广阔。[①]因此，缅籍学生把学习和掌握汉语、汉字作为来华上学的主要目的，一旦掌握汉语，毕业后就可以直接从事边贸活动，或在本国得到工作环境和地位待遇都相对较好的就业机会。[②] 从边境地区的实际来看，随着中国经济的快速发展，居住在国境线附近的跨境民族纷纷来到中国境内打工，并希望自己的子女可以"在中国的学校里学习汉语，这样有利于孩子们将来的发展"[③]。82.3%的缅籍学生是"因为父母希望他们找个好工作"而选择来华上学。

2. 我国教育优惠政策和学校办学条件是缅籍学生流入的重要拉力

缅甸尤其是缅北地区深受战争等因素的影响，对于缅籍学生而言，即使在云南边境沿线，这个在中国经济相对落后的区域，经济实力也在日益增强，具有明显的经济优势。更为重要的是，中国政府针对边境民族地区制定和实施了各种教育优惠政策，也在一定程度上吸引着外籍学生来中国境内就读。[④] 外籍学生在云南边境地区的中小学享受与国内学生相同的待遇，如同样享受"两免一补"。"农村义务教育学生营养改善计划"实施以来，来自农村的外籍学生也一样享受该政策，营养补助标准为4元/天/人，解决了义务教育阶段外籍学生在校学习和生活等费用问题。[⑤] 此外，中国学校

[①]　何青颖、刘寒雁：《云南跨境民族外籍学生教育现状分析》，《云南农业大学学报》(社会科学版) 2013 年第 1 期。

[②]　李孝川：《云南边境地区民族教育的发展困境与出路——非传统安全的视角》，华东师范大学博士学位论文，2014 年。

[③]　乔纲、王珏：《文化再生产视角下瑞丽市国门小学跨境教育研究》，《普洱学院学报》2015年第 2 期。

[④]　陇川县教育局：《缅籍跨境婚姻家庭学生入学工作情况（内部资料）》，2015 年 3 月 9 日。

[⑤]　刘刚、龙微：《"一带一路"战略与云南教育对外开放》，中国职业技术教育网，2016 年 9月 24 日。

相对较好的办学条件和教学质量、教师"一视同仁"的态度也吸引着缅籍学生流入。

3.地缘文化为缅籍学生流入提供多重保障

中缅边境地区是典型的跨境民族地区。在西南边境地区，由于历史的原因或国家领土的变更，长期生活在传统聚居地的同一民族被国界分隔，因而形成跨居两个或两个以上国家的同一跨境民族。[①] 中缅边境地区的边民大多是跨境民族，在历史上有着地缘、亲缘以及血缘的联系，直到现在，还有大量跨国通婚现象，[②] 因此中缅双方边民有不少是亲戚关系。他们虽然分属不同的国家，但语言相通、习俗相近、民心相通。历史上的同宗同源关系以及地理位置上的关联性，使得缅籍学生到中国境内并不会感到陌生，而且就读比较方便。[③] 而且，缅北边民中还有很大一部分是在 20 世纪由于种种原因（如战争、天灾、政策）从中国移居缅方一侧的华侨，对中国文化有着强烈的认同。这些都为缅籍学生流入提供了有利条件。

"语言上没有障碍，风俗习惯上没有隔阂"为缅籍学生流入提供了便利。R 市 JX 中心小学的 H 老师就说：

> 缅甸孩子来到我们中国,最关键的一点儿是语言相通,风俗习惯没有任何隔阂……（紧邻中国的）木姐、南坎,从卫星地图看,90% 以上都是傣族、傈僳族、景颇族,都是我们本地民族……（HCH,2016-11-25）

正是由于同根同源同风俗，语言生活适应无障碍，大量缅籍学生来到中国的学校就读。在调研中我们也得知，在中方一侧有亲戚的缅甸家长，要么事先通过亲戚跟中国当地的学校沟通，送孩子来中国上学，要么直接

---

① 何跃：《云南与周边国家跨境民族教育研究现状述评》，《学术探索》2009 年第 6 期。

② 乔钢：《从"和平跨居"文化模式看瑞丽市跨境民族地区教育现状》，《文山学院学报》2015 年第 1 期。

③ 李孝川：《云南边境地区民族教育的发展困境与出路——非传统安全的视角》，华东师范大学博士学位论文，2014 年。

委托亲戚把孩子送到中方一侧的学校来，还有的家长本身就与边境国门学校的教师有亲戚关系。中缅两国边民之间千丝万缕的联系，以及同一民族之间血浓于水的亲情，为缅籍学生流入提供了坚实的土壤。

五、思考与启示

本文在对缅籍学生进行问卷调查的基础上，用探索性因子分析方法分析其来华上学的影响因素，并根据实地调查结果分析了各因子之间的相互关系。笔者认为，本文的研究能够提供以下两个方面的启示。

首先，地缘文化因素能为"一带一路"教育共同体建设提供坚实的基础。当前解释国际学生留学地选择的推拉理论赋予了各留学影响因素相同的重要性和作用，似乎所有影响因素都具有同等的重要性并且相互作用。然而，上述对缅籍学生流入影响因素的分析显示，中缅边境德宏段缅籍学生流入，是国际学生流动中的一个典型、特殊现象，其中，各个影响因素所起的作用并不一致。缅籍学生流入的影响因素，既有中缅两国在政治、经济、文化、教育等方面的优势和劣势所形成的拉力和推力，以及这种拉力和推力之间的相互作用，更为重要的是，"对中国和中国文化的认同"在其中发挥着多方面的作用。换言之，地缘文化因素对缅籍学生流入具有非常重要而深刻的影响。跨境民族强烈的民族认同以及血浓于水的亲情关系，是缅籍学生流入的推力和拉力相互作用的土壤和催化剂。"对中国和中国文化的认同"牵引着缅籍学生对"未来就业与前途"的考量，也为他们在中国学校的学习和生活扫除了障碍，为顺利完成学业、与中方边民延续和缔结深厚友谊搭建了心理和文化上的桥梁。可以说，地缘文化既是缅籍学生流入的前提条件，又是缅籍学生流入得以顺利开展的坚实保障。可见，在国家大力推进"一带一路"教育共同体建设、推进我国与周边国家教育交流与合作的过程中，文化纽带所发挥的作用不容忽视，"民心相通"所凝聚的向心力可能比经济因素的影响更为重要。我们应该将与中国有着深厚文化渊源和良好民心基础的国家和地区作为实施"一带一路"教育共同体建设的突破口和重要阵地。

其次，跨境民族地区的低龄留学现象是"一带一路"教育共同体建设的重要契机。目前，我国"一带一路"建设中的教育交流与合作主要集中在高等教育领域。然而，在国际范围内，低龄留学已经成为常态，[①]需要引起充分重视。而且，在推进区域教育交流合作时，需要根据国情、经济、地理位置等的差异采取"差异化政策"[②]，对具体问题进行具体分析，在国家战略大框架下制定或完善相关政策，稳定有序推进我国教育对外开放。已有学者指出，"由于特殊的地缘地位，我国广大中西部省区在建设'一带一路'进程中有着特殊的历史、人文优势，我们要在国家总体外交政策的指引下，支持中西部省区制定有关规划"[③]。西部边境地区尤其是跨境民族地区口岸密布，境内外互动频繁，往往是我国"一带一路"建设的重要节点，我国边民与周边国家人民拥有相同的宗教信仰、语言文字和生活习俗，能较好地克服语言、宗教、习俗等方面的障碍，承担起深化国家间教育交流与合作的重任。从"一带一路"建设的角度来看，云南边境地区缅籍学生流入现象正是该地区推进教育对外开放的重要契机。遗憾的是，这一现象还没有得到足够的重视，面临的形势非常严峻。例如，我国"从国家层面到省级层面，均缺乏针对边境地区义务教育阶段来华留学生教育的专门政策，因此其教育管理只能纳入全国、全省来华留学生教育管理的统一规定，无法体现边境地区义务教育阶段来华留学生教育的特殊性与独特战略要求"[④]。学

---

① 王星星、殷棋洙、吕林海：《韩国低龄学生留学中国及其促动因素研究——基于政策、文化、家庭等的综合视角分析》，《比较教育研究》2014年第10期。

② 杨恕：《关于推进"一带一路"建设教育交流合作的战略思考》，《比较教育研究》2015年第6期。

③ 蔡武：《坚持文化先行 建设"一带一路"》，《新华月报》2014年第11期。

④ 李芳：《边境地区义务教育阶段来华留学生教育政策困境与创新——以云南省德宏傣族景颇族自治州为例》，《云南民族大学学报》（哲学社会科学版）2016年第6期。

校招收外籍学生因受种种因素的干扰而存在不稳定性；云南边境地区极其有限的教育资源与缅籍学生流入的强烈需求之间的矛盾日益突出，边境学校因校舍、师资不足而拒收缅籍学生的现象普遍存在；缅籍学生学籍管理存在障碍，流动流失严重，且升学渠道受阻，不能像中国学生一样正常参加高考和升学，进而影响了其学习积极性，并造成边境教育资源的浪费。如此种种，均需要多部门协同努力，认真研究，尽快出台既有利于中缅睦邻友好，又有利于边境地区人才培养的针对性政策，实现跨境民族子女来华上学的规范化、合法化、常态化，助推我国"一带一路"教育共同体建设。

专题三　来华就读缅籍学生的边界认知与教育境遇：来自云南省德宏州的声音 [①]

一、引言

2007—2017 年，随着我国经济的高速发展和兴边富民政策的推进，云南边境地区的中小学迎来了越来越多的周边国家适龄儿童。这些学生自发跨越边界，进入我方边境学校就读。他们主要集中在义务教育阶段，人数呈逐年上升的趋势。据统计，在云南境内就读的外籍学生人数已经从 2014 年的 7400 余人上升到 2017 年的 10000 余人，[②] 其中近 90% 是缅籍学生。

云南边境地区与缅甸自古便有着十分密切的交往和联系，尤其是世代

[①] 王艳玲：《来华就读缅籍学生的边界认知与教育境遇：来自云南边境地区的声音》，《民族教育研究》2019 年第 6 期。

[②] 尤伟琼、张学敏：《云南边境地区周边国家跨境就读外籍学生管理问题研究》，《云南师范大学学报》（哲学社会科学版）2018 年第 3 期。

在中缅边境跨境而居的众多兄弟民族，更是同源共祖、语言相通、亲如手足。[1] 中缅两国是山水相连的友好邻邦，边界线全长 2186 千米，其中，西藏段长 189 千米，云南段长 1997 千米。云南省德宏州三面与缅甸接壤，边境线长 504 千米，有 9 条公路、28 个渡口、64 条通道通往缅甸，几乎没有天然屏障和人为阻隔。而且，德宏州内居住的傣族、景颇族、阿昌族、德昂族、傈僳族等少数民族与缅甸的同源民族使用相同的语言，保留了共同的民族习俗和语言文化，相互之间有着较强的亲近感和认同感。在现代国家形成之后，尽管受到政策的影响和国界的限制，族群的跨国流动仍然以不同的方式频繁发生着，如跨国通婚和迁徙等人口流动、物质交换等经济流动、互访等文化流动。[2] 因具有地缘相亲、文缘相融、商缘相通的优势，两国边民村寨相连，鸡犬相闻，通婚互市，友好往来，胞波情谊，源远流长。在德宏州 R 市的"一寨两国"，自古就有"同走一条路、同饮一井水、同住一个寨、同一种信仰、同一种语言、同一个民族"的说法，生动形象地诠释了中缅边境地区跨境民族间的密切联系。

作为调研点的德宏州 R 市和 M 市与缅甸北部地区仅一河之隔，两侧边民往来频繁，"一坝两国""一寨两国"的边境民族景观较为常见。其中，穿梭于边境两侧的缅籍学生是中缅边境跨境人口流动现象中最为独特的一道风景。此外，随着我国边境地区经济的发展和对外开放步伐的加快，越来越多的缅甸人到德宏境内经商务工，缅甸人往返德宏成为常态，他们的子女也"随迁"进入我国边境学校就读。

21 世纪以来，随着我国教育投入的不断加大，云南边境沿线学校办学条件得到极大改善，招生规模扩大；而且，"两免一补""营养改善计划"等

---

[1] 鲁刚：《中缅边境沿线地区的跨国人口流动》，《云南民族大学学报》（哲学社会科学版）2006 年第 6 期。

[2] 马翀炜、张振伟：《在国家边缘：缅甸那多新寨调查》，中国社会科学出版社 2013 年版，第 6 页。

教育政策的实施，对缅方一侧边民产生了较大吸引力。德宏州边境沿线学校接收缅籍学生就读的人数逐年增加。到 2016 年底，全州共接收缅籍学生 4048 人，占学生总数的 1.65%。其中，有缅籍幼儿的幼儿园（含有学前班的小学）123 所，占幼儿园总数的 54.91%；有缅籍幼儿 466 人，占幼儿园在园幼儿数的 1.07%；有缅籍学生的小学 193 所，在读缅籍小学生 2803 人；有缅籍学生的普通初中 44 所，在读缅籍学生 649 人；有缅籍学生的普通高中 7 所，在读缅籍学生 24 人；有缅籍学生的中职学校 2 所，在读缅籍学生 52 人；有缅籍学生的高校 2 所，在读缅籍学生 54 人。大部分缅籍学生来自缅方紧邻中国的边境一侧，多数为华人华侨或与德宏州同族同源、跨境而居的世居少数民族。

二、文献回顾

文献回顾分为两部分：一是关于缅籍学生流入现象的研究，二是关于边界和边境的研究。

（一）关于缅籍学生流入现象的研究

因来华就读的缅籍学生人数较多，引起了一些学者的关注。已有研究描述了缅籍学生群体的现状，[①] 分析了缅籍学生来华就读的原因，[②] 对在华缅籍学生群体存在的问题进行了探讨，如流动性大、管理缺失、受教育的前途有限等。[③] 此外，还有研究探讨了缅籍学生流入对边境地区的挑战，如加大了

---

① 王艳玲、殷丽华、董树英：《中缅边境地区缅籍学生跨境入学现象研究——基于云南省德宏傣族景颇族自治州的调查》，《学术探索》2017 年第 12 期。

② 何青颖、刘寒雁：《云南跨境民族外籍学生教育现状分析》，《云南农业大学学报》（社会科学版）2013 年第 1 期；殷丽华：《文化、边界与身份：云南边境地区缅籍学生跨境入学研究》，云南师范大学硕士学位论文，2018 年；王艳玲、苏萍：《中缅边境云南段缅籍学生跨境入学的影响因素分析——基于德宏傣族景颇族自治州的调查》，《民族教育研究》2018 年第 3 期。

③ 吕隽：《德宏傣族景颇族自治州跨境民族教育研究》，云南师范大学硕士学位论文，2008 年。

我国边境地区地方财政的压力、加剧了该地区教育资源紧缺的局面 ①、促使该地区学校教育功能转变 ② 等问题。

　　已有研究大都把缅籍学生流入归入跨境教育领域加以讨论，这些关于跨境教育流动、跨境教育选择的研究主要是从宏观的政治经济发展、国际关系、国家间的教育交流合作，以及我国边境地区教育存在的问题等方面进行阐述和分析，对边民（跨境民族）这一特殊群体内在文化心理诉求的探究却不充分。而且，"基于跨境民族族群共同体意识而出现的跨境民族合理性的跨国流动行为，因与国家整体意志设置的相关社会和法律制度相对立，因而被民族国家赋予'非法'跨国流动性质" ③，这就使得对跨境民族子女教育流动的研究难以真正深入。同样，对跨境民族子女自发来华上学现象的解释还停留在两国间的发展差距、教育实力对比以及教育优惠政策等外在因素上，没有从来华上学主体自身的视角阐释其教育选择的真正原因。从宏观层面上，我们认为边境两侧国家间经济社会发展的差距确实会对跨境民族的教育选择产生影响，但在微观层面上，跨境民族特殊的文化和身份特性对其行为选择的影响同样需要关注。因此，本文聚焦微观视角，把跨境民族子女自发来华上学现象置于边境民族社会中进行考察。基于对缅籍学生及其教师的访谈和现场观察记录，呈现缅籍学生流入的鲜活画面，并从缅籍学生的立场、角度来阐述现象，以求获得更深入的理解。

---

　　① 李芳：《边境地区义务教育阶段来华留学生教育政策困境与创新——以云南省德宏傣族景颇族自治州为例》，《云南民族大学学报》（哲学社会科学版）2016 年第 6 期。

　　② 王艳玲、杨菁、杨晓：《"一带一路"背景下云南跨境民族地区学校教育的衍生功能及其实现条件——基于对缅籍学生跨境入学现象的调查分析》，《云南农业大学学报》（社会科学版）2018 年第 1 期。

　　③ 谷家荣：《生活政治：边境社会有序秩序的生成原理——滇越边民地方性社会构造的"本己观"探讨》，《吉首大学学报》（社会科学版）2012 年第 1 期。

（二）关于边界及边境的研究

在传统上，边界即国与国之间的领土界线，是将两个民族国家分隔开来的一条线。[①] 在英语世界，"边境"更多的指"地带"，即两国领土相接触和隔离的地带；"边界"则是国家相互承认的不连续的隔断界线。[②]

边界及边境研究在传统上一直是地理学（尤其是经济地理学）和政治学两大学科的研究范畴。21世纪以来，边界研究越来越向多学科方向发展。按照学科视角分类，当前的边界或边境研究可以分为两种：一是地缘视野下的边界及边境研究。从地缘视野看，边界是分隔不同国家或政治实体的界线，地理意义上的边界等同于政治边界、经济边界和文化（习俗、语言、教育等）边界。二是文化人类学视野下的边界及边境研究。早期的人类学者直接用政治边界来划定文化边界，直到20世纪八九十年代，随着研究的推进，"现实中的边境""文化边境""软边境"等概念日益受到关注。"边境"逐渐被广义地阐释为：由冲突和矛盾、物质生活与精神观念所标识的边界所确定的特殊区域，包含该区域中人们的各种实践（行为）。[③] 相应地，文化人类学视野下的边界研究从当地人的视角出发，发现"边界两侧的社区不是孤立的（而是联系的），边界不是一条不可穿越的线（而是可渗透的），跨境民族的社会行为往往超越地理边界线；一些社区的社会、文化行为模式，确立了不同于传统地缘政治边界的弹性文化边界"[④]。可见，文化人

---

① M. Kearney, "Borders and boundaries of the state and self at the end of empire", *Journal of historical sociology*, Vol. 4, No.1, 1991, pp.52~74.

② 王亮、刘卫东：《西方经济地理学对国家边界及其效应的研究进展》，《地理科学进展》2010年第5期。

③ 施琳：《边境人类学发凡——国际边境研究理论范式与我国边境民族志的新思考》，《广西民族研究》2007年第2期。

④ Whiteford L. Whiteford, "The Borderland as an Extended Community", in *Migration Across Frontiers: Mexico and the United States*, F. Camara & R. Van Kemper（eds.），Albany：State University of New York, 1979. 转引自施琳：《边境人类学发凡——国际边境研究理论范式与我国边境民族志的新思考》，《广西民族研究》2007年第2期。

类学视角的边界及边境研究聚焦当地人所理解、所实践的边界；边界的含义不再是一条空间区隔的线，还包含人们的边界实践；跨境民族的社会行为往往超越地理边界线，确立起不同于传统地缘政治边界的文化边界。

本研究正是循着文化人类学的边界研究而展开，聚焦缅籍学生所理解、所实践的边界，考察他们的边界实践及其含义。本研究主要阐释两个问题，一是来华就读的缅籍学生是如何理解（中缅）边界的？二是他们来华就读这一边界实践与其边界认知有何一致性或冲突？为什么？

三、研究方法

本研究选取云南边境地区缅籍学生人数最多的德宏州作为调查区域。同时，又在该州选取缅籍学生人数最多的 M 市和 R 市，在这两个市内各选取缅籍学生人数最多的两个边境乡镇作为具体调研点，其中，M 市 L 镇仅有一所九年一贯制学校，在读缅籍学生 158 人；M 市 Z 镇有 1 所初中，3 所小学，在读缅籍学生 90 余人；R 市 J 镇、C 镇都只有小学，其中 J 镇共有在读缅籍学生 258 人，C 镇有 100 余人。田野调查点的选择主要根据缅籍学生就读人数多少来考虑，同时也适当考虑了地理空间分布和民族分布。本研究共到田野调查点开展了三次调查，分别是 2016 年 5 月、2016 年 11 月至 12 月、2017 年 10 月至 11 月。研究者进入学校和社区，观察缅籍学生的学习生活和社区环境，对缅籍学生及其教师（含学校管理人员）开展访谈。访谈是在与缅籍学生一起听课，参与其学习生活，并建立起基本信任感的基础上开展的，以确保通过访谈收集到缅籍学生的真实想法，确保访谈资料的真实性和有效性。为了不影响学生的正常作息和学校正常的教学安排，本研究采取方便性抽样的方法，即在灵活的时间里，选取那些最易找到的缅籍学生进行访谈。研究者在不同的学校开展观察和访谈，直到资料饱和——访谈和观察都不再能获得新材料。先后有 50 多位缅籍学生接受了访谈，访谈时长 8 分钟至 30 分钟。研究者还访谈了这些学校的校领导和部分教师，用于三角互证。在征得访谈对象同意后进行录音，访谈结束后及时将访谈录音整理成文字。在研究文本中，所有访谈对象的姓名都用字母代替；在涉及访谈对象的个人信息时，仅从方便读者阅读的角度，标示出所在区域，不公开访谈对象的个人信息。

四、研究发现

本部分首先简要报告缅籍学生对中缅两个国家的直观体验，再分析来华缅籍学生的边境认知与教育境遇。

（一）来华就读缅籍学生眼中的中国与缅甸

来华上学的缅籍学生大多来自与云南接壤的缅甸北部地区，俗称"上缅甸"或"缅北"。"上缅甸"主要居住着傣族、景颇族、傈僳族、德昂族和汉族等跨境民族和华人华侨；而缅甸的主体民族——缅族则集中分布于缅甸的中部和南部地区，也就是边民口中的"下缅甸"。"上缅甸"远离国家行政中心，在民族语言、风俗习惯等方面不同于缅甸的主体民族，民众不懂缅语，与"下缅甸"交往甚少。而且，长期的政局动荡导致"上缅甸"经济和社会发展缓慢，落后于"下缅甸"和我方边境一侧。调研地的缅籍学生以汉族、傣族和景颇族为主，除个别随父母来华经商的缅族学生外，都不会讲缅甸语，生活习俗与缅族差异较大。有缅籍学生说：

> 缅甸的电视和广播是缅语，我们听不懂，我们都说汉话。（WCL，2017-10-21）

> 我们只会过中国的那些节日，缅甸人的节日我也不知道……他们的生活习惯和我们不一样，吃的用的都跟我们不一样……（SCD，2017-10-25）

> ……我从来没有把自己当成缅甸人。虽然有些同学区分了，但是我不这么想。他们叫（我）"老缅"，但是我心里想：我又不是缅

甸人，我的祖宗都是在中国，我也有姓，缅甸人又没有（姓）。（HQY，
2017-10-31）

现今的缅北边民（缅籍学生家长）祖辈大多是由于国界划分而分居两侧的同源跨境民族，或者是20世纪因战争、政策或生计等原因，迁入缅北居住的我方边民。由于语言不通、交通不便、政局不稳等原因，缅北地区的缅籍学生及其家长与缅甸国家政治和文化中心长期处于疏远、隔绝的状态，对缅甸知之甚少。缅甸对他们而言，是人地生疏的国家。[1] 相反，与他们有着深厚渊源的中国近在咫尺，他们与中国边民交往较多、更加熟悉。无论从风俗习惯、语言文化、亲缘血缘上看，还是从日常交往的现实情况看，缅籍学生与中国边境的跨境民族都更为相似，联系也更加紧密。而且，由于历史和现实的诸多原因，目前德宏州中小学内我们所称的"缅籍学生"群体中，有43.0%的人没有缅甸户口，52.4%的人没有缅甸身份证，还有一部分属于"无国籍、无户口、无证件"人员。[2] 可见，对这个群体更为准确的称呼，应该是"跨境民族子女"或"缅北边民"。

（二）来华就读缅籍学生的边界认知

在中缅边境地区，边民的文化心理边界明显不同于国家政治边界。由于边境两侧互动频繁，有的学生从幼年开始就出于购物、拜亲访友等原因，跟随父母长期往返边境，在入学后出入境更加频繁。因此，对他们而言，往返边境是一件很平常的事。缅籍学生对边界或国门的认识，与边境地区的边民一样，具有模糊性。国家政治地理意义上的边界和国门，在缅籍学生这里并未产生地域区隔的作用。相反，对于他们而言，国门只是生活中

---

① 殷丽华：《文化、边界与身份：云南边境地区缅籍学生跨境入学研究》，云南师范大学硕士学位论文，2018年。

② 王艳玲、苏萍：《中缅边境云南段缅籍学生跨境入学的影响因素分析——基于德宏傣族景颇族自治州的调查》，《民族教育研究》2018年第3期。

一个必经的通道。①

1.国门：一个交往通道

在中缅边境地区，边民之间的跨界交往非常频繁。在边境国门可以看到，往来于边境两侧的缅甸人，有的到中国边境的市场购买生活用品，然后又从国门回到缅甸，还有的将缅甸的农产品拿到中国边境市场售卖；我方一侧的边民则会在做生意的间隙，"跨国"去吃午餐或晚餐，或者售卖生活用品。两侧边民之间跨界拜亲访友、经商打工也很常见。跨境民族对政治意义上的"国家"和"边境"概念的认识都比较模糊，② 在他们眼中，国门既是日常生活交往的通道，也是其子女来华上学的通道。

被访谈的缅籍学生均表示，由于经常往来于边境两侧，他们对于自己跨越边界到中国学校上学，并没有"出国"的感知，而倾向于认为国门是自己上学的必经之路，是一个通道。

进出国门很正常,因为平时我们过来过去都是很频繁的。（CMY，2017-10-24）

我第一次过来的时候,感觉怪怪的,干吗还要弄一个国门……从缅甸来中国,两边都是路,连着的,那个时候就想弄个门干什么？……（KCX，2017-11-02）

……小时候来中国……感觉很激动。现在进出国门就很平常。有时候我们不出去,一直在（中国）这边,因为没有什么事情,没有什么事情不出去,就是不越境。（XZC，2017-10-30）

可见，在缅籍学生的生活和学习体验中，国门更多是作为物理通道而存在的，是他们往返中缅两侧的必经之路。

---

① 殷丽华：《文化、边界与身份：云南边境地区缅籍学生跨境入学研究》，云南师范大学硕士学位论文，2018年。

② 张志远：《云南及周边国家跨国非法移民的治理》，《云南行政学院学报》2017年第4期。

2. 边界：入学的必经之路

边界代表着一种空间秩序和空间关系，是解读边境地区社会与文化关系形成过程的一个关键维度。[1] 由于经济发展水平存在差异，从生活水平、经济条件来看，缅甸境内的寨子不如中国境内的，但"国有界而心无界"，这并不妨碍中缅两国跨境民族之间的频繁交流与互动，比如婚姻互通、贸易往来、走亲串戚、节庆慰问、探病悼丧等。[2] 在中缅跨境民族地区，边界并没有对边民的跨界交往形成实质性的阻隔。

从实地调研的情况来看，中缅两国在各自国门一侧都设有边防人员，对出入境的边民进行监督和检查，符合规定的边民准许其进出境，而对于不符合规定的边民则会限制其出入境。但是，规范的边防口岸管理并不能将边民的活动限制在各自的国家边界之内。在 2000 多千米的中缅边界线上，除了正式的边防口岸之外，还存在很多"边民便道"，主要用于海关关门之后方便人们夜路回家、探亲之用。此外，边界上没有天然屏障，也没有人工隔离设施，边民在日常生活中很容易出现"前一只脚在中国，后一只脚在缅甸"的现象。而且，边民在跨界交往中会就近选择路线，哪条路近就选哪一条穿越边界。不过，一般而言，缅籍学生都会从正式的国门入境，德宏州边防部门为来华就读的缅籍学生提供"绿色通道"，学生在经过国门时只要身着校服或出示边防部分专门为其办理的"就学卡"即可顺利通过边检，不需要烦琐的边检程序。

由于两侧边民的交往互动行为持续不断，他们常年往返于边界两侧，跨越边界对于缅籍学生而言没有新奇感，只是到中国边境学校读书的必经之路。

---

[1] 唐雪琼、杨茜好、钱俊希：《社会建构主义视角下的边界——研究综述与启示》，《地理科学进展》2014 年第 7 期。

[2] 许瑞娟：《流动的"理"与"礼"：中缅边境拉祜西的文化记忆与族群认同——以澜沧龙竹棚母寨与子寨拉祜西为例》，《中央民族大学学报》（哲学社会科学版）2017 年第 4 期。

就直直的一条路,反正学校在这边嘛,都是过来上课的。(YKJ,
2017-10-25)

中缅边境地区特殊的地缘环境,对于很多缅籍学生及家长而言,来中
国上学意味着在离家更近的学校上学。有缅籍学生在回答"你为什么来这
里上学"时说:

勐古那里(缅方边境一侧——笔者注)没有初中,木姐那里(才
有),离家很远,这里近。哥哥就是到下缅甸那里去读了,常年都不
能回家,只有过大节、过年的时候才能回家……所以(父母)就(让
我)在近一点儿的学校上学。(YKJ, 2017-10-25)

受地缘经济和地缘文化的影响,跨境民族在为其子女选择读书学校时,
往往淡化国家边界的存在。[1]对这位缅籍学生及其家长来说,中国边境地
区的学校离他们更近,所谓的"来华上学"只是"就近入学"。可见,国家
边界并未对他们的跨界实践产生阻隔的效果,边境这一侧的中国近在咫尺,
边民与其同宗同族,没有国与国之间的区隔感。国家边界线在物质层面上
是显性的、清晰的,而在意识层面则是隐性的、模糊的。[2]这在缅籍学生流
入上体现得更为明显。

(三)来华就读缅籍学生的教育境遇

1.同根同源同语同俗,生活适应无障碍

西南边境地区的跨境民族分布缘于国家边界划分及其围绕边界划分所
发生的历史事件。[3]国家间边界的划分,使同一民族分属于两个国家。虽
然不同国家的跨境民族处于不同的政体结构和政治环境中,但长期以来形

① 何跃:《云南省与周边国家跨境民族教育的兴起与发展》,《东南亚纵横》2010年第6期。
② 李怀宇:《町村景颇人的空间观探析》,云南大学博士学位论文,2015年。
③ 何跃:《非传统安全视角下的云南跨界民族问题》,《云南民族大学学报》(哲学社会科学版)2006年第5期。

成的同一民族关系和文化纽带，并不会轻易解构和消失，跨境民族会在民族认同的基础上保持来往和互动。就文化的同质性而言，分布在不同国家的跨境民族，一般属于同一文化圈，此即跨境民族具有深层内聚力的根本原因。[1] 中缅两侧边民频繁交流与高度融合，尤其是语言相通、习俗相同、文化相融，不仅为缅籍学生流入提供了坚实的文化和心理基础，而且也为他们在中国的学习和生活提供了极大的便利，学生入学后生活适应无障碍。无论是实地观察还是访谈调查都显示，绝大多数缅籍学生在我方学校中不存在生活和语言上的障碍。

R市J乡中心学校2016学年共有缅籍学生234名，占全校学生总数的22.3%。该校教师介绍：

> 缅甸学生来到我们中国上学,为什么?最关键的一点儿是语言、风俗习惯没有任何隔阂,没有沟壑,没有壁垒……(缅甸的)木姐、南坎……棒塞这一片,按照卫星地图看的话90%以上都是傣族、傈僳族、景颇族,都是我们本地民族……是同根同源同风俗,所以说他到我们这里上学,没有任何困难。(HCH, 2016-11-25)

该老师在谈到对缅籍学生流入的态度时表示，虽然缅籍学生的国籍是缅甸，但是与我方跨境民族的生活习惯并无二致，因此不会被看成"外国人"。

> 他们(指缅籍学生——笔者注)名义上是缅甸籍,实际上他是傣族,和我们是同一民族,在我们眼中他们不是外国人。……只要国家对他们没有大的政策变化,只要支持,我们都愿意敞开大门,让缅甸孩子到我们学校读书……(HCH, 2016-11-25)

2.受教育条件更好，待遇一视同仁

近二十来年，得益于我国经济的高速发展和兴边富民政策的推进，我

---

[1] 和少英等:《云南跨境民族文化初探》,中国社会科学出版社2011年版,第41页。

国边境地区学校的办学条件得到了极大改善。不少学校校园环境优美，教学秩序井然。相比之下，与中国毗邻的缅北地区经济发展水平低，基础设施落后，学校办学条件相对滞后。缅方家长看到这一差别，便想方设法把孩子送到我方学校。XM小学一位缅籍学生说：

> 这里有先进的设备,有电脑,有课桌,还有多媒体教室。在那
> 边,我们都只有一个板凳,没有课桌,书都是放在自己的腿上看。还
> 有就是住宿的地方,环境也很好。(YM, 2016-12-11)

德宏州公立学校系统中的缅籍学生享受与中国学生同等的待遇：一是义务教育阶段全部实行"两免"，没有向外籍学生收取任何费用；幼儿园、附属学前班儿童同中国学生一样只收取保育保教费、生活费等费用。二是享受寄宿生生活补助。就读学校有住宿条件的情况下，外籍学生均可住宿，给予寄宿生生活补助。三是"营养改善计划"得以落实和覆盖，农村缅籍学生全部纳入其中。此外，"少小民族补助"等各类奖助学金，缅籍学生也都同等享受。一位老师说：

> 这两年学生的补助很多呢⋯⋯有个"少小民族补助",在我们这
> 里是针对景颇族的。只要他的名字在班级里,不管是不是缅籍学生,
> 只要他是景颇族,每学期就有250元的补助。(YXY, 2017-10-23)

德宏州教育界以"一视同仁"四个字来概括在读缅籍学生的待遇。笔者在现场也看到，在发放寄宿制学生生活补助的过程中，班级里的所有学生都受到同等对待：学生在领取补助的表格上签名，学校把补助存入学生的就餐卡里。尽管边境地区财困民穷，捉襟见肘的地方财政仍然投入大笔资金，来确保在校缅籍学生与我国学生享受同等待遇。不得不说，这是我国国家形象、综合国力的集中体现，是云南边境地区在招收外籍学生方面最值得书写的一笔。

3.边境学校办学条件不足，招生限制日趋严格

德宏州把"敞开国门办教育"作为特色工作之一来推进，各学校可以

在自己接收能力范围内，自行决定缅籍学生的招生事务。对于招多少、如何招，教育主管部门并无明文规定。对此，边境学校在优先满足境内学生入学需求的前提下，如果还有空余的招生名额，就会招收缅籍学生。各边境学校基于各自的办学传统（如多年来一直有缅籍学生在读）和容纳条件，在条件允许的情况下，一般都会积极接收缅籍学生。但有的边境学校（尤其是边境两侧适龄儿童都比较多的国门学校）限于办学条件，对缅籍学生的招收条件日趋严格，招收的缅籍学生也越来越少。

例如，M 市 M 镇九年一贯制学校是一所国门学校，靠近缅甸勐古地区，距离城区 80 多千米，其中一段山路非常崎岖。学校与对面的缅甸寨子只一河之隔，到国门的距离仅 500 米。该镇常住人口只有数千人，与对面的缅甸勐古地区村寨相连，鸡犬相闻。而缅甸勐古地区常住人口有 3 万人之多，缅方一侧适龄儿童较多，入学需求也十分强烈。

M 镇九年一贯制学校是该乡镇唯一的一所学校，设有幼儿园、小学部、初中部三个学段，每个学段都有缅籍学生就读。前几年，每年在 M 镇九年一贯制学校就读的缅籍学生约为 300 人左右，如 2011 年 312 人，2012 年 299 人，2013 年达到 355 人，2014 年 368 人，2015 年 326 人，2016 年上半年 318 人。近年来，学校的办学资源与缅籍学生的入学需求之间的矛盾日益突出。早在 2013 年缅籍学生数量激增之时，学校就规定只在一年级和七年级招收缅籍学生，其他年级不再招收。对来上一年级的缅籍学生，学校通过抽签决定入学资格；七年级则根据成绩择优录取，只有极个别成绩特别优异的缅籍学生才有机会升入七年级。

2016 年 9 月开始，面对义务教育均衡发展评估的压力，尤其是控制班级规模的要求，该校在办学资源日益紧张的情况下，不得不减少缅籍学生的招生数量。缅籍在校生数在半年内减少了一百多人。由于该乡镇是 M 市最偏远的一个乡镇，该校又是该乡镇唯一的一所学校，再加上对面村寨缅籍学生家庭大都比较贫困，生活环境相对闭塞，所以，缅籍学生从该校离开后，由于种种原因几乎都未转往我方其他学校，不得不失学回家。

再如，R市J国门小学就在国门附近，过去多年一直招收缅籍学生，但近几年要求缅籍学生要有本地暂住证才能入学，原因是校舍非常紧张，且本地生源的入学需求强烈，学校几乎没有空余的招生名额。

除了入学机会受限，缅籍学生在我方学校上学还面临着受教育前途有限的问题。我国学生都有一个固定的学籍号。缅籍学生没有中国户口，所以就不能拥有正常的学籍号。只是在刚入学的时候，学校会替他们办一个临时学籍号。这个临时学籍号可用于日常教育教学管理，但是他们在升学时就会遭遇困难，尤其是在高考时，我国的高考需要身份证号，缅籍学生即便上完高中，也不能与我方学生一样参加高考，只能考华侨大学。因此，很多缅籍学生考虑到高中和大学阶段的学费问题，以及考大学希望渺茫的问题，对后续的学习望而却步，很多被迫选择早早离开学校。

五、结论

（一）"国有界而心无界"：来华上学是边民惯常性跨界交往生活逻辑的自然延续

综上所述，中缅边境地区缅籍学生流入现象，并非一般意义上的"来华留学"。两侧边民基于同源文化和共同的生活空间，形塑了一个不同于国家地缘政治边界的、"无隔阂的"文化心理边界。跨境民族和华人华侨基于生计的交往互市，以及基于亲缘和血缘的惯常性跨界交往互动，构建了边境地区独具特色的特殊交往氛围。缅北华人华侨与中国血脉相连，心理相通，友好往来，互通有无，文化认同根深蒂固。跨界交往的惯常性以及同源文化的亲近感，使得他们的边界意识呈现出模糊性。国家政治地理边界并未将他们的交往生活限定在边界范围内。中缅两侧边民的生活交往和边界实践，未因国界受到阻隔，可谓"国有界而心无界"。

"在我国西南地区，边境民族基于血缘关系而构织的根骨情结作为一种内在的民族心理，是促使其跨界行动的最根本动力。对他们来说，生活秩序的规范性规则就是血缘、地缘以及各种亲戚关系。在这些规则的规范下，边民跨国流动是一种合理的生活活动。"[①] 在中缅边境地区，跨境民族和华人华侨强烈的民族文化认同以及血浓于水的亲情关系，为缅籍学生流入提供了坚实土壤。在这样的土壤上，跨境入学如同跨境经商、跨境务工、跨境婚姻一样，只要时机成熟（如中方学校愿意接收、教育政策优惠、战乱的逼迫），就会大量涌现。长期以来，"边界"对缅北边民的经商、务工、婚姻都没有构成屏障；当下，对孩子上学也是如此。在我方学校办学条件更好、教育政策更优惠的情况下，缅北边民自然而然将子女送到我方学校上学。这正如 20 世纪 90 年代至 21 世纪初，我方边民将子女送到缅甸上学一样，跨境民族子女教育的流向犹如候鸟一样，哪边国家的教育政策好他们就把子女送到哪边。[②] 可见，缅籍学生流入，是跨境民族惯常的跨界交往生活逻辑的自然延续。

（二）"心无界而校有界"：来华上学凸显我国边境学校服务能力的局限性

得益于同语同俗的便利条件，缅籍学生来到我方境内后"生活适应无障碍"。甚至在一些边境学校，教师们还会基于文化上的亲近感或自身教育情怀而对他们关照有加。然而，学校教育有着清晰的服务边界和预设的服务范围（国家边界之内），并受到国家教育政策的调控。缅籍学生在我方学校的入学机会，受制于学校的办学条件（尤其是师资和校舍）和教育政策。

---

① 谷家荣：《边民生活政治：滇越跨境民族的记忆、心境与行动》，社会科学文献出版社 2013 年版，第 39 页。

② 何跃：《云南省与周边国家跨境民族教育的兴起与发展》，《东南亚纵横》2010 年第 6 期。

换言之，边境地区是否招收缅籍学生、招收条件、招收人数等，很少考虑民族文化心理，更多的是基于招生条件和教育政策。当下，缅籍学生流入面临着入学机会严重不足的困境。在"招收还是不招收"的权衡中，难以顾及缅籍学生及其家长的声音。云南边境地区校舍和师资资源严重短缺的窘境，强化了学校教育系统在服务对象上"内"与"外"的区别，进而彰显出国家边界对缅籍学生的身份区隔。

缅籍学生的入学需求取决于缅方一侧的人口分布及国界两边的交通便利情况。边境线两侧村寨距离较近、人口分布较密集、边民往来较为方便的地区，缅籍学生的数量越多，入学需求也越强烈。相应地，由于学校无法接纳而拒绝招收的情况往往也更为普遍。云南边境地区的学校布局，依据的是我方适龄儿童的数量和分布，而没有考量教育对外开放的需求。因此，在那些缅籍学生入学需求非常强烈的地区（如 M 市 M 镇九年一贯制学校、R 市 J 国门小学、L 县 L 国门小学），因校舍有限，师资紧缺，学校对缅籍学生的招生限制越来越严格，甚至不再招收缅籍学生。

六、讨论：以"共同体"思维重建边境地区学校教育生态

如前所述，我国边境地区基础教育阶段的学校教育，预设的服务对象限定在国家边界之内。我方学校中的缅籍学生，一方面享受着与我国学生"一视同仁"的待遇；另一方面，由于国籍身份的区隔，大批缅籍学生被拒绝在校门之外。前者彰显了我国教育对外开放的胸怀和姿态，后者则反映出边境地区在教育对外开放方面准备不足——这不是某一所学校的问题，而是边境地区学校教育生态系统共有的问题；这也不仅仅是要加大投入的问题，而是要着眼于更广泛的"教育共同体"思维来重新思考边境教育系统变革的问题。

"一带一路"是我国谋划未来和平与发展的重大安排，提出了加强与沿线国家教育人文交流的新需求，提供了扩大教育开放、提升教育国际影响

力的新机遇。① 在"一带一路"建设中，教育交流是民心工程。② 然而，我们一边在忧虑"亚洲国家众多，语言和文化差异巨大，如果周边这些国家没有需要，没有对方配合，教育合作能否建得起来"③；而在另一边，具有得天独厚优势的跨境民族基础教育仍处于无法满足需求的状态。我们不能否认近些年来国家投入大量资金和人员来传播中国文化的重要意义和深远价值。然而，如果我们把目光更多地投向那些原本就对中国怀有深厚感情和强烈认同的地区和人们身上，投向那些想方设法来到中国学校门口的孩童身上，大力改善我们的边境教育生态，改善办学条件，充实师资队伍，通过制度创新来为他们提供与我国学生完全均等的教育机会，以及更好的学习和生活条件，这样不仅有利于优化我国边境地区的教育资源配置，使边境地区各民族学生实实在在地享受国家富强带来的实惠，提升国家向心力，同时，对于中国文化的传播、对于睦邻友好、对于边境地区人力资源开发和"一带一路"建设，也必将大有裨益。

滇缅边境地区的民族文化心理特征，为教育共同体建设提供了契机。正如安德森所言，民族是一种想象的共同体，即便是人数最少的民族的成员，相互联结的意象也扎根在每一个人的心中，从而引发人们深沉的依恋之情。④ 因此，国家的教育规划需要在充分考虑和体谅中缅边民文化心理特征的前提下，在该地区打造更加开放包容的边境"教育共同体"。为此，应将云南边境地区作为我国教育向周边国家开放的"教育特区"，加大投入、加强建设，真正"敞开国门办教育"，根据边民需求打造一批能够真正承担起提升国家形象、传承中华文化使命的"国门学校"；还应完善教育管理制

① 曾天山：《开放教育筑基"一带一路"国家战略》，《比较教育研究》2015 年第 6 期。
② 郑刚、刘金生："一带一路"战略中教育交流与合作的困境及对策》，《比较教育研究》2016 年第 2 期。
③ 周满生：《"一带一路"与扩大教育对外开放》，《比较教育研究》2015 年第 6 期。
④ ［美］本尼迪克特·安德森：《想象的共同体——民族主义的起源与散布》，吴叡人译，上海人民出版社 2016 年版，第 4 页。

度，打通边境地区外籍学生招生、升学、待遇享受等各个环节，使其实现无缝衔接。简言之，应以"共同体"思维重建中缅边境地区学校教育生态，将跨境民族和华人华侨心中"想象的共同体"作为推进"一带一路"教育共同体建设的契机，回应滇缅边民在久远的历史变迁中沉淀下来的珍贵情谊。

主要参考文献

一、著作

1. 陈碧笙:《世界华侨华人简史》,厦门大学出版社 1991 年版。

2. 范宏贵、刘志强等:《中越跨境民族研究》,社会科学文献出版社 2015 年版。

3. 谷家荣:《边民生活政治:滇越跨境民族的记忆、心境与行动》,社会科学文献出版社 2013 年版。

4. 黄兴球:《老挝族群论》,民族出版社 2006 年版。

5. 郝勇、黄勇、覃海伦编著:《老挝概论》,世界图书出版公司 2012 年版。

6. 和少英等:《云南跨境民族文化初探》,中国社会科学出版社 2011 年版。

7. 黄锐主编:《西南边境跨界人口流动研究》,中央民族大学出版社 2016 年版。

8. 李枭鹰等编:《东盟教育政策法规》,广西师范大学出版社 2015 年版。

9. 李孝川:《云南边境地区民族教育的发展困境与出路——非传统安全的视角》,人民出版社 2016 年版。

10. 刘稚主编:《东南亚概论》,云南大学出版社 2007 年版。

11. 马树洪、方芸编著:《老挝》,社会科学文献出版社 2004 年版。

12. 马戎编著:《社会民族学》,北京大学出版社 2004 年版。

13. 阮智富、郭忠新主编:《现代汉语大词典》,上海辞书出版社 2009 年版。

14. 申旭、刘稚:《中国西南与东南亚的跨境民族》,云南民族出版社 1988 年版。

15. 石维有、张坚:《华侨华人与西南边疆社会稳定》,社会科学文献出版社 2015 年版。

16. 孙衍峰等:《越南文化概论》,世界图书出版公司 2014 年版。

17. 王士录主编:《当代越南》,四川人民出版社 1992 年版。

18. 王锡宏主编：《中国边境民族教育》，中央民族学院出版社 1990 年版。

19. 周建新：《和平跨居论：中国南方与大陆东南亚跨国民族"和平跨居"模式研究》，民族出版社 2008 年版。

20. 周建新：《中越中老跨国民族及其族群关系研究》，民族出版社 2002 年版。

21. 张加祥、俞培玲：《越南》，当代世界出版社 1998 年版。

22.［美］麦克尔·赫兹菲尔德：《什么是人类常识》，刘珩等译，华夏出版社 2005 年版。

23.［美］詹姆斯·斯科特：《逃避统治的艺术：东南亚高地的无政府主义历史》，王晓毅译，生活·读书·新知三联书店 2016 年版。

24.［挪威］弗雷德里克·巴斯主编：《族群与边界——文化差异下的社会组织》，李丽琴译，商务印书馆 2014 年版。

25.［英］多琳·马西：《保卫空间》，王爱松译，江苏教育出版社 2014 年版。

26.［英］安德森等主编：《文化地理学手册》，李蕾蕾等译，商务印书馆 2009 年版。

二、期刊

1. 毕世鸿：《中越边境政策比较研究》，《红河学院学报》2010 年第 1 期。

2. 边振辉：《开放边界视角下边民在维护边境安全中的作用》，《中国公共安全》（学术版）2015 年第 4 期。

3. 保建云：《中国与老挝两国双边贸易发展特点及其存在的问题分析》，《学术探索》2007 年第 3 期。

4. 陈光新：《中国饮食民俗初探》，《民俗研究》1995 年第 2 期。

5. 陈时见、王远：《从"边境"到"跨境"："一带一路"背景下跨境民族教育的转型发展》，《华东师范大学学报》（教育科学版）2020 年第 4 期。

6. 寸晓红、李宁：《中缅边境跨境民族的认同研究》，《人民论坛》2010 年第 17 期。

7. 陈德顺、普春梅：《境外流动人口对云南边境地区社会治理的影响与对策》，《社会学评论》2014 年第 4 期。

8. 杜星梅：《中越边境苗族跨境流动的基础与要素分析——云南马关县草果湾村个案研究》，《北方民族大学学报》（哲学社会科学版）2015 年第 5 期。

9. 佴澎、李剑峰：《云南边境难民社会融入与社会治理问题研究》，《云南大学学报》（法学版）2015 年第 1 期。

10. 方铁：《云南跨境民族的分布、来源及特点》，《广西民族大学学报》（哲学社会科学版）2007 年第 5 期。

11. 冯用军、刘六生：《云南——东（南）盟高等教育国际化发展机遇与对策分析》，《云南师范大学学报》（哲学社会科学版）2008 年第 4 期。

12. 付耀华：《协同发展论视域下云南跨境民族教育路径探究》，《曲靖师范学院学报》2013 年第 3 期。

13. 付正强、黎尔平：《云南边境缅籍务工人员管理问题研究》，《云南民族大学学报》（哲学社会科学版）2015 年第 5 期。

14. 范宏贵：《中越两国的跨境民族概述》，《民族研究》1999 年第 6 期。

15. 高志英、沙丽娜：《宗教诉求与跨境流动——以中缅边境地区信仰基督教跨境民族为个案》，《世界宗教研究》2014 年第 6 期。

16. 葛公尚：《试析跨界民族的相关理论问题》，《民族研究》1999 年第 6 期。

17. 谷禾、谭庆莉：《学校教育与云南跨境民族身份认同的塑造》，《云南社会科学》2008 年第 1 期。

18. 谷家荣：《生活政治：边境社会有序秩序的生成原理——滇越边民地方性社会构造的 “本己观” 探讨》，《吉首大学学报》（社会科学版）2012 年第 1 期。

19. 瑰乔：《边境民族教育基本特点浅论》，《民族教育研究》1990 年第 1 期。

20. 甘健侯、赵波、李艳红：《“互联网 + 民族教育” 的内涵、价值及实现路径》，《学术探索》2016 年第 2 期。

21. 何明：《开放、和谐与族群跨国互动——以中国西南与东南亚国家边民跨国流动为中心的讨论》，《广西民族大学学报》2012 年第 1 期。

22. 何青颖、刘寒雁：《云南跨境民族外籍学生教育现状分析》，《云南农业大学学报》（社会科学版）2013 年第 1 期。

23. 何跃、高红：《论云南跨境教育和跨境民族教育》，《云南民族大学学报》（哲学社会科学版）2011 年第 2 期。

24. 何跃、高红：《文化安全视角下的云南跨境民族教育问题》，《云南师范大学学报》（哲学社会科学版）2010 年第 4 期。

25. 何跃：《边民主义与跨界民族主义：以中国西南边疆为研究对象》，《云南民族大学学报》（哲学社会科学版）2010 年第 1 期。

26. 何跃：《非传统安全视角下的云南跨界民族问题》，《云南民族大学学报》（哲学社会科学版）2006 年第 5 期。

27. 何跃：《云南境内的外国流动人口态势与边疆社会问题探析》，《云南师范大学学报》（哲学社会科学版）2009 年第 1 期。

28. 何跃：《云南省与周边国家跨境民族教育的兴起与发展》，《东南亚纵横》2010年第6期。

29. 何跃：《云南与周边国家跨境民族教育研究现状述评》，《学术探索》2009年第6期。

30. 和跃宁：《浅谈德宏州中缅边境跨境民族国家认同》，《云南行政学院学报》2011年第2期。

31. 黄光成：《从中缅德昂（崩龙）族看跨界民族及其研究中的一些问题》，《东南亚南亚研究》2012年第2期。

32. 黄健毅：《边境地区国家认同教育的困境与对策——基于对中越边境学生的调查》，《广西师范大学学报》（哲学社会科学版）2014年第4期。

33. 韩娜：《中越边境社会变迁与跨境民族国家认同——基于边民跨境交易的分析》，《人民论坛》2013年第20期。

34. 巨永明：《文明交往：解析全球化的新路径——读〈文明交往论〉》，《世界历史》2003年第3期。

35. 蒋珍莲：《边境民族地区教育发展的问题及策略探析——以广西边境民族地区为例》，《边疆经济与文化》2013年第10期。

36. 李芳：《边境地区义务教育阶段来华留学生教育政策困境与创新——以云南省德宏傣族景颇族自治州为例》，《云南民族大学学报》（哲学社会科学版）2016年第6期。

37. 李官、李劲松：《教育视角下的跨界民族文化差异与边疆民族稳定》，《学术探索》2011年第3期。

38. 李红、蒋莲英：《思茅边境民族地区实施"三免费"教育调查报告》，《中南民族大学学报》（人文社会科学版）2003年第6期。

39. 李怀宇：《云南边境地区少数民族教育的困惑与反思》，《民族教育研究》2004年第6期。

40. 李孝川、李劲松：《云南边境地区教育治理现代化的现实困境和变革路径》，《学术探索》2022年第1期。

41. 梁爱文：《中国梦语境下跨境民族地区中学生的国家认同教育》，《黑龙江民族丛刊》2015年第1期。

42. 刘建文：《沿边开放型经济新体制的发展路径及政策体系研究——以广西沿边地区为例》，《亚太经济》2015年第5期。

43. 刘立伟：《扩大云南省缅甸留学生规模的态势分析及市场发展策略》，《临沧师范高等专科学校学报》2015年第1期。

44. 刘社欣、王仕民：《文化认同视域下的国家认同》，《学术研究》2015 年第 2 期。

45. 刘稚、申旭：《论云南跨境民族研究》，《云南社会科学》1989 年第 1 期。

46. 刘稚：《东南亚国家的山地民族问题》，《世界民族》1996 年第 4 期。

47. 刘稚：《论云南跨境民族研究》，《云南社会科学》1989 年第 1 期。

48. 刘稚：《缅甸的边境民族地区开发计划》，《民族工作》1997 年第 6 期。

49. 刘稚：《全球化区域化下的云南—东盟高等教育合作论略》，《学术探索》2009 年第 3 期。

50. 柳谦、梁丽玲、梁顺意等：《西南边陲的教育国境线——云南边境国门学校现状研究》，《广西师范大学学报》（哲学社会科学版）2011 年第 6 期。

51. 龙耀：《跨国婚姻子女社会化问题思考》，《广西民族学院学报》（哲学社会科学版）2007 年第 6 期。

52. 鲁刚、陈为智：《论边疆社会问题的基本含义和特征——基于云南边境地区突出社会问题的探索与思考》，《云南师范大学学报》（哲学社会科学版）2012 年第 1 期。

53. 鲁刚：《中缅边境沿线地区的跨国人口流动》，《云南民族大学学报》（哲学社会科学版）2006 年第 6 期。

54. 鲁刚：《中越边界云南段沿线地区的边境贸易与经济合作》，《云南师范大学学报》（哲学社会科学版）2009 年第 1 期。

55. 陆云：《缅甸克钦、果敢难民问题对中国边疆安全的影响与对策思考》，《大理大学学报》2017 年第 1 期。

56. 罗圣荣、汪爱平：《缅北果敢冲突与中国西南安全》，《世界民族》2011 年第 1 期。

57. 罗刚：《云南边境民族地区人口非法流动法制对策研究》，《河北法学》2011 年第 9 期。

58. 罗柳宁：《民族·乡土领袖·边界——广西中越边境跨国民族发展新动向实证研究之一》，《广西民族研究》2012 年第 4 期。

59. 罗宗全、曹鸣：《"一带一路"倡议背景下在滇缅甸留学生教育需求现状及对策研究——基于调查问卷的分析研究》，《红河学院学报》2018 年第 4 期。

60. 李灿松等：《2015 年缅北局势的未来走向及中国应对策略》，《热带地理》2015 年第 4 期。

61. 马大正：《关于当代中国边疆研究中的几个问题》，《当代中国史研究》2004 年第 4 期。

62. 马丽娟：《云南边境民族地区基础教育中的主要问题和对策》，《民族教育研究》2009 年第 6 期。

63. 欧以克：《广西边境地区民族教育面临的问题及对策》，《民族教育研究》2012年第1期。

64. 普丽春：《桥头堡建设中云南跨境民族的文化交往与安全》，《云南民族大学学报》2013年第2期。

65. 乔纲：《从"和平跨居"文化模式看瑞丽市跨境民族地区教育现状》，《文山学院学报》2015年第1期。

66. 曲如晓、江铨：《来华留学生区域选择及其影响因素分析》，《高等教育研究》2011年第3期。

67. 覃翊：《近年越南华人数量的估算与分析》，《南洋问题研究》2015年第1期。

68. 宋涛、刘卫东、李玏：《国外对地缘视野下边境地区的研究进展及其启示》，《地理科学进展》2016年第3期。

69. 苏德、王渊博：《国家认同教育：云南省边境教育发展的战略选择》，《民族教育研究》2012年第5期。

70. 施琳：《边疆民族志：经济人类学的视角与方法》，《广西民族大学学报》（哲学社会科学版）2011年第3期。

71. 施琳：《边境人类学发凡——国际边境研究理论范式与我国边境民族志的新思考》，《广西民族研究》2007年第2期。

72. 唐雪琼、杨茜好、钱俊希：《流动性视角下边界的空间实践及其意义——以云南省河口县中越边境地区X村为例》，《地理研究》2016年第8期。

73. 唐雪琼、杨茜好、钱俊希：《社会建构主义视角下的边界——研究综述与启示》，《地理科学进展》2014年第7期。

74. 唐骏、陈月丰：《缅北冲突对东南亚局势的影响及对策思考》，《东南亚纵横》2015年第7期。

75. 王亮、刘卫东：《西方经济地理学对国家边界及其效应的研究进展》，《地理科学进展》2010年第5期。

76. 王士录：《缅甸的"果敢族"：族称、来历、状况及跨国互动》，《世界民族》2005年第5期。

77. 王艳玲：《来华就读缅籍学生的边界认知与教育境遇：来自云南边境地区的声音》，《民族教育研究》2019年第6期。

78. 王枬、柳谦：《在国民教育中强化国家认同——桂滇边境国门学校调查研究》，《广西师范大学学报》（哲学社会科学版）2013年第5期。

79. 王枬：《边境村落中的国门学校——广西大新县硕龙镇L小学国民教育研究》，

《西北师大学报》(社会科学版) 2013年第1期。

80. 万明钢、王亚鹏：《藏族大学生的民族认同》,《心理学报》2004年第1期。

81. 熊威、杨海东：《中缅边境跨国婚姻子女教育问题及对策研究——以云南某德昂族乡C村为个案》,《民族教育研究》2016年第6期。

82. 许瑞娟：《流动的"理"与"礼"：中缅边境拉祜西的文化记忆与族群认同——以澜沧龙竹棚母寨与子寨拉祜西为例》,《中央民族大学学报》(哲学社会科学版) 2017年第4期。

83. 晓风：《缅甸的边境地区开发战略》,《东南亚》1995年第4期。

84. 杨澜、曾海军、高步云：《基于云计算的智慧学习环境探究》,《现代教育技术》2018年第11期。

85. 伊继东：《面向东南亚培养具有国际视野的创新型人才》,《中国高教研究》2009年第6期。

86. 尹鸿伟：《边境线上的教育竞争》,《南风窗》2003年第11期。

87. 尤伟琼、董向芸：《周边国家命运共同体建设背景下中缅边境跨境人口流动治理研究》,《思想战线》2020年第5期。

88. 尤伟琼、张学敏：《云南边境地区周边国家跨境就读外籍学生管理问题研究》,《云南师范大学学报》(哲学社会科学版) 2018年第3期。

89. 杨超：《老挝新华侨华人与中老友好交往》,《八桂侨刊》2011年第2期。

90. 严赛、苍铭：《彬龙会议前后缅甸政府对边境地区民族问题的处理》,《中央民族大学学报》(哲学社会科学版) 2015年第5期。

91. 张进清、张宏宇：《边境民族地区县域教育发展规划研究——以广西边境民族地区C县为例》,《民族教育研究》2017年第6期。

92. 张君宏：《简析缅甸华人族群——果敢族的形成、发展及现状》,《东南亚之窗》2008年第2期。

93. 张瑞昆：《中老关系框架下的云南——老挝经济合作》,《东南亚南亚研究》2009年第4期。

94. 张学敏、崔萨础拉：《多边协同与外推内生：新时代我国边境教育经费投入创生逻辑再探索——基于西南边境教育现状与云南省的数据分析》,《西南大学学报》(社会科学版) 2020年第5期。

95. 张学敏、贺能坤：《边境民族地区义务教育经费投入调查报告》,《教育与经济》2005年第4期。

96. 张雨龙：《老挝北部阿卡人移居坝区的历史与文化调适》,《世界民族》2014年第 6 期。

97. 张志远：《云南及周边国家跨国非法移民的治理》，《云南行政学院学报》2017 年第 4 期。

98. 赵萱：《当代边界治理中的安全与流动——以霍尔果斯口岸为例》，《云南师范大学学报》（哲学社会科学版）2022 年第 5 期。

99. 周灿、陈丽云：《中缅命运共同体建设背景下中缅边民流动治理研究——以德宏州为例》，《黑龙江民族丛刊》2022 年第 1 期。

100. 周建新、范宏贵：《中老跨国民族及其族群关系》，《民族研究》2000 年第 5 期。

101. 周建新：《缅甸各民族及中缅跨界民族》，《世界民族》2007 年第 4 期。

102. 周平：《论我国边疆治理的转型与重构》，《云南师范大学学报》（哲学社会科学版）2010 年第 2 期。

103. 周平：《我国边疆概念的历史演变》，《云南行政学院学报》2008 年第 4 期。

104. 朱进彬、宋琨：《跨境民族地区发展基础教育的一些思考——以云南省德宏州为例》，《保山学院学报》2014 年第 6 期。

105. 朱凌飞、陈滢至：《边界地方感与边民身份建构：以中缅边境猴桥口岸黑泥塘村为例》，《云南师范大学学报》（哲学社会科学版）2022 年第 2 期。

106. 朱凌飞、段然：《边界与身份：对一位老挝磨丁村民个人生活史的人类学研究》，《云南师范大学学报》（哲学社会科学版）2017 年第 2 期。

107. 朱凌飞、马巍：《边界与通道：昆曼国际公路中老边境磨憨、磨丁的人类学研究》，《民族研究》2016 年第 4 期。

108. 张鹤光等：《中越边界文山段跨境民族调查报告》，《文山师范高等专科学校学报》2002 年第 2 期。

109. 张洁：《边境地区"三非"人员跨境违法犯罪问题研究——以云南省德宏傣族景颇族自治州为例》，《云南警官学院学报》2014 年第 2 期。

110. [瑞典] 乌尔夫·汉内斯：《边界》，肖孝毛译，《国际社会科学杂志》（中文版）1998 年第 4 期。

三、学位论文

1. 丁人杰：《老挝民族国家建构的历史基础、目标构想与民族整合进程研究》，云南大学硕士学位论文，2016 年。

2. 贺佳乐：《跨越疆界：一个中老边境瑶族村落的边界实践》，云南民族大学硕士学位论文，2016 年。

3. 李怀宇：《町村景颇人的空间观探析》，云南大学博士学位论文，2015 年。

4. 林云：《来华缅甸中学留学生学习适应的研究——以腾冲民族中学为例》，云南师范大学硕士学位论文，2014 年。

5. 刘士永：《越南、老挝、朝鲜、古巴处理社会公平问题的政策措施比较研究》，山东大学硕士学位论文，2008 年。

6. 罗希：《21 世纪初老挝对华政策研究》，吉林大学博士学位论文，2015 年。

7. 吕隽：《德宏傣族景颇族自治州跨境民族教育研究》，云南师范大学硕士学位论文，2008 年。

8. 李崟：《越南边境民族政策对我国云南中越交界地区跨界民族的影响及对策研究》，中央民族大学硕士学位论文，2013 年。

9. 杨得志：《中缅跨境民族问题研究》，华中师范大学博士学位论文，2014 年。

10. 杨红波：《缅北华人聚居区调查与研究——以掸邦果敢、佤邦、勐拉三特区为例》，厦门大学硕士学位论文，2008 年。

11. 殷丽华：《文化、边界与身份：云南边境地区缅籍学生跨境入学研究》，云南师范大学硕士学位论文，2018 年。

12. 阳茂庆：《中国西南边境地区人口空间格局演变研究》，云南师范大学博士学位论文，2016 年。

四、外文文献

1. Alvarez Jr R. R., *Familia: Migration and Adaptation in Baja and Alta California*, 1880–1975, Berkeley: University of California Press, 1987.

2. Alvarez Jr R. R., "The Mexican–US border: the making of an anthropology of borderlands", *Annual Review of Anthropology*, Vol. 24, No. 1, 1995, pp.447–470.

3. Bufon M., Minghi J. & Paasi A., *The new European frontiers: social and spatial reintegration issues in multicultural and border regions*, Newcastle: Cambridge Scholars Publishing, 2014.

4. Creswell J. W., *Research design: qualitative quantitative and mixed methods approaches*, Thousand Oaks CA: Sage Publication, 2018.

5. Danaher P. A., "Indigenous population mobilities and school achievement:

International educational research itineraries issues and implications", *International Journal of Educational Research*, Vol.54, 2012, pp.1-8.

6. Green S., "A Sense of Border", in *A Companion to Border Studies*, Wilson T. M. & Donnan H. (eds.), Hoboken: Wiley Blackwell, 2012, pp.573-592.

7. Haelermans C. & Witte K. De, "Does residential mobility improve educational outcomes? Evidence from the Netherlands", *Social Science Research*, Vol. 52, 2015, pp.351-369.

8. Kearney M., "Borders and boundaries of the state and self at the end of empire", *Journal of historical sociology*, Vol. 4, No.1, 1991, pp.52-74.

9. Lin G. C. S. & Tse P. H.M., "Flexible sojourning in the era of globalization: Cross-border population mobility in the Hong Kong-Guangdong border region", *International Journal of Urban and Regional Research*, Vol. 29, No. 4, 2005, pp.867-894.

10. Prescott J. R. V., *Political Frontiers and Boundaries*, London: Routledge, 1987.

11. Prout S. & Yap M., "'No-one's really aware of where they are': A case study of indigenous student mobilities in Australia's northwest", *International Journal of Educational Research*, Vol. 54, 2012, pp.9-20.

12. Taylor J., "Indigenous mobility and school attendance in remote Australia: Cause or effect?", *International Journal of Educational Research*, Vol. 54, 2012, pp.31-40.

13. Van Houtum H., "European perspectives on borderlands: An overview of European geographical research on borders and border regions", *Journal of Borderlands Studies*, Vol. 15, No. 1, 2000, pp.56-83.

14. Vélez-Ibañez C. G., *Border Visions of One World: An Anthropology of US Mexicans of the Southwest*, Tucson: University of Arizona Press, 1994.

15. Whiteford L., "The Borderland as an Extended Community", in *Migration Across Frontiers: Mexico and the United States*, Camara F. & Van Kemper R. (eds.), Albany: State University of New York, 1979.

16. Wohlgemut E., "Porous Borders: Maria Edgeworth and the Question of National Identity", in *Romantic Cosmopolitanism*, Wohlgemut E., (ed.), London: Palgrave Macmillan, 2009, pp.71-94.

后　记

　　每一本书都记录着作者的一段生命旅程。这本书终于交稿了，这是一段漫长的旅途。我在教师教育研究的丛林中偶然走上了边境民族教育研究的这条岔道，见证了沿途郁郁葱葱的景致，也努力突破自身学科知识的边界，在磕磕绊绊中总算走完了全程。

　　我是在调查云南乡村教师流动的过程中，偶遇了边境地区的流入学生，发现了这个当时很少有人研究的课题，幸运获得国家社科基金项目立项资助，进而投入其中。这项研究的数据收集止于2018年1月。随后，我在2018年的年末完成了研究报告（本书的初稿）。按照当时的课题结题要求，纸质材料先报送到省级管理部门。谁知材料报送后，因种种原因，一等就是一年多。在我的多番催促下，直至2020年上半年才等来了结项公示。

　　课题结题公示后，我终于可以在结题报告的基础上修改出版了。但是，每当我打开电脑时，却常常陷入痛心和迷茫，以至于迟迟未能动手。因为，那个我无数次往返奔波想要努力向世人呈现的"偏僻角落"，那些数年来让我魂牵梦系的"边缘群体"，境况已经彻底改变了。2020年春天开始肆虐的新冠病毒，改变了这个世界，也抹去了这个区域的和谐与生机。漫长的边境线上筑起了铁丝网；大众传媒里不时报道着境外人员偷越国界导致病毒传播的事件；西南边境沿线的国门学校整学期地关闭着。边境城镇，典型的如瑞丽那样原本十分繁华的玉石小城，在一轮又一轮的封控中，失去了往日的活力……这是一场极为罕见的、全民对抗病毒的战争。在时代滚滚的风沙里，我在书中描绘的故事戛然而止，那些鲜活的情境不复存在。我陷入了自我怀疑：世界已经变了，世界上发生着如此重要、如此众多的大事，我写的这些小群体、小故事，还有出版的必要吗？我在书里写的，已经成了过去时，还写给谁看、讲给谁听呢？

可是，那段在边境沿线艰难跋涉的历程，我却始终无法忘却。2015年下半年至2018年1月，我在云南和广西的数十个边境乡镇亲眼见到了跨境民族频繁而密切的交往，走近边民并聆听了各种各样的边民生活故事。直到现在，我的眼前还会清晰地浮现那些满怀希望的孩童的笑颜，那种专属于他们的黝黑健康的肤色、羞怯而兴奋的神情、亮晶晶的眼睛；我的耳边还会回响起那些淳朴的边民真诚的诉说，诉说他们颠沛流离的家国故事，以及对未来的无限希冀。那些场景历历在目，总是真切地在脑海里重现：2016年5月，我在拉影国门口岸看到边民自然而然穿梭于国门两侧叫卖农产品；2016年6月，我在芒市芒海镇的边防口岸与迎面走来的缅籍儿童交谈；2016年10月，我在腾冲猴桥口岸看到边民与边防战士熟稔交谈；2017年2月，我站在磨憨口岸附近观察一辆辆大货车满载钢筋水泥驶向老挝境内；2018年1月，我在完成广西五个边境县的调研后，在友谊关外的越南商店里购买咖啡……我所看到的国与国之间生动的链接，所置身其中的超越国界的边民生活世界，所感受到的"共同体"愿景，深深嵌入我的认知结构中。更重要的是，在边境地区走村串寨、驻校调研的经历让我深刻体会到那一方水土上朴实无华而颠扑不破的生存哲理：无论日子怎么难，未来总是充满希望；只要能上学，哪怕只是识得几个字，以后的生活肯定会更好。这是来自底层百姓的朴素愿望，也是他们的生存智慧，一定程度上能够代表疫情前那个区域千千万万的普通人对这个世界的美好期待。疫情改变了那个区域原本的样貌，但是，这些智慧、愿望、期待，甚至是遗憾，可以突破时空的局限，值得被看到、被留存。

书稿修改期间还发生了一件必须记录的事：在多种因素的作用下，我作了人生中一个极其重要的决定——我变换了工作单位。这不是一个容易的决定，也不是一个容易的过程。我是幸运的，在这个过程中，收获了无数的鼓励，每向前走一步，都得到无数来自师长和友人的帮助。2021 年末，我入职母校华东师范大学，2022 年春季学期开学带着孩子来到上海。如果不是 2022 年春天那场载入史册的上海疫情，如果不是近三个月和孩子单独封控的难忘经历，书稿的修改，一定是在 2022 年春天就完成了。事实却是，整个 2022 年，我都在与不确定性的抗争中艰难前行。那种永远不知道明天会如何的不确定感，那种个人完全无法预知事态变化的无力感，深深地镌刻在记忆里。

终于等来 2023 年春天，万物复苏，西南边境地区的生活秩序也逐步恢复，看着勐腊县磨憨口岸迎来疫情后首批老挝籍留学生的新闻图片，我的眼泪情不自禁地流了下来。我再次打开书稿，只为那个区域曾经的美好、和谐被再次想起，只为回应边民在久远的历史变迁中留下的珍贵情谊，只为在绵延的人类记忆中能够留下关于那个群体的一丝痕迹……尤其是今天，在负面报道及极端案件不时占据头条的背景下，在令人眼花缭乱的网络热点裹挟下，但愿每一个人都不要被"个别""极端""负面"蒙蔽了双眼而出现认知偏差。那个真实的世界里，同样充满了良善、美好和希冀。在那个区域，千千万万的普通人同样在努力而认真地生活着，千千万万的孩童对和平、对学校充满了向往，他们需要也值得被接纳、被关注、被善待。书写他们，就是在书写一种真实的生活；记录他们的求学历程和教育体验，就是在记录真实的教育。这种对"边缘地带""边缘群体"的书写，虽然没有主流叙事那么振奋人心，但它能让人们看到真实的边疆、真实的教育，乃至于真实的中国。

于是，在 2023 年的春天里，我又开始了逐字逐句地修改，在夏至的前一天，基本上完成书稿。这本小书，终于呈现在您的面前。在本书付梓之际，请允许我表达真诚的谢意：

感谢云南省教育科学研究院、广西壮族自治区教育研究院相关工作人员在数据收集上给予的帮助！感谢实地调研期间滇、桂边境沿线教育主管部门、校领导、老师和学生的配合！感谢课题组同事和同学们所做出的努力！尤其感谢研究生殷丽华、苏萍在调研期间的坚持和付出！感谢研究生闻正梅、余丹、王沐阳为校对本书付出的大量时间精力！本书若有些许可取之处，得益于上述同行和同学们的帮助！本书的撰写由我个人完成，因此文责由我自负。因个人能力和时间精力所限，本书一定还有许多不足，期待读者指正！

王艳玲

2023 年夏至　上海普陀

策划编辑：陈晓燕

责任编辑：陈晓燕　苏向平

图书在版编目（CIP）数据

跨越边界：西南边境地区学生流入现象研究：2007—2017年／王艳玲
著 . -- 北京 ： 人民出版社，2024. 11. -- ISBN 978 - 7 - 01 - 026712 - 8

Ⅰ . G474；G527.7

中国国家版本馆 CIP 数据核字第 2024W8Z136 号

跨越边界：西南边境地区学生流入现象研究（2007—2017 年）

KUAYUE BIANJIE:XINAN BIANJING DIQU XUESHENG LIURU XIANXIANG YANJIU

（2007—2017NIAN）

王艳玲　著

人民出版社 出版发行

（100706　北京市东城区隆福寺街 99 号）

北京汇林印务有限公司印刷　新华书店经销

2024 年 11 月第 1 版　2024 年 11 月北京第 1 次印刷

开本：710 毫米 ×1000 毫米 1/16　印张：20.75

字数：320 千字

ISBN 978 - 7 - 01 - 026712 - 8　定价：75.00 元

邮购地址 100706　北京市东城区隆福寺街 99 号

人民东方图书销售中心　电话（010）65250042　65289539